Hans Räber

Brevier neuzeitlicher Hundezucht

Dr. h.c. Hans Räber

Brevier neuzeitlicher Hundezucht

Eine Wegleitung für Hundefreunde,
Richter, Zuchtwarte, Züchter
und solche, die es werden wollen

Verlag Paul Haupt Bern · Stuttgart · Wien

1. Auflage: 1969
2. Auflage: 1974
3. Auflage: 1978
4. Auflage: 1984

Die Deutsche Bibliothek – CIP-Einheitsaufnahme

Räber, Hans
Brevier neuzeitlicher Hundezucht : eine Wegleitung
für Hundefreunde, Richter, Zuchtwarte und Züchter / Hans Räber. –
5., überarb. und aktualisierte Aufl. –
Bern ; Stuttgart ; Wien : Haupt, 1995
(Bücherei des Hundefreundes ; Bd. 3)
ISBN 3-258-04974-2
NE: GT

Inhaltsverzeichnis

Vorwort zur 5. Auflage

Hundebücher gibt es in rauhen Mengen, und jedes Jahr kommen neue auf den Markt, gute und weniger gute! Es ist deshalb kaum möglich, in dieser Hinsicht noch etwas Neues zu bieten, und die Frage, ob es opportun ist, diese Flut noch um ein Büchlein zu vermehren, lässt sich zu Recht stellen. Das vorliegende «Brevier» hat jedoch gar nicht die Absicht, neue, bisher unbekannte Zuchtmethoden zu vermitteln, es geht vielmehr darum, aus eigener Erfahrung gewonnenes Wissen und das Wissen, das uns die neueste einschlägige Literatur vermittelt, dem angehenden – und auch dem bestandenen – Züchter in Form eines Lehrmittels in die Hand zu geben, das in einfacher und verständlicher Sprache das Grundwissen vermittelt, das Voraussetzung für eine erfolgreiche Hundezucht ist.

Wer sich weiter in die Materie vertiefen will, wer insbesondere mehr über den chemischen Aufbau der Desoxyribonucleinsäure (DNS) als Trägerin der genetischen Informationen wissen will; wer wissen will, wie die vier, an die Zuckermoleküle der DNS gebundenen Basen Adenin, Thymin, Guanin und Cytosin in Form von sogenannten «Basentripletts» die genetische Information zum Aufbau der Aminosäuren geben, die ihrerseits dann als Bausteine der Proteine die Grundlage jeglichen organischen Lebens bilden, dem steht eine reichhaltige einschlägige Literatur zur Verfügung.

Doch die neuen Bücher über Hundezucht sind vor allem in jenen Teilen, die sich mit genetischen Problemen befassen, oft recht kompliziert und selten aus der züchterischen Praxis heraus geschrieben.

Sie tragen zudem grossenteils unverkennbar «die Schalen» der wissenschaftlichen Formulierungen und sind deshalb für viele Züchter nicht lesbar. Auf die Darstellung komplizierter Vorgänge, die zum Teil erhebliche mathematische und chemische Kenntnisse voraussetzen, habe ich deshalb mit voller Absicht verzichtet.

Ich habe zudem oft die Erfahrung gemacht, dass man bei Züchtern auf kein Interesse stösst, wenn man genetische Probleme anhand der Forschungsergebnisse bei der Taufliege oder bei Pflanzen demonstrieren will, man erlebt aber ungeteilte Aufmerksamkeit, sobald man das gleiche Thema am Objekt Hund darstellt.

Und deshalb wurde dieses Büchlein geschrieben. Dass es nun in einer fünften gründlich überarbeiteten Auflage herauskommt, mag ein Beweis dafür sein, wie sehr es vielen angehenden Züchtern beim Aufbau ihrer Hundezucht geholfen hat und hoffentlich weiterhin Hilfe leisten wird.

Kirchberg/Bütikofen, im Januar 1994 Dr. h.c. Hans Räber

Tierzucht im Umbruch

In der Tierzucht, namentlich in der Nutztierzucht, hat sich in den letzten Jahren manches geändert – vieles nicht zum Nutzen der betroffenen Tiere. Sie sinken zusehends immer mehr zu blossen Eiweisserzeugern herab; ihre Zucht wird zur eigentlichen Industrie, und kaum jemand kümmert sich darum, unter welch widrigen Verhältnissen sie ihr kurzes Leben fristen müssen.

Die erfolgversprechendsten Paarungen werden durch den Computer bestimmt; das männliche Zuchttier ist zum Samenlieferanten herabgesunken, der an der eigentlichen Zeugung nicht mehr beteiligt ist. So ist es möglich, Samen besonders wertvoller Tiere über Kontinente hin zu verschicken; so ist es möglich, sehr grosse Zuchtfamilien aufzubauen und deren Erbgut qualitativ und quantitativ zu erfassen, wie dies vordem niemals war.

Und nun greift der Mensch neuerdings ins Erbgut der Pflanzen und der Tiere ein. Er masst sich an, die belebte Umwelt nach seinem Willen und Gutdünken zu verändern. Er spielt selber Schöpfer. Pflanzen und Tieren wird artfremdes Erbgut eingepflanzt; bereits wurde in den USA eine genmanipulierte Maus patentiert, und der Zeitpunkt, da die Gentechnologen Chimären in die Welt setzen werden, liegt nicht mehr ferne, die «Schiege», ein Zwischending zwischen Schaf und Ziege, ist ja bereits Wirklichkeit geworden.

Diese Entwicklung geht auch an der Hundezucht nicht spurlos vorüber. Bereits gibt es Rassenzuchtvereine, die den Computer bei Paarungen zu Hilfe ziehen, und es wird behauptet, bis in zehn Jahren würden an die 80 Prozent der Zuchthündinnen künstlich befruchtet.

Mir graut vor dieser Entwicklung, obschon ich keineswegs der Meinung bin, die «gute alte Zeit» sei in allem nur gut gewesen.

Aber, so frage ich, wo bleibt da die geistige Arbeit des Züchters? Wo bleibt sein Überlegen, sein Abwägen, wenn ihm der Computer alles abnimmt? Und, so frage ich weiter, kann denn die Maschine mehr und besser kombinieren als der Züchter mit langjähriger Erfahrung und geschultem Auge? Wo bleibt da die Freude am Versuch und schliesslich am Erfolg?

Ich bin kein Feind künstlicher Besamung. Ich sehe ihren Wert durchaus ein, wenn es darum geht, bei einer seltenen Rasse einen Deckakt zu vollziehen, der sonst aus räumlichen Gründen gar nicht möglich wäre. Aber ich sehe hier die Gefahr einer noch einseitigeren Bevorzugung bestimmter Siegerrüden heraufziehen, als dies schon heute bisweilen der Fall ist.

Ich bin auch kein Feind der Gentechnologie. Der Mensch ist von Natur aus neugierig, und seine Neugier ist die Triebkraft jeglicher Forschung. Wenn es mit Hilfe der Gentechnologie dereinst möglich sein wird, Erbkrankheiten zu eliminieren oder das Durchschnittsalter der Hunde um einige Jahre zu verlängern, dann würde ich das als echten Fortschritt betrachten.

Doch vorerst ist das noch Zukunftsmusik. Die Mehrheit der Hundezüchter wird auch fürderhin noch auf die künstliche Besamung der Hündinnen und auf computergesteuerte Paarungen verzichten und den natürlichen, sich bis jetzt bewährten Zuchtmethoden den Vorzug geben.

Der Rassehund unter Beschuss

Im Jahre 1970 schätzte man die Zahl der Hunde in der Schweiz auf rund 320 000. Sie stieg bis zum Jahre 1993 auf rund 400 000 an. Es trifft somit im Durchschnitt auf 16 Einwohner einen Hund.

In der Bundesrepublik Deutschland rechnet man zur Zeit mit etwa 3 500 000 Hunden, umgerechnet auf die Zahl der Einwohner liegt der Durchschnitt nur unwesentlich höher als in der Schweiz. Auch in der Bundesrepublik gibt es heute mehr Hunde als vor zehn Jahren, genaue Zahlen fehlen allerdings.

Vermutlich gab es in der Schweiz und in Deutschland nie so viele Hunde wie gerade jetzt (in der Stadt Winterthur gab es um die Mitte des 15. Jahrhunderts auf 23 Einwohner einen Hund, und diese Hunde verursachten schon damals Probleme, musste doch der Rat zeitweilig das Mitbringen der Hunde in die Kirche verbieten!).

Über die Gründe dieser Zunahme wollen wir uns hier nicht äussern, sie sind kein züchterisches, sondern vielmehr ein sozialpolitisches Problem.

Wir stellen lediglich fest, dass die Zahl der Hunde in den letzten zwanzig Jahren in der Schweiz um 20 bis 25 Prozent – für Deutschland dürften die Verhältnisse ähnlich liegen – zugenommen hat, andererseits aber die Eintragungen der reingezüchteten Hunde in das Schweizer Hundestammbuch seit 20 Jahren kaum angestiegen sind. Im Jahre 1976 wurden 15000 Hunde eingetragen, im Jahre 1993 waren es mit 14500 ungefähr gleich viele.

In den achtziger Jahren waren es regelmässig deren 13000.

Das heisst in Klarschrift: Der Zuwachs der Hunde in der Schweiz geht eindeutig zugunsten des Bastards und zum Teil auch zugunsten billiger Importhunde mit oft recht fragwürdigen «Abstammungspapieren».

Wie das Verhältnis Rassehund zum Bastard in Deutschland liegt, ist schwer abzuschätzen, weil hier ein zentrales Zuchtbuch fehlt. Beim Verband für das Deutsche Hundewesen (VDH), der Dachorganisation der kynologischen Vereine in der Bundesrepublik, schätzt man den Anteil der Rassehunde in der gesamten Hundepopulation auf rund zwei Drittel, eine Zahl, die meiner Meinung nach ganz offensichtlich zu hoch gegriffen ist, denn ein Blick auf die Strassen der grossen Städte zeigt sofort, dass die Bastarde überwiegen, und auf dem Lande dürfte es nicht anders sein als in der Schweiz, wo weit mehr als die Hälfte aller Hunde den Bastarden zuzuzählen sind.

Als Züchter von Rassehunden kann uns diese Entwicklung nicht gleichgültig sein, und wir müssen nach deren Gründen fragen.

Lange müssen wir da nicht suchen. Es vergeht kaum eine Woche, in der nicht irgendwo in der Boulevard- oder Regenbogenpresse ein Artikel erscheint, der in reisserischer Aufmachung den Rassehund und seine Züchter unter Beschuss nimmt. Überschriften wie «Zum Krüppel gezüchtet» oder «Lebende Monster» sprechen für sich. Schlimm ist, dass als Autoren dieser Artikel Tierärzte, aber auch Verfasser von viel gelesenen Hundebüchern zeichnen (in der «Schweizer Woche» 35/1993 ist sogar von 3000 «verbrecherischen» Hundezüchtern in der Schweiz die Rede!); schlimmer noch, dass sie zum Teil recht haben. Unsere Rassehunde sind in den letzten achtzig Jahren viel schöner geworden, aber bisweilen haben die Züchter einem fragwürdigen Schönheitsideal zuliebe Vitalität und Gesundheit des Hundes gröblich missachtet. Biologische Grenzen wurden in leichtsinniger, ja oft gar sträflicher Weise zum Schaden der Hunde überschritten, und die daraus entstandenen Extremformen werden nun einem sensationshungrigen Publikum als «der heutige Rassehund» vorgestellt. Es wäre falsch, wenn gerade wir, als Befürworter des Rassehundes, die Augen verschliessen und diese Irrwege der Hundezucht nicht zur Kenntnis nehmen wollten. Wir müssen uns damit befassen, und wir müssen allen, die uns zu verantwortungslosen und profitgierigen Hundeproduzenten stempeln, beweisen, dass uns das Wohl unserer Hunde wichtig ist und dass wir bestrebt sind, gute, gesunde und langlebige Hunde zu züchten. Das Thema ist übrigens nicht von heute. Bereits vor hundert Jahren diskutierten Kynologen über ähnliche Fragen, nämlich damals, als die Engländer aus dem beweglichen, vielseitigen Gebrauchshund vom Grossen St. Bernhard einen schweren, unbeweglichen Koloss machten, als sie dem drahtigen Bauernhund einen runden, schweren Schädel und eine übermässige Faltenbildung am Kopf und am Hals anzüchteten. Aus dem beweglichen Rettungshund des Hospizes wurde ein bis 90 kg und noch mehr wiegender Renommierhund, unfähig zu jeglicher Arbeit (*Abbildung 1*).

Wohl wehrten sich einsichtige Schweizer Bernhardinerzüchter für den alten Hospizhund und wollten den alten «Barrytyp» erhalten, allein der Geschmack des Publikums folgte den Engländern, und das keineswegs zum Vorteil der Rasse.

Verfolgen wir nun die Geschichte des Bernhardiners, oder auch anderer Rassen wie zum Beispiel die des Bedington Terriers oder des Bullterriers, so stossen wir auf das Phänomen des Rassewandels als die Ursache für die Entstehung übertriebener und im Endeffekt für den Hund schädlicher Extremformen.

Grund dieses Rassewandels ist eine grosse Plastizität der Erbmasse des Hundes, verbunden mit einer starken Mutationstendenz. Da, wo die Umwelt einen starken Selektionsdruck ausübt, wie etwa bei den Strassenhunden in südlichen Ländern, können sich Extremformen nicht halten, da, wo aber der Mensch aus Freude am Absonderlichen ihnen die Bedingungen schafft, unter denen sie sich weitervererben können, entstehen bald einmal neue Rassen.

Jeder, der Hunde züchtet, erfährt früher oder später, dass auch das Erbbild bei durchgezüchteten, alten Rassen keine Konstante ist. Es treten immer wieder Abweichungen vom angestrebten Standardbild auf,

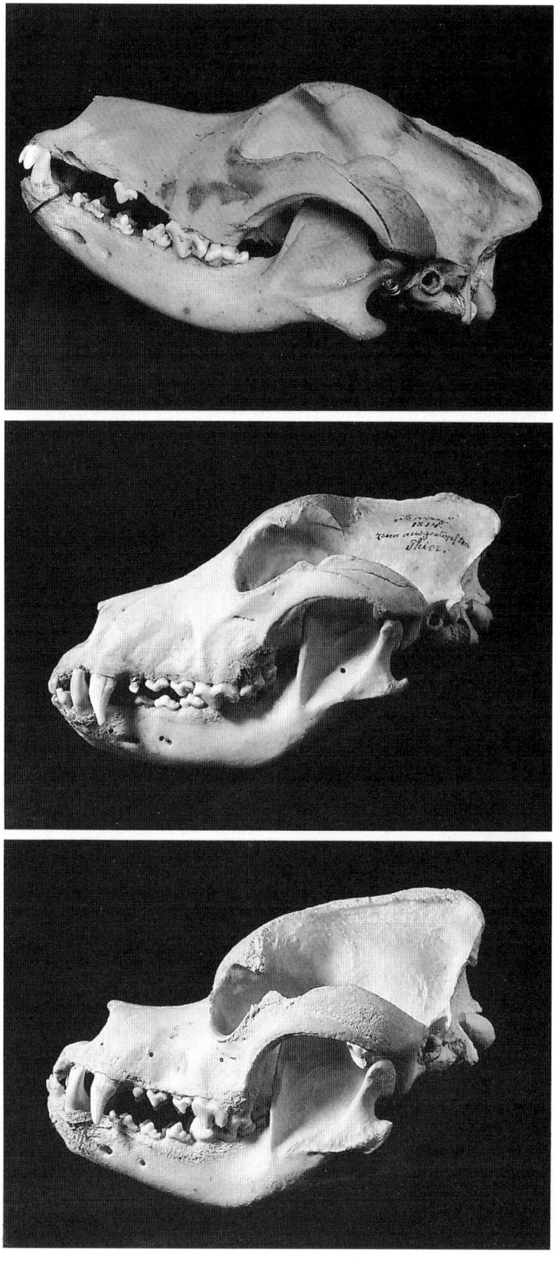

Abbildung 1

Wie grundlegend sich eine Rasse im Laufe einer relativ kurzen Zeit ändern kann, sehen wir am Beispiel des Bernhardiners. Der Schädel oben stammt von einem «Küherhund» aus der Zeit von 1890. Von diesem «Küherhund» gibt es fliessende Übergänge zum berühmten Barry (1812) (mittleres Bild). Der Schnauzenteil ist bereits deutlich verkürzt, und der Stirnabsatz (Stop) ist schon etwas markanter. Der unterste Schädel stammt von einem Bernhardiner aus den fünfziger Jahren. Der Schnauzenteil ist jetzt doggenartig verkürzt und der Stop ist sehr ausgeprägt.

Foto: Albert Heim Stiftung

und es ist relativ leicht, immer wieder neue Rassen zu bilden, sofern man die richtigen Zuchtpartner auswählt. Wir müssen nicht einmal so weit gehen und von neuen Rassen reden. Wir wissen, dass in vielen Zuchten die aus einem bestimmten Zwinger hervorgehenden Tiere sich in irgendeinem Merkmal von den Hunden aus anderen Zwingern unterscheiden, ohne dass sie deshalb vom geforderten Standardbild abweichen müssen.

Vor Jahren, als es bei uns den pfeffersalzfarbigen Mittelpinscher noch gab, hatten alle Hunde aus dem Zwinger «v. Jonatal» oberhalb des Fersengelenks einen fünffrankengrossen, schwarzen Flecken, das «Markenzeichen» der «Pfisterlinge», wie wir diese Hunde nach ihrem Züchter Jean Pfister nannten. Dieser Fleck wurde vom Standard nicht verlangt, aber auch nicht als Fehler aufgeführt, also tolerierte man ihn. Ich möchte damit nur darauf hinweisen, wie relativ leicht es ist, ein zufällig auftretendes Merkmal in der Zucht zu fixieren und es unter Umständen sogar zu einem Rassenmerkmal zu erheben, ohne dass es vorerst überhaupt im Standard festgehalten wird. Solche Beispiele gibt es viele. Der schon erwähnte Bernhardiner wurde innert kurzer Zeit von einem beweglichen Bauernhund zu einer massigen Dogge, obschon der Standard immer noch den alten «Barrytyp» beschrieb.

Kehren wir zum Anfang dieses Kapitels zurück: Die Probleme des Rassenwandels wurden bereits damals diskutiert, als man begann, Hunde stammbuchmässig und nach einem festgelegten Standard zu züchten. Es war aber ein kleiner Kreis von Kynologen, der sich heftig darüber stritt, wie der Kopf des Bernhardiners auszusehen habe, die breiten Volksmassen interessierten solche Probleme nicht, sie hatten andere Sorgen.

Heute ist das anders. Die Diskussion um wirkliche oder auch nur vermeintliche Irrwege der Hundezucht sind in die Öffentlichkeit hinaus getragen worden. Die Boulevard-Presse hat sich dankbar des Themas angenommen, denn für sie ist alles, was nur ein wenig nach Sensation riecht, willkommen.

Dieses Hinaustragen in die Öffentlichkeit mag zwar auch seine guten Seiten haben.

Die Leute sind auf die Probleme aufmerksam gemacht worden, und wenn nun der Druck «von der Strasse» dazu führt, dass grobe Auswüchse auf ein gesundes Mass zurückgeschnitten werden, so kann das nur gut sein. Wir dürfen aber auch die negativen Auswirkungen nicht übersehen: Die breite Masse denkt, wenn sie überhaupt denkt, über solche Dinge recht oberflächlich. Die Hundezüchter werden jetzt allesamt zu verantwortungslosen, profitgierigen Hundeproduzenten. Ich zitiere wörtlich aus dem Vortrag eines Mannes, der sich Wissenschaftler nennt: «Aus Profitgier verkaufen sie ein Heer von Hunden, die unfähig zur Fortpflanzung, körperlich und geistig krank sind.»

Wie dumm derartige Sprüche im Grunde genommen sind, zeigt sich sofort, wenn man nur etwas genauer hinschaut. Wie können, so meine ich, die Züchter ein Heer von Hunden verkaufen, wenn diese Hunde unfähig zur Fortpflanzung sind?

Doch so weit denkt der vielzitierte «Kleine Mann von der Strasse» nicht, und weil wir ohnehin in einer Zeit leben, in der Rousseaus «Zurück zur Natur» neu gehört wird, folgern viele, die sich einen Hund anschaffen möchten, der richtige und absolut gesunde Hund sei der Bastard. Die Statistik (siehe *Anfang* des Kapitels) bestätigt dies.

Wir als Züchter von Rassehunden können und dürfen das nicht einfach hinnehmen, sondern müssen erkennen, dass Missstände bestehen, und diese Missstände müssen angegangen werden. Mit «Man müsste» und «Man sollte» kommen wir hier nicht weiter. Wir müssen uns auf dem Boden der Realität bewegen, und der ist steinig.

Vorerst einmal gilt es zu unterscheiden zwischen rassespezifischen Prädispositionen für bestimmte Krankheiten und den Erbdefekten, die durch Rassenmerkmale bedingt oder zumindest gefördert werden.

Zur ersten Gruppe möchte ich nur vier erwähnen, die heute stark im Vordergrund stehen, nämlich die Hüftgelenkdysplasie (HD), die Ellbogendysplasie, die Progressive Netzhautatrophie (PRA) und die Patellenluxation bei Zwerghunden. Alle vier sind keineswegs nur Krankheiten des Rassehundes, sie kommen auch beim Bastard vor, nur hat sich noch niemand die Mühe genommen, das Ausmass ihrer Verbreitung unter den rasselosen Hunden zu untersuchen. Wir wissen aber, dass sowohl die HD wie die PRA bei einigen Rassen überdurchschnittlich häufig vorkommen, man spricht deshalb von einer rassenspezifischen Prädisposition. Wie weit nun aber derartige Dispositionen wirklich rassenspezifisch oder aber familienbedingt sind, lässt sich im Einzelfall oft nicht leicht abklären. Ich möchte dies an einem Beispiel zeigen. Vor Jahren traten in der Schweiz bei einer bestimmten Rasse epileptiforme Anfälle in einem Ausmass auf, dass an einer Vererbung der Krankheit nicht mehr gezweifelt werden konnte. Nachdem dies bekannt geworden war, hiess es bald einmal, die Rasse sei disponiert für Epilepsie, und potentiellen Käufern sei vom Erwerb eines Hundes dieser Rasse abzuraten. Zusammen mit dem damaligen Präsidenten des zuständigen Rasseclubs bin ich der Sache nachgegangen, und da zeigte sich bald einmal, dass die Anfälle immer dort auftraten, wo ein bestimmter Rüde sowohl in der väterlichen wie in der mütterlichen Ahnenreihe auftauchte. Der Schluss lag nahe, dass wir es hier mit einem Träger einer erblichen Veranlagung für Epilepsie zu tun hatten.

Nachdem bei zukünftigen Paarungen darauf geachtet wurde, jegliche Inzucht auf diesen Rüden, der übrigens selber keine Anfälle produzierte und, weil er ein bekannter Ausstellungs- und Leistungshund war, viel zur Zucht gebraucht worden war, strikte vermieden wurde, verringerte sich die Zahl der Epileptiker sehr rasch, und heute spricht kaum mehr jemand davon. Was man anfänglich für eine rassenspezifische Präpositon für Epilepsie hielt, erwies sich in diesem Fall als eine familienbedingte Anfälligkeit. Da, wo es sich aber eindeutig um eine rassenspezifische Prädisposition handelt, wie etwa bei der HD und PRA oder bei der Patellenluxation vieler Zwerghunde, da kann nur eine rigorose Selektion aus der Sackgasse herausführen. Der Züchter, der da glaubt, ihn gehe das nichts an, tut der Rasse einen schlechten Dienst. Schlimm wird die Sache da, wo Defekte mittel- oder unmittelbar durch Standardforderungen bedingt oder zumindest gefördert werden. An Beispielen mangelt es nicht. Zu erwähnen wären da etwa die Dackellähme als Folge des überlangen Rükens, Deformationen im Schultergelenk infolge Riesenwuchses bei Doggen, offene Fontanelle bei extremem Zwergwuchs, chondrodystrophische Verkürzung der Elle beim Bassethound, Atemnot bei extrem kurzköpfigen Rassen, Hautentzündungen bei Pekingesen und Griffons, chronische Bindehautentzündungen beim Bassethound und beim Bloodhound, Entropium (Einrollen des Augenlids) beim Chow Chow und beim Shar Pei. Die Liste könnte noch um etliches verlängert werden. Doch es geht hier nicht darum, einen Katalog der Erbdefekte aufzustellen, es geht mir darum, den angehenden Züchtern die Augen für diese, die Rassehundezucht in Verruf bringenden Übertreibungen zu öffnen.

Der Züchter, der es nicht fertig bringt, einen mit Defekten behafteten Welpen gleich nach der Geburt zu töten, der taugt nichts. Gewissenlos aber handelt, wer einen solchen Hund aufzieht und wenn möglich noch verkauft. Wir wollen doch eines nicht vergessen: Der Züchter hat beim Haustier die Rolle der selektiven Umweltfaktoren übernommen, die ausmerzen, was in einer bestimmten Umwelt nicht lebenstauglich ist.

Und da komme ich zu einem Punkt, der von denjenigen, die den Rassehund aus irgenwelchen Gründen ablehnen, tunlichst verschwiegen wird. Ich meine nämlich, es komme nicht so sehr darauf an, wie weit oder wenig weit sich ein Haustier von seiner wilden Stammform entfernt hat, sondern wie weit und wie gut es sich in seine heutige Umwelt eingepasst hat. Nur das zählt für das Wohlbefinden des Tieres. Nun sind seit der Zeit, da sich der Urahne des Haushundes in die Abhängigkeit des Menschen begeben hat, an die 15 000 Jahre vergangen, und in dieser Zeit hat sich einiges an Umweltveränderung getan. Wir leben nicht mehr wie die Neandertaler gelebt haben, und so, wie sich unsere Lebensbedingungen geändert haben, so haben sie sich auch für den Hund geändert, der mit dem Menschen den gleichen Lebensraum teilt. Und es ist doch geradezu der Sinn der Zucht von Rassehunden, dass wir Formen geschaffen haben und weiterhin schaffen wollen, die in einer bestimmten Umwelt ihren Platz haben, und in der Umwelt des Hundes nimmt der Mensch eine zentrale Stelle ein.

«Wie der Herr, so das Gescherr», hat nach wie vor seine Gültigkeit. Ein gehbehinderter Mensch und ein lauffreudiger Hund geben ein schlechtes Gespann, wie umgekehrt ein phlegmatischer Hund und ein Jogger nicht miteinander glücklich werden können.

Unser Ziel soll sein, die Vielfalt der Rassen zu erhalten, aber ebenso sehr soll unser Ziel sein, Extremformen auf ein für den Hund erträgliches Mass zurückzuführen. Das Streben nach übertriebener Grösse und übertriebener Kleinheit liegt nicht im Interesse des Hundes. Das eine schafft unbewegliche, kurzlebige Kolosse, das andere Nippfigürchen mit papierdünner Schädeldecke und offenen Fontanellen. Zu verwerfen ist übertriebene Kurznasigkeit, die dem Hund dauernd Atembeschwerden schafft, zu verwerfen sind Stirnfalten, die über die Augen herunterhängen, zu verwerfen sind angeborene Liddeformationen, die dem Hund chronische Bindehaut- und Augapfelentzündungen verursachen, schlecht ist eine übertriebene Kurzläufigkeit beim Bassethound und eine übertriebene Steilheit der Hinterhand beim Chow Chow. Man kann auf diese Torheiten verzichten und dennoch den rassetypischen Charakter erhalten. Doch wir müssen heute damit anfangen und nicht erst morgen. Rassezucht heisst in Generationen denken. Tragen wir Sorge zu unseren Rassehunden; wenn die sich abzeigende Entwicklung weitergeht, dann sind unsere Nachfahren eines Tages wieder dort angelangt, wo der Mensch im Neolithikum begonnen hat.

Rassehunde sind Kulturgut. Sie zu erhalten und zu fördern, ist ebenso wertvoll und ebenso sinnvoll wie die Erhaltung alter Gebäude oder wie die Förderung neuer Kunstformen.

Es liegt an uns Züchtern, für die Erhaltung dieses Kulturgutes besorgt zu sein und es zu fördern. Und denken wir bei all unserem züchterischen Tun an das Wort von Albert Schweitzer: «Der Mensch beherrscht die Natur, bevor er gelernt hat, sich selber zu beherrschen.» Die Freude an rassetypischen Übertreibungen und Absonderlichkeiten hört da auf, wo wir das Tier in seiner Lebensqualität beeinträchtigen.

Es schien mir wichtig, diese Gedanken einem Büchlein über die Hundezucht voranzustellen, doch jetzt wollen wir uns in die züchterische Praxis begeben.

I.

«Züchter werden ist nicht schwer...»

Bestimmt dann nicht, wenn man nach Methode Kochbuchrezept vorgeht. Man nimmt... eine hitzige Hündin und führt sie einem deckwilligen Rüden zu, und nach spätestens neun Wochen ist man Hundezüchter.

So einfach ist die Sache nun aber doch nicht. Wäre sie es, so bräuchte dieses Büchlein nicht geschrieben zu werden. Hundezüchter bedeutet etwas mehr als nur Hunde vermehren; es bedeutet vielmehr, eine Rasse stetig und ständig zu verbessern, und dazu ist eine ganze Reihe persönlicher und räumlicher Voraussetzungen nötig. Wir dürfen deshalb ruhig in Anlehnung an Buschs berühmtes Wort weiterfahren und mit Fug und Recht behaupten:

«...Züchter sein, dagegen sehr!»

Reden wir vorerst einmal von den persönlichen Voraussetzungen, die ein angehender Züchter mitbringen muss.

Allem voraus steht unbedingt die Liebe zum Tier. Ohne diese Liebe hält einer auf die Dauer nicht durch. Doch darf sich diese Liebe nicht in einer Gefühlsduselei erschöpfen; es ist eine Liebe, die bisweilen Opfer bringen muss. Seine Liebe zum Hund darf dem Züchter niemals den Blick trüben für das, was der gewählten Rasse förderlich ist, was ihr im Augenblick und auf weitere Sicht gesehen not tut, und diese Forderung zwingt den Züchter immer und immer wieder zu Handlungen, die wohl im Interesse der Rasse, aber nicht unbedingt im Interesse des einzelnen Hunde-Individuums sind. Trotz aller Liebe zur Kreatur muss der Züchter imstande sein, Untaugliches aus freiem Entscheid auszumerken, das heisst im praktischen Fall: Er muss einen schwachen oder einen missgebildeten Welpen töten können. Zielstrebiges Züchten fordert deshalb, trotz aller Liebe zum Hund, ab und zu eine gewisse Härte sowohl gegenüber seinen eigenen Gefühlen wie auch gegenüber seinen Schützlingen. Wer sich diese Härte nicht zutraut, taugt wenig als Züchter.

Wenn nun der Züchter bereits in dieser Hinsicht über eine recht erhebliche seelische Robustheit verfügen muss, so erst recht dann, wenn es darum geht, die von ihm gezüchteten Hunde in gute Hände abzugeben. Die Erfahrungen, die man da mit den Käufern der Junghunde macht, sind oft recht deprimierend. Da glaubt man, für seinen Junghund den richtigen Herrn gefunden zu haben und muss nach Wochen feststellen, dass der von uns sorgfältig aufgezogene Hund durch einen unverständigen Besitzer verdorben worden ist und jetzt diesen nicht mehr befriedigt. Dass der Hund auch vom Besitzer nicht befriedigt ist, das zählt ja bei solchen Leuten nicht. In der Regel verlangt dann der Besitzer vom Züchter, dass dieser den verdorbenen Junghund nun wieder zurücknehme, wenn möglich noch zu einem höheren Preis als der Kaufpreis war, weil man ja schliesslich den Hund so und so lange gefüttert habe. dass nicht der Hund, sondern der Eigentümer versagt hat, ist solchen Leuten, die da glauben, man könne einen Hund wie irgendeine x-beliebige Ware wieder zurückgeben oder umtauschen, nicht plausibel zu machen. Sie begreifen es eben nicht, dass sie es hier nicht mit einer Ware, sondern mit einem sensiblen Lebewesen zu tun haben, einem Lebewesen, das seine berechtigten Ansprüche stellt.

Gerade diese Schwierigkeiten beim Plazieren der Junghunde sind es, die viele gute, ja vielleicht gerade die besten Züchter schliesslich zur Aufgabe der Hundezucht veranlassen.

Als Züchter muss man auch die Menschen ertragen können.

Daneben wollen wir aber auch freudig bekennen, dass wir durch unsere Hunde viele nette Menschen kennengelernt haben und viele durchaus erfreuliche Beziehungen durch die Hunde geknüpft worden sind.

Ertragen muss der Züchter auch, sobald sich einmal der Erfolg bei ihm eingestellt hat, den Neid und die Missgunst der andern. Gerade diejenigen unter seinen Kollegen, die es aus eigenem Unvermögen zu nichts gebracht haben, sind es, die dem Erfolgreichen den Erfolg am meisten neiden und ihn wenn möglich noch zu schädigen suchen. Auch darüber kommt mancher nur schwerlich hinweg und wendet schliesslich erbittert und voll Abscheu der Kynologie den Rücken.

Viele Reglemente – meiner Meinung nach zuviele – der Zuchtvereine beeinträchtigen heute die persönliche Entscheidung des Züchters. Die Frage, ob diese Flut von Reglementen immer und in jedem Fall dem Fortschritt einer Rasse dienlich ist und den Junghunden zum Wohle gereicht, sei hier nicht diskutiert. Sicher ist jedenfalls, dass die rund 400 heute existierenden Hunderassen ohne reglementarische Einschränkungen der Züchter entstanden sind. Der angehende Züchter muss sich aber im klaren sein, dass er sich diesen Reglementen unterziehen muss, wenn er für die von ihm gezüchteten Hunde gültige Abstammungsurkunden erhalten will. Er wird in seiner züchterischen Freiheit beschnitten, und auch das ertragen oft unabhängig denkende Menschen schlecht. Die Lösung liegt nun freilich keineswegs darin, dass man «papierlose», das heisst Hunde ohne gültige Abstammungsnachweise, züchtet. Das lohnt sich schon in rein finanzieller Hinsicht nicht.

Nervöse Menschen eignen sich nicht zum Hundezüchter. Junge Hunde sind lebhaft, sie machen Lärm, sie verfügen über einen gesunden Tatendrang, der sich oft in Handlungen austobt, die unseren eigenen Ansichten zuwiderlaufen. Wer sich darüber allzu sehr aufregt, soll sich lieber der Zucht von Goldfischen zuwenden. Welpen sollen von früh auf an Sauberkeit gewöhnt werden. Wollen wir sie nicht als Schweinchen aufwachsen lassen, so besteht ein Grossteil der züchterischen Arbeit im Reinigen des Zwingers und im Kämmen und Bürsten der Hunde. Wer nicht über riesige Ausläufe verfügt, wird mehrmals am Tage mit Kehrichtschaufel und Kratzer den Auslauf nach den unvermeidlichen Verdauungsrückständen gesunder Welpen absuchen, und da heisst es, sich bücken und nochmals bücken, und zwar bei jedem Wetter.

Das ist nichts für Leute mit angeschlagener Gesundheit. Der Züchter muss sich zudem mit den Welpen von früh auf beschäftigen, der Kontakt mit dem Menschen ist für die psychische Entwicklung des Junghundes von grösster Wichtigkeit. Gelegenheit dazu gibt die tägliche Körperpflege. Doch schon einen einzigen Fünfer- oder Sechserwurf zu bürsten und zu kämmen und jeden Welpen einmal täglich genau zu kontrollieren, erfordert Zeit. Wer sich diese Zeit nicht erübrigen kann, der gebe sich gar nicht erst mit dem Gedanken ab, Hunde züchten zu wollen (*Abbildung 2*).

Nicht immer verläuft die Aufzucht eines Wurfes reibungslos. Es kann mancherlei Schwierigkeiten geben, vielleicht beginnt's schon mit Geburtsschwierigkeiten, dann können Welpen erkranken, sie können ster-

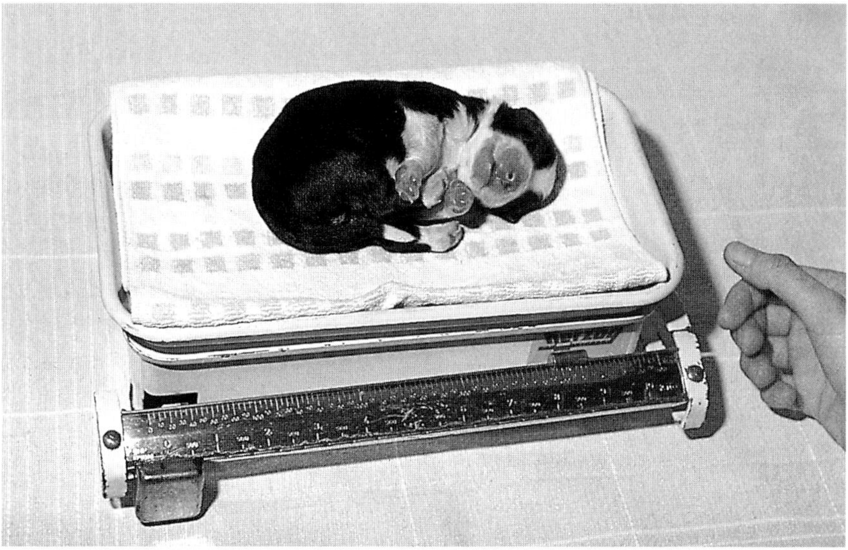

Abbildung 2

Sind alle Welpen geboren, so wird jeder genau gewogen, und bis wir zufüttern, wird das Gewicht täglich kontrolliert und in einer Tabelle festgehalten.
Dieses Wägen fördert den Kontakt zwischen Züchter und Welpe und gibt Aufschluss über die Entwicklung der Welpen. Foto: E.-M. Krämer

ben, Welpen können aber auch missraten. All das muss man hinnehmen können, und wer das nicht kann, wird nie ein echter Züchter sein.

Das ist aber noch längst nicht alles.

So wenig je ein Meister vom Himmel gefallen ist, so wenig wird jemals ein perfekter Hundezüchter vom Himmel fallen. Den Willen haben zu lernen, immer wieder zu lernen, das ist eine der wichtigsten Voraussetzungen zum späteren Züchter von Format. Es gibt freilich solche, die wissen nach einem oder zwei glücklich aufgezogenen Würfen schon alles und geizen nicht mit ihren guten Ratschlägen; der echte Züchter muss aber auch nach dem zehnten Wurf seine Ansichten und Meinungen noch revidieren können, wenn sie sich als falsch erweisen sollten. Er muss mit andern ins Gespräch kommen können und sich deren Erfahrungen nutzbar machen; er muss einschlägige Literatur studieren, und er muss seine Hunde immer wieder mit denjenigen der andern

Abbildung 3

Der «Grundstein» eines Zwingers sind gute Zuchttiere. Sie müssen nicht nur äusserlich (phänotypisch), sondern auch abstammungsmässig (genotypisch) zusammenpassen, sonst bleibt der erhoffte Erfolg aus. Foto: Schmid-Friebel

unvoreingenommen vergleichen. All das lässt sich notfalls mit viel gutem Willen erzwingen; nicht erzwingen aber lässt sich der sichere Blick für das Wesentliche. Er ist eine Gabe, die man wohl schulen und fördern, aber nicht erwerben kann. Wo sie fehlt, kann sie durch nichts vollwertig ersetzt werden.

Der gute Züchter muss in seinem Fach ein Künstler sein, vergleichbar dem Bildhauer, der im rohen Klotz bereits das fertige Kunstwerk sieht. So muss der Züchter mit sicherem Blick das Wertvolle an einem Hund erfassen können, er muss, namentlich bei rauhhaarigen und langhaarigen Rassen, erkennen, was wirkliche Qualität und was Arbeit eines geschickten Hundecoiffeurs ist. Er muss erfassen, welcher Hund für seine Zucht wertvoll sein kann und welcher nicht. Wer über dieses züchterische Talent verfügt, von dem wird man nach Jahren in Fachkreisen als von einem grossen Förderer einer Rasse reden (*Abbildung 3*).

Wer es nicht hat, soll sich aber nicht entmutigen lassen. Nicht jeder

Hund kann ein Spitzentier sein und nicht jeder Züchter ein Spitzenzüchter. Der Bestand einer Rasse wird weitgehend durch die Qualität des Mittelfeldes bestimmt, durch diejenigen, die es mit Fleiss und redlichem Bemühen verstehen, das von den talentierten Züchtern Geschaffene zu festigen und zu erhalten. Ohne dieses Mittelfeld steht auch der talentierteste Züchter gleichsam im leeren Raum. So wie der Bildhauer, um bei unserem Vergleich zu bleiben, des rohen Klotzes bedarf, um ein Kunstwerk zu schaffen, so muss auch der tonangebende Spitzenzüchter mit vorhandenem Zuchtmaterial beginnen. Je besser dieses ist, desto nachhaltiger wird er seine Rassen fördern. Darum kommt dem kleinen Züchter, der dieses Ausgangsmaterial immer wieder zur Verfügung stellt, mindestens die gleiche Bedeutung zu wie dem grossen, der die Ziele steckt.

Die besten persönlichen Voraussetzungen und die schönsten Pläne bleiben aber ungenutzt, wenn die räumlichen Verhältnisse das züchterische Vorhaben behindern.

Optimistisch und idealistisch, wie wir waren, glaubten wir, unseren ersten Schnauzerwurf im Hause und in der Familie aufziehen zu können. Es blieb beim Wollen. Dem Tatendrang der heranwachsenden Junghunde waren weder wir noch unsere Teppiche noch unser Garten gewachsen. So fanden wir uns mit den Tatsachen ab und bauten für den ersten Wurf einen provisorischen, für die nachfolgenden Würfe einen festen Zwinger.

Anders geht es einfach nicht, nicht einmal bei Zwerghunden. Junghunde gehören an die Sonne, an die frische Luft, an Wind und Wetter. Wir sollen und wir dürfen sie nicht gleichsam im Glasschränkchen aufziehen (*Abbildung 4*).

Es ist mit ihnen wie mit den Kindern. Wohl dem Kind, das sich rechtzeitig mit allen möglichen Bakterien und Viren infiziert und die Kinderkrankheiten als Kind und nicht als Erwachsener durchmacht. Ihm bleibt vieles erspart. Genauso sollen die Junghunde sich frühzeitig an allerhand Wetter gewöhnen, sie dürfen ruhig einmal nass werden, sie sollen Sonne und Kälte ertragen lernen: Das kommt ihnen später in reichem Masse zugute. Ein gepflegter Ziergarten oder ein ertragsreicher Gemüsegarten vertragen aber die Anwesenheit von tatendurstigen Welpen schlecht. Zudem wäre es unklug, die Welpen Gefahren auszusetzen, denen sie nicht gewachsen sind, also zum Beispiel den Tücken eines

Abbildung 4
Ohne Zwingeranlage mit stabilem Gitter lassen sich Würfe mittelgrosser und grosser Rassen kaum aufziehen. Vor tatendurstigen Junghunden ist nichts sicher. Hier würden jedenfalls einige Gänsefedern stieben! Foto: E.-M. Krämer

Gartenweihers oder den scharfen Krallen einer fremden Katze; auch kommt es vor, dass Welpen gestohlen werden.

All das gilt es zu vermeiden, und das einzig taugliche Mittel dazu ist der richtig und stabil umzäunte Auslauf. Wem der Raum dazu fehlt, soll niemals Hunde züchten, nicht einmal Zwerghunde. Das ist eines der räumlichen Probleme. Das andere sind die Nachbarn.

Wir sind ein merkwürdiges Geschlecht geworden. Den Lärm des Strassenverkehrs, den Fluglärm, den Fabriklärm und den Lärm der Eisenbahn, die Transistoren am Waldrand, im Strandbad und auf dem Zeltplatz, das Radio in der Wohnung und die Musikbox im Restaurant, all das nimmt der heutige Mensch als normale Geräuschkulisse seines Daseins hin; kräht aber irgendwo frühmorgens ein Hahn, gurrt eine Taube auf dem Baum vor dem Schlafzimmerfenster oder bellt gar ein Hund, dann wird des Ruhestörers wegen Zeter und Mordio geschrien. Der Lärm der Technik ist für einen Grossteil der zivilisierten Menschen zur Natur geworden, und die Urlaute der Natur empfinden sie als störend.

Dieser Stosseufzer ändert leider nichts an der Tatsache, dass der Hundezüchter dieser Allergie des heutigen Menschen Rechnung tragen muss. Junghunde jedoch kennen dieses naturwidrige Verhalten des modernen Menschen nicht. Sie lärmen dann, wenn sie einen Grund zum Lärmen finden, und solche Gründe finden sich des Tages viele.

Es gibt da freilich recht grosse, rassenspezifische Unterschiede, aber den stummen Junghund gibt es noch nicht. Wer lärmempfindliche Nachbarn hat, soll es sich deshalb zweimal überlegen, ob er Hunde züchten will oder nicht. Er darf keinesfalls damit rechnen, die Junghunde verkauft zu haben, ehe sie so richtig laut werden, meistens geht dies länger, und bald einmal ist dann der leidige, nachbarliche Streit da. Das ist, auch wenn wir den Nachbarn ohnehin nicht sonderlich schätzen, unangenehm und belastet die Nerven.

Vielerorts bestehen heute gesetzliche Vorschriften, die eine Hundezucht in einer Wohnzone verbieten.

In extremen Fällen haben Behörden schon das Aufziehen eines einzigen Wurfes im Jahr als ein Gewerbe bezeichnet und den Hundezüchter vor die Alternative gestellt, entweder sein Domizil in die Gewerbezone zu verlegen oder auf die Hundezucht ein für allemal zu verzichten.

Manch einer glaubt die Lösung aus dem Dilemma darin gefunden zu haben, dass er den Zwinger weitab von der Wohnung verlegt und dann täglich zwei- bis dreimal hinfährt, um die Hunde zu füttern und zu pflegen. Davon rate ich aus guten Gründen ganz entschieden ab. Es ereignet sich im Laufe der Tage und Wochen bei Junghunden so vieles, das ein sofortiges Einschreiten des Züchters erfordert, sollen nicht irreparable Schäden entstehen. Zudem beraubt sich dieser Züchter ja gerade des Schönsten, das die Hundezucht ihm bieten kann, nämlich des steten Verfolgens der Entwicklung der Welpen.

Die räumlichen Verhältnisse sind deshalb gut und reiflich zu prüfen, bevor wir unter die Hundezüchter gehen.

Sind wir nun nach reiflicher Überlegung und unter gebührender Beachtung aller erschwerenden Umstände zum Schluss gekommen, das Wagnis dürfe in Angriff genommen werden, so stellen sich noch einige grundsätzliche Fragen im Hinblick auf die Zuchthündin. Eine sehr häufige Frage lautet:

Muss ich mit meiner Hündin überhaupt züchten?

Viele Hündinnenbesitzer sind der Meinung, es sei der Gesundheit ihrer Hündin unbedingt förderlich, wenn sie mindestens einmal Mutter werde. Diese Ansicht ist – ich möchte sagen: glücklicherweise – wirklich kein Grund zum Züchten.

Es ist erwiesen, und die Kleintierkliniken bestätigen es immer wieder: Milchdrüsentumore und Gebärmuttererkrankungen treten gleich häufig auf bei Hündinnen, die zur Zucht verwendet wurden, wie bei solchen, die nie geworfen haben. Ein oder zwei Würfe verlängern einer Hündin das Leben nicht und bewahren sie keineswegs vor einer späteren Erkrankung der Fortpflanzungsorgane. Aus Gründen gesundheitlicher Prophylaxe züchten zu wollen, ist ein Unsinn.

Gelten lassen darf man jedoch die Ansicht, eine Hündin benötige zu einer vollen Lebensentfaltung die Gelegenheit, Nachkommen aufzuziehen und ihren mütterlichen Instinkten freien Lauf zu lassen. Es besteht kein Zweifel, dass das Pflegen und Aufziehen eines Wurfes sowohl der Hündin wie auch deren Betreuer viel Freude und Spass bereitet, und wenn im übrigen seitens der Hündin und des Besitzers die nötigen Voraussetzungen da sind, so darf diese Freude auch einmal als hinreichender Grund anerkannt werden.

Soll ich mit meiner Hündin züchten?

Viele Hundebesitzer erwarten von ihrer Hündin eine merkbare Wesensverbesserung, sobald sie einmal geworfen habe. Von einer solchen psychischen Änderung darf aber nicht zu viel erwartet werden. Ich sage das im Hinblick auf die vielen überängstlichen Hündinnen, die nur ihres Charakterfehlers wegen gedeckt werden in der irrigen Hoffnung, die Mutterschaft bewirke dann bei ihnen eine wesentliche Wesensänderung im positiven Sinne. Das trifft leider selten oder nie zu.

Sollte die erwünschte Wesensverbesserung aber doch einmal eintreffen, so steht jedenfalls dieser klare Gewinn in keinem Verhältnis zum Schaden, den man dadurch stiftet, dass man eine charakterlich wertlose Hündin zum Züchten braucht und damit die Möglichkeit einer weiteren Verbreitung der unerwünschten Charaktereigenschaften schafft.

Solche Überlegungen sind keine Grundlage zu einem Zuchtbeginn. Sicher ist es so, dass etwas infantile, sonst aber charakterlich gute Hündinnen durch die Mutterschaft erwachsener, vor allem aber auch selbstbewusster und selbständiger werden. Das ist mitunter aber gar nicht einmal ein Vorteil.

Wir besassen seinerzeit zwei fast gleich alte Hündinnen, die sich ausgezeichnet vertrugen, das heisst sie vertrugen sich ausgezeichnet, weil sich die Graue freiwillig in allem und jedem der Schwarzen unterordnete und damit kein Grund zu sozialen Auseinandersetzungen gegeben war.

Das änderte sich aber schlagartig, nachdem die graue Hündin ihren ersten Wurf aufgezogen hatte. Die vordem etwas verspielte und sehr unterwürfige Hündin war nun durch ihre Mutterpflichten, vor allem wohl deshalb, weil sie nun während Wochen im Kreise ihrer Familie das unbestrittene Oberhaupt gewesen war, sehr erwachsen und selbständig geworden und keineswegs mehr gesonnen, sich der Schwarzen zu unterwerfen. Das hatte zur Folge, dass nun die kleinste soziale Auseinandersetzung in eine bösartige Rauferei ausartete, und das jeden Tag!

Den Anlass dazu gab täglich mehrmals die Hausglocke. Vordem war es das Vorrecht der Schwarzen gewesen, beim Anschlagen der Glocke zu bellen, die Graue ging wohl ebenfalls zur Türe, schwieg aber jeweils. Nachdem sie nun jedoch abgesäugt hatte und ihren Platz in der Wohnung wieder einnahm, bellte auch sie beim Anschlagen der Glocke. Das empfand aber die Schwarze als einen argen Einbruch in ihre Vorrechte und drohte nun sofort gegen die Graue.

Früher hätte sich diese auf einen solchen Auftritt hin sofort gekuscht, nun aber drohte sie zurück, und der Grund zur Rauferei war gegeben. Die gegenseitige Unverträglichkeit ging schliesslich soweit, dass wir uns dazu entschliessen mussten, eine der beiden Hündinnen wegzugeben.

Es kann also mitunter gar nicht so sehr erwünscht sein, dass eine vordem unterwürfige Hündin plötzlich den Drang hat, auf der sozialen Leiter einige Stufen emporzuklettern.

Darf ich mit meiner Hündin züchten?

Verbieten tut und kann uns niemand, mit unserer Hündin einen Wurf zu züchten. Ob sie den Anforderungen genügt, die ein seriöser Züchter an eine Zuchthündin stellen muss, das muss der Züchter selber entscheiden; und falls er sich diesen Entscheid nicht zutraut, so hole er Meinung und Rat bei einem erfahrenen Kenner der Rasse ein. Ich betone aber: bei einem Kenner der Rasse!

Es gibt leider, auch bei den Kynologen, Leute, die sich gross aufspielen, bei näherem Zusehen jedoch weder die erforderlichen Rassekenntnisse noch die benötigte Erfahrung als Züchter aufweisen. Ihr Rat zählt nicht!

Ist diese Seite des Unterfangens abgeklärt und im positiven Sinne entschieden, so gilt es jetzt, sich nach etwa bestehenden Zuchtvorschriften der Rasse-Spezialklubs zu erkundigen (siehe *S. 22*). Viele dieser Klubs haben nämlich einschränkende Zuchtbestimmungen erlassen und wachen eifersüchtig darüber, dass diese auch eingehalten werden. Wir wollen hier nicht untersuchen, ob derartige dirigistische Einmischungen in das Tun und Lassen des Züchters notwendig sind oder nicht, wir wollen einfach glauben, sie seien im Interesse der Förderung der Rasse erlassen worden und müssen uns mit der Tatsache abfinden, dass bei deren Nichtbeachten keine Abstammungsurkunden ausgefertigt werden können. Von der Zucht «rassenreiner Hunde, aber ohne Stammbaum», wie jeweils in den Inseraten zu lesen ist, rate ich aber aus guten Gründen dringend ab.

Was heisst denn schon «rassenrein, aber ohne Stammbaum»? Die Rassenreinheit soll ja gerade durch die Abstammungsurkunde nachgewiesen und somit bewiesen werden. Was nicht mit einer solchen aufwarten kann, darf nicht unbedingt den Anspruch auf Rassenreinheit erheben. Bei der heutigen straffen Organisation der Kynologen ist es vielleicht praktisch unmöglich, mit einem Hund ohne Abstammungsnachweis an Arbeitsprüfungen teilzunehmen; man kann ihn auch nicht ausstellen, und allfällige Nachkommen von ihm erhalten natürlich auch keinen Stammbaum. Der Besitzer eines stammbaumlosen Hundes ist demnach in mancher Hinsicht benachteiligt, und dementsprechend ist auch der Preis für einen Junghund ohne Stammbaum in den seltensten Fällen kostendeckend.

Damit ist wohl deutlich gezeigt, dass der ernsthafte Züchter die Aufzucht stammbaumloser Welpen gar nicht erst ins Auge fasst. Infolgedessen wird er sich vor dem Belegen der Hündin bei der zuständigen kynologischen Landesorganisation rechtzeitig nach dem Bestehen allfälliger Zuchtvorschriften erkundigen und diese dann auch gewissenhaft einhalten.

In den meisten Fällen stehen die Organe der Klubs dem Anfänger beratend zur Seite, und viele helfen mit, wenn es gilt, für die Junghunde einen Käufer zu finden. Der Beitritt zu einer solchen Organisation ist deshalb für den Züchter unbedingt von Vorteil, ganz abgesehen davon, dass er als Mitglied bei der Eintragung seiner Welpen ins Zuchtbuch in den Genuss ganz wesentlich reduzierter Gebühren kommt.

Reich wird man nicht

Wer in einer kynologischen Organisation aktiv mitmacht, wird immer wieder feststellen müssen, dass sich viele Leute der Hundezucht zuwenden im Glauben, es lasse sich da leicht ein ganz erklecklicher Nebenverdienst erzielen. Es machen da sagenhafte Preise die Runde, die dieser oder jener für seine Hunde erzielt haben soll. Solchen Ansichten leisten die bei uns freilich sehr seltenen Berufszüchter Vorschub, die ihren Lebensunterhalt aus der Hundezucht bestreiten.

Geblendet durch diese anscheinend verlockenden Verdienstmöglichkeiten übersehen die Leute sehr wesentliche Dinge.

Gewiss, ich weiss auch von Hunden, die für etliche Tausender verkauft worden sind; ich weiss auch, dass dieser Glücksfall bei vielen Züchtern selten, bei den meisten aber nie eintritt. Wenn aber ein Züchter einer grossen, anspruchsvollen Rasse unter 500 gezüchteten Hunden einen einzigen Siegerhund im Alter von drei bis vier Jahren für etliche tausend Franken verkaufen kann, so ist das, aufs Ganze gesehen, gar kein so überwältigend glänzendes Geschäft.

Berufszüchter gibt es hierzulande kaum. All jene, die wir als solche betrachten, betreiben meistens nebenbei noch etwas Einträglicheres: Sie nehmen gegen gutes Geld Ferienhunde in Pension, sie trimmen und scheren und baden Pudel und Terrier usw.

Der sichere Absatz der gezüchteten Junghunde fällt einem auch nicht gleich am Anfang wie eine reife Frucht in den Schoss. Es braucht dazu vielerlei, zum Teil recht kostspielige Bemühungen. Eine der wichtigsten ist der Besuch vieler grosser Ausstellungen im In- und Ausland mit guten, selbstgezüchteten Hunden. Das kostet aber Geld und Zeit, vor allem viel Geld.

Wer mir jetzt noch keinen Glauben schenken will, den überzeugen vielleicht Zahlen.

Es leuchtet wohl jedermann ein, dass Zuchtrüde und Zuchthündin nicht nur dann Unkosten verursachen, wenn sie zur Zucht gebraucht werden, vielmehr dass sie das ganze Jahr hindurch gepflegt und gefüttert sein wollen.

Viele Zuchtvorschriften erlauben pro Hündin und Jahr nur einen Wurf, und der seriöse Züchter hält sich ohnehin an diese bewährte Regel.

Rechnen wir täglich mit einem minimalen Kostenaufwand für Futter von Fr./DM 4.– für eine mittelgrosse Zuchthündin, so erhalten wir folgende Jahresrechnung:

1. *Zuchthündin*	*Fr./DM*	
Futterkosten	1 460.–	
Hundetaxe (sehr unterschiedlich)	150.–	
Ärztliche Betreuung (Impfungen)	200.–	
Haftpflichtversicherung	50.–	1 860.–
2. *Aufzuchtkosten für einen Wurf von fünf Welpen bei minimalsten Ansätzen*	*Fr./DM*	
Decktaxe (variiert von Fr. 200.– bis Fr. 600.–)	300.–	
Eventuelle Reisekosten zum Deckrüden	200.–	
Fleisch (verschieden, je nach Art der verfütterten Fleischsorten)	1 200.–	
Zerealien (Hundeflocken)	150.–	
Futterzusätze	75.–	
Medikamente (Wurmkuren)	250.–	
Eintragungsgebühren (SHSB)	175.–	
Kontrollgebühren des Rasseklubs	100.–	2 450.–

3. *Allgemeine Unkosten*	*Fr./DM*	
Unterhalt der Unterkunft und der Ausläufe	150.–	
Abschreibungen	300.–	
Besuch von Ausstellungen	500.–	
Inserate	100.–	
Reinigungs- und Desinfektionsmittel	50.–	
Fachliteratur (Stammbuch)	60.–	
Mitgliederbeitrag für Rasseklub	50.–	1 210.–
Zusammen		**5520.–**

Diese Zahlen beziehen sich auf das Jahr 1993, sie sind gemäss Index zu modifizieren; zudem handelt es sich um Minimalbeträge und setzen einen reibungslosen Verlauf des ganzen Zuchtprogramms voraus. Für ausgesprochen grosse Rassen sind sie entsprechend zu erhöhen.

In diesem Betrag nicht eingerechnet ist der Ankauf einer guten Zuchthündin, nur zum Teil eingerechnet die oft recht beträchtlichen Reisespesen zum Deckrüden oder, wo ein solcher gehalten wird, dessen Unterhalt. Wir sind auch von der Annahme ausgegangen, dem Züchter stehe eine relativ günstige Fleischbezugsquelle zur Verfügung. Angenommen wurde ebenfalls ein reibungsloser Verlauf der Aufzucht und ein Verkauf der Jungtiere im Alter von 100 Tagen. Das ist aber durchaus nicht die Regel und mit jedem Tag, an dem die nun recht gefrässigen Junghunde länger gehalten werden müssen, erhöhen sich die Aufzuchtkosten ganz erheblich. Wir sind auch davon ausgegangen, dass, ausser dem Impfen, der Tierarzt nie beansprucht werden musste. Die Zahlen mögen eindeutig belegen, dass im Idealfall der Erlös aus den Welpen die Unkosten knapp zu decken vermag. Treten Komplikationen auf, so legen wir drauf.

Das Finanzgericht in Köln, bestehend aus fünf Richtern, hat deshalb in einem entsprechenden Streitfall bezeichnenderweise folgendermassen entschieden:

«...dass die Zucht und Aufzucht trotz gelegentlicher Einnahmen durch Welpenverkauf (aus Würfen eigener Hündinnen oder als Entgelt für Deckrüden) auf lange Sicht eine verlustbringende Liebhaberei ist, da sehr hohe Kosten für Wartung, Ernährung, Versicherung, Steuer, Ausstellungsfahrten usw. erforderlich sind. Von einem Gewinnstreben bei Zucht und Aufzucht von Hunden kann hiernach nur gesprochen werden, wenn Mutter- und Vatertiere entgegen züchterischen Gesichtspunkten ausgenutzt werden.»

Für die Schweiz fehlt uns leider bis jetzt ein entsprechender Gerichtsentscheid.

Nun gibt es ohne Zweifel Züchter, die beim Hundezüchten Geld verdienen. Bei denen müssen aber verschiedene, sehr günstige Voraussetzungen vorhanden sein, vor allem eine sehr billige und dennoch gute Fleischbezugsquelle. Ist dies nicht der Fall, und will der Züchter trotzdem aus seiner Hundezucht einen Gewinn herauswirtschaften, so geht das in der Regel auf Kosten der Eltern- und der Jungtiere. Es wird gespart, wo man sparen kann, das Fleisch wird durch irgendein billiges Fischmehl ersetzt, statt teurer Flocken füttert man Kartoffeln, Kalzium- und Vitamingaben haben in diesem angespannten Budget keinen Platz mehr; Wurmkuren erspart man sich und beruft sich darauf, dass man Darmschmarotzer durch Verfüttern von Zwiebeln oder Knoblauch vertreiben könne, und das Impfen der Junghunde überlässt man dem Käufer. Die Kondition der Jungtiere entspricht denn auch jeweils dem geringen Aufwand, und es ist bezeichnend, dass solche Zuchtstätten jeweils kein langes Leben haben. dass sie überhaupt eine Zeitlang existieren können, verdanken sie nur dem Mitleid der Hundekäufer, die manchmal aus Mitleid einen Welpen aus einem solchen Zwinger kaufen. Leider haben viele geschäftstüchtige Händler entdeckt, dass sich der Hund «gut verkauft». Sie kaufen bei Züchtern, die man weit eher als Hundeproduzenten bezeichnen muss, ihre «Ware» preisgünstig ein und setzen die oft recht bedauernswerten Geschöpfe mit gutem Gewinn, aber immer noch recht billig, an ahnungslose Hundeliebhaber ab. Diese merken dann meistens viel zu spät, wie teuer der anfänglich so billige Hund sie schlussendlich zu stehen kommt.

Diese Händler sind zum guten Teil verantwortlich für die oft unwürdigen Zustände in vielen Hundezwingern. Könnten nämlich diese «Züchter» ihre Hunde nicht mehr verkaufen, sie würden die Zucht sofort an den Nagel hängen, denn ihnen geht es ja nur um das Geld, dem Tier fragen sie wenig und nichts nach.

Für den seriösen Züchter jedoch gilt nach wie vor: Wer aus rein kommerziellen Gründen Hunde züchten will, der überlege sich sein Vorhaben nochmals gründlich. Es gibt finanziell weit lohnendere Beschäftigungen!

Eine dringende Warnung

muss ich hier anbringen: Man überschätze als Hundezüchter seine eigenen Möglichkeiten nicht. Gerade der passionierte Züchter sieht oft die Grenzen nicht mehr. Hundezucht kann zur Leidenschaft werden, eine Leidenschaft, von der man so leicht nicht wieder loskommt, und darin liegt die Gefahr des Überbordens.

Ein Züchter beginnt mit den allerbesten Voraussetzungen eine Hundezucht. Er nimmt sich vor, mit einer oder zwei Hündinnen jedes Jahr einen oder zwei Würfe aufzuziehen. Das kann er gut als Freizeitbeschäftigung bewältigen, und er hat auch den nötigen Platz dazu. So baut er sich denn eine mustergültige Zwingeranlage, die für eine Hundezucht im geplanten Umfange bemessen ist.

Weil er sich alles wohlüberlegt hat, weil er die Zuchtpartner sorgfältig auswählt und weil er an die Aufzucht der Welpen alle erdenkliche Mühe wendet und auch Kosten nicht scheut, hat er schliesslich – muss er fast zwangsläufig Erfolg haben. Und darin liegt die Gefahr!

Der Züchter möchte jetzt rasch vorwärtskommen, er möchte dauernd Erfolg haben, er will an der Spitze stehen, sein Ehrgeiz lässt ihn nicht mehr in Ruhe, die Leidenschaft hat ihn gepackt. Das ist schön und recht, solange er dabei die ihm gesteckten Grenzen beachtet. Doch viele sehen sie jetzt nicht mehr. Und so begegnete ich bei Zwingerkontrollen immer wieder dem gleichen Übel: Die Zwingeranlage, für zwei Zuchthündinnen und ebenso viele Würfe gedacht, beherbergt jetzt die doppelte, wenn nicht die dreifache Zahl an Hunden. Der ursprünglich geräumige Wurfraum und die ausreichend bemessenen Ausläufe sind jetzt in kleine Abteile unterteilt. Wo früher genügend Bewegungsraum für Mutterhündin und Junghunde vorhanden war, herrscht jetzt bedrükkende Enge. Entsprechend sind oft auch die hygienischen Verhältnisse. Mag sein, dass beissender Uringeruch die Hunde nicht stört, doch wer will das so genau wissen? Mich jedenfalls stört er, und ich würde nie einen Junghund aus einem Zwinger kaufen, in dem es unausstehlich stinkt. Aus der ehemaligen Musterzuchtstätte ist ein überbelegter, schmutziger Zwinger geworden. Das ist leider kein Einzelfall. Deshalb meine Warnung: Erfolg haben ist schön, Erfolg spornt zu neuen Taten an, aber wenn er auf Kosten des Wohlbefindens von Hund und Züchter geht, dann ist er auf jeden Fall zu teuer erkauft.

Man lasse sich als Züchter nicht vom momentanen Erfolg zu einer Ausweitung seiner Zucht verleiten, der man dann nicht mehr gewachsen ist und für die vor allem die räumlichen Voraussetzungen fehlen.

II.

Ein Minimum an Wissen...

Die Kenntnisse der Vererbungslehre und ihrer Grundgesetze muss sich jeder zu eigen machen, der heute irgendein züchterisches Unternehmen an die Hand nehmen will, sei es nun die Zucht von Wellensittichen oder Hunden. Dieses Wissen bewahrt ihn davor, gleich anfangs seine Erwartungen allzu hoch zu schrauben und lässt den angehenden Züchter niemals glauben, eine Rasse könne schon mit dem ersten Wurf in vielen Belangen entscheidend verbessert werden: Es bewahrt ihn aber auch vor vermeidbaren Umwegen.

Leider erfreut sich die Vererbungswissenschaft bei den Züchtern, aber auch bei den Zuchtwarten der Rasseklubs, im allgemeinen keiner grossen Beliebtheit. Schuld daran ist nicht mangelndes Interesse, sondern die dem Laien oft unverständliche und komplizierte Sprache der Genetiker (Vererbungswissenschaftler).

Zum zweiten scheint es, dass der einfache Züchter während seiner ganzen Schulzeit im Biologieunterricht der Volksschule kaum jemals etwas von Vererbungsgesetzen gehört hat.

Meine Tätigkeit als Experte an den Richterprüfungen der SKG hat mich deshalb gelehrt, dass hier ein wichtiges Feld der Beackerung harrt und man dabei ganz behutsam weit unten anfangen muss.

Ohne diese Erfahrung dürfte ich es niemals wagen, im Rahmen dieses Büchleins über Genetik zu reden, denn ich bin nicht Genetiker. Es ist Zweck und Ziel dieses Kapitels, als Züchter mit einiger Erfahrung mit einem Züchter mit wenig oder keiner Erfahrung möglichst einfach und unkompliziert, einigen Grundregeln der Vererbungslehre nachzuspüren.

«Die halbe Schönheit geht ‹zum Maul hinein›»

sagt eine alte Bauernweisheit. Das «Zum-Maul-hinein» ist nicht streng wörtlich nur auf das Futter anzuwenden, wenngleich diesem eine eminent wichtige Bedeutung zukommt, sondern es sind die gesamten Umweltbedingungen, unter denen ein Welpe entsteht, geboren wird und heranwächst, massgeblich bestimmend für seinen späteren Wert als Ausstellungstier oder als Gebrauchshund. Was am Junghund in den ersten sechs Monaten versäumt wird, das kann man später nie mehr vollständig nachholen und korrigieren.

Die Umwelt des jungen Hundes übt ihren Einfluss bereits im Moment der Zeugung aus. Die Kondition der Elterntiere während dieses Vorganges ist ein wesentlicher Umweltfaktor, der sich auf das beginnende Leben auswirkt. Umweltfaktoren sind weiterhin in den nächsten neun Wochen die Haltung und Fütterung der trächtigen Hündin, denn sie sind mitbestimmend für die Entwicklung der Welpen (*Abbildung 5*).

Manches, das der Züchter als angeboren, also als ererbt, betrachtet, ist im Grunde genommen eine Umweltschädigung. Wir müssen uns klar darüber sein, dass der Geburtszustand des Welpen bereits das Resultat der beiden Faktoren «ererbte Anlagen» und «Umwelteinflüsse» darstellt.

So kann zum Beispiel Krummläufigkeit eine Folge nicht ererbter Rachitis sein, also einer durch Fütterung und Haltungsfehler hervorgerufenen Mangelkrankheit. Sie kann aber auch durchaus ererbt sein, und dann nützen alle Kalzium- und Vitamin D-Gaben nichts. Darüber wissen Dackel- und Niederlaufhundezüchter ein Lied zu singen, aber auch bei andern Rassen kommt diese ererbte Krummbeinigkeit mitunter noch vor.

Starker Wurmbefall des Muttertieres während der Trächtigkeit kann dazu führen, dass die Welpen bei der Geburt schon stark durch Wurmtoxine vergiftet sind und dann in den ersten Lebenstagen an einer, an sich sonst harmlosen Infektion eingehen. Der Züchter redet dann von «ererbter Lebensuntauglichkeit». Eine solche gibt es freilich auch, und wir werden später noch davon reden (*Abbildung 6*).

Selbst Missbildungen an Welpen, zum Beispiel verkrüppelte Ruten, fehlende Gliedmassen und anderes, müssen durchaus nicht Erbschä-

Abbildung 5

Der Junghund soll rund, aber nicht dickbäuchig sein. Seine Läufe gleichen massiven Pfosten, die das Körpergewicht zu tragen vermögen. Die richtige Ernährung im Jugendalter bestimmt weitgehend den späteren Wert des Hundes als Ausstellungs- und Gebrauchshund. Das Bild zeigt zwei Shiba-Inu-Welpen im Alter von fünf Wochen aus dem Zwinger «As Arasan», Eig. Cornelius Koot, NL.

den sein, sondern können durch Umwelteinflüsse entstanden sein. Es ist auch zu bedenken, dass Virusinfektionen der Mutterhündin, zum Beispiel Hepatitis, auf die Welpen übertreten können und diese schwer schädigen. Der Mediziner redet hier von Embryopathien. Treten solche unerwünschte Geburtsschäden auf, so ist der Züchter stets gerne bereit, diese als ererbt zu betrachten und, wenn möglich, den Deckrüden, sofern dieser nicht in seinem Besitz steht, dafür verantwortlich zu machen.

Die Einsicht, dass man selber etwas versäumt oder sogar falsch gemacht hat, macht uns oft erhebliche Mühe.

Abbildung 6

Bei Dackeln ist eine leichte Krummläufigkeit nicht als Aufzuchtfehler zu bewerten. Es handelt sich hier um eine erblich bedingte Deformation des Unterarms und der Handwurzel, die heute zwar nicht mehr erwünscht, aber nicht leicht wegzuzüchten ist.

Foto: Dr. Meier-Jaeger

Die eingangs erwähnte alte Bauernweisheit führt uns jedenfalls bereits zu zwei wichtigen Begriffen jeglicher Tierzucht. Sie besagt, einesteils sei die Hälfte dessen, was ein Tier im erwachsenen Zustande schliesslich darstellt, eine Folge der Haltung, und damit wird auch gleich stillschweigend zugegeben, dass die andere Hälfte unserem Einfluss entzogen ist (wobei das Wort Hälfte hier durchaus nicht allzu streng quantitativ aufgefasst werden darf). Es ist dies jener Teil, den das Tier von seinen Ahnen her mitbringt, seine Anlagen und Eigenschaften, die

Abbildung 7

Der Phänotyp (Erscheinungsbild) eines Hundes kann sich im Laufe der individuellen Entwicklung recht stark ändern. Es ist deshalb oft nicht leicht, während dieser Entwicklungsperiode den späteren Zuchtwert eines Hundes richtig einzustufen. *Abb. 7* zeigt die fünf Monate alte «Noa» als wohlproportionierten Junghund, dessen zukünftiger Zuchtwert von jedem Kenner der Rasse hoch eingeschätzt wird. *Abb. 8* zeigt den gleichen Hund im Alter von 16 Monaten als zu leichten, hochbeinigen, scheinbar substanzlosen und deshalb recht untypischen Schnauzer. Im Alter von drei Jahren präsentiert sich «Noa» (*Abb. 9*) als Musterbild eines muskulösen, kompakten und dennoch eleganten und formschönen Schnauzers. Foto: R. Trainin

es von seinen Eltern übernommen hat und die sich nun im Laufe der individuellen Entwicklung unter dem Einfluss der Umwelt auswirken und sichtbar werden.

Wir haben also streng zu unterscheiden zwischen dem individuellen Erscheinungsbild eines Hundes oder, um ein gebräuchliches Wort aus der Vererbungswissenschaft zu gebrauchen, seinem *Phänotyp* und zwischen dem, was er von seinen Ahnen mitbringt und später an seine Nachkommen weitergeben wird, seinem Erbgut oder dem *Genotyp* (*Abbildungen 7, 8 und 9*).

Ammenmärchen taugen nichts

Wenn ich soeben sagte, der Phänotyp eines Hundes sei das Produkt seiner ererbten Anlagen (des Genotyps) und der Umwelteinflüsse, wobei diese bereits bei der Zeugung und dann vor allem während der ganzen Trächtigkeit und der späteren Aufzucht wirksam sind, so muss ich hier auf einige scheinbar kaum ausrottbare Ammenmärchen eintreten. Optimistischerweise hatte ich geglaubt, diese seien längst ausgestorben und kein Mensch nehme sie mehr ernst. Allein die Erfahrung belehrte mich eines anderen. Das eine ist die Geschichte mit dem *Versehen*.

Zwar wird in der Bibel im 1. Buch Moses ausführlich darüber berichtet: Als Erzvater Jakob nach vielen Jahren Dienst bei seinem Schwiegervater Laban wieder heim in sein Land ziehen wollte, machten sie als Mitgift für die beiden Frauen und als Lohn für die Arbeit während all der Jahre aus, Jakob dürfe alle gestreiften, gesprenkelten und gefleckten Tiere aus den Herden Labans für sich behalten.

«Nun nahm Jakob frische Ruten von Weisspappeln, Mandelbäumen und Platanen und schälte daran weisse Streifen aus, so dass das Weisse an den Ruten blossgelegt wurde; dann stellte er die Ruten, die er geschält hatte, in die Tröge, in die Tränkrinnen, wohin die Herden zum Trinken kamen, vor die Tiere hin, und die Tiere begatteten sich, wenn sie zur Tränke kamen. So begatteten sich die Tiere vor den Ruten und warfen dann gestreifte, gesprenkelte und gefleckte.

Sooft die starken Tiere brünstig waren, stellte Jakob die Ruten in die Tränkrinnen vor die Augen der Tiere, so dass sie sich vor den Ruten begatteten, wenn aber die Tiere schwächlich waren, stellt er sie nicht hin. So fielen Laban die schwächlichen Tiere zu, Jakob aber die starken» (Moses 30, 37-42).

Wie dem auch sei; vermutlich hatte der schlaue Jakob aus Erfahrung einige Grundregeln der Vererbung gekannt und die Produktion weisser und gescheckter Lämmer auf durchaus biologischer Basis zu seinen Gunsten gesteuert und seinen etwas harmlosen Schwiegervater hinters Licht geführt.

Das Gespenst des Versehens spukt aber auch heute noch in den Züchterköpfen, wofür ich Beispiele erwähnen kann.

Abbildung 8 Foto: R. Trainin

In einem Zwergschnauzerzwinger warf eine pfeffersalzfarbige (graue) Hündin rein schwarze Junge, obschon sie nachweislich von einem ebenfalls grauen Rüden gedeckt worden war. Grosses Rätselraten?

Und die vermeintliche Lösung: Weil die Hündin während der ganzen Trächtigkeitsdauer mit einer, ihr überlegenen, schwarzen Hündin den Zwinger teilte, hat die schwarze die schwächere, graue dermassen beeinflusst, dass diese dann schwarze Welpen warf!

In diesem Fall war freilich der schwarze Welpen verursachende «Jakob» im Zwinger nebenan zu finden!

Ein anderer Fall: Eine Zwergpinscher-Züchterin klagte mir, ihre hirschroten Hündinnen würden stets nur rote Welpen werfen, obschon sie sie immer durch den gleichen, schwarz-roten Rüden belegen liess.

Abbildung 9 Foto: R. Trainin

Sie meinte, dies käme offensichtlich daher, weil sie sonst nur rote Pinscher im Zwinger habe.

Ich riet ihr, einmal einen anderen Deckrüden zu nehmen und siehe, im nächsten Wurf lag neben drei roten ein rot-schwarzer Welpe im Wurf.

Auf ähnlichen, wirren Vorstellungen beruht auch eine andere Meinung, die ich anlässlich der Richterprüfungen mehrmals zu hören bekam: So erklärte man mir, ausschlaggebend für das Aussehen der Jungen sei der Deckrüde, weil er das stärkere Tier sei.

Andere waren der festen Ansicht, der temperamentvollere Zuchtpartner «schlage» in der Vererbung «durch», wobei das «Durchschlagen» sich nicht etwa nur auf das Temperament, sondern auf den gesamten Habitus der Welpen bezog.

Ganz abgesehen davon, dass das in diesem Moment sich auswirkende «Temperament» der Hündin lediglich zum grössten Teil sexuelle Erregbarkeit ist, die schon nach wenigen Tagen wieder vollständig abgeklungen sein kann, wird hier in unzulässiger Weise einem einzigen Merkmal des einen Tieres eine abergläubische Wirkungskraft zugeschrieben, die keiner objektiven Überlegung standhält.

Ebenso unausrottbar wie die Sache mit dem Versehen, ist die Telegonie.

Die Telegonie

Man versteht darunter den Einfluss einer Erstbefruchtung auf alle folgenden Befruchtungen, und zwar meistens im negativen Sinne.

Der abergläubische Hundezüchter glaubt, dass eine, durch einen Bastard oder auch andersrassigen Rüden gedeckte Hündin fortan für die Zucht wertlos sei, weil sich der Einfluss dieses ersten Fehltrittes auch auf alle späteren Würfe auswirke. Er glaubt also, die im Mutterleibe heranwachsenden Welpen würden das Erbgut der Mutter verändern.

Auch hier glaubte ich, dieses Ammenmärchen sei längstens ausgestorben und vergessen. Doch da wurde ich im Jahre 1992 mit einem Versicherungsfall konfrontiert, in dem es, kurz geschildert, um folgendes ging:

Die Rottweiler-Hündin eines Züchters wurde von einem Sennenhundbastard gedeckt, der über den Zwingerzaun geklettert war. Und nun verlangte der Hündinnenbesitzer vom Rüdenbesitzer eine Entschädigung von Fr. 30 000.– mit der Begründung, die Hündin sei durch diese Fehldeckung für die Weiterzucht unbrauchbar geworden!

Nichts spricht dafür, dass daran auch nur ein Körnchen Wahrheit wäre. Gäbe es eine solche «Fernzeugung», so hätte es ja auch bei der Reinzucht keinen Zweck, die Hündin bei der nächsten Hitze einem anderen Rüden zuzuführen, wenn die Nachkommen aus dem ersten Wurf nicht befriedigten. Alle nachfolgenden Würfe würden ja dann immer noch unter dem Einfluss desjenigen Rüden stehen, der die Hündin zum ersten Mal deckte. Wie weit auch hier uraltes Gedankengut aus dem mosaischen Gesetz nachwirkt, ist schwer zu sagen. Nach dem 5. Buch Moses galt im alten Israel folgende zivilrechtliche Ordnung:

«Wenn Brüder beieinander wohnen und einer von ihnen stirbt, ohne dass er einen Sohn hat, so soll das Weib des Verstorbenen nicht auswärts heiraten, nicht einen Fremden; ihr Schwager soll zu ihr kommen, sie zum Weibe nehmen und die Schwagerehe mit ihr eingehen. Und der erste Sohn, den sie gebiert, soll als Sohn seines verstorbenen Bruders gelten» (5. Moses 25, 5-6).

Keinem Menschen würde es aber heute einfallen, die Kinder aus einer Zweitehe einer Frau ihrem ersten Manne zuzuschreiben, aber in der Tierzucht kommen viele offensichtlich nicht von solchen abergläubischen Vorstellungen los.

«Blut ist ein besondrer Saft»

sagt der Teufel zu Doktor Faust. Der gleichen Meinung ist auch der Züchter, freilich in einem anderen Sinn. Das Wort von den «Blutlinien» hat da viel Unheil gestiftet, indem es die Meinung aufkommen liess, Träger des Erbgutes sei das Blut. Und weil sich zwei Flüssigkeiten zu einer dritten, neuen Flüssigkeit mischen lassen, die nachher nicht mehr in die Ausgangskomponenten zerlegt werden kann, so kam es notwendigerweise zu ganz falschen Vorstellungen über die Weitergabe des Erbgutes von den Eltern auf die Kinder.

Man spricht von einem Viertel grossmütterlichen und einem Sechzehntel urgrossmütterlichen Blutes, addiert und konstruiert dann kunstvolle Zuchtlinien, die wertlos sind, weil sie auf völlig falschen Ansichten beruhen.

Erbanlagen mischen sich nicht wie Flüssigkeiten (nicht das Blut ist Träger der Erbanlagen!), sondern wie schwarze und weisse Kugeln, die unveränderlich schwarz und weiss bleiben, wie wir sie auch mischen mögen. Ob und wieviel Erbgut ein Hund nun von seiner Grossmutter väterlicherseits oder von seinem Grossvater mütterlicherseits mitbekommen hat, bleibt dem Zufall überlassen, die Vererbung folgt dem Gesetz *der Spaltung* und nicht einer *Anteilsregel.*

Es war wohl nötig, wieder einmal auf die Haltlosigkeit dieser veralteten Ansichten hinzuweisen. Es hat keinen Sinn, hochmütig darüber zu lächeln. Wichtiger ist es, den Züchter, der davon befangen ist, aufzuklären.

Die hier erwähnten Ammenmärchen sind leider nicht die einzigen, die manchmal den Blick des Züchters trüben und ihn die realen Gegebenheiten nicht erkennen lassen.

Erworbene Eigenschaften vererben sich nicht

Darwin, der grosse Naturforscher und Begründer der Evolutionstheorie, glaubte an zielstrebig wirkende Kräfte, die eine Art immer besser an ihre Umweltbedingungen anpassen würden und deshalb auf dem Weg einer von Generation zu Generation fortschreitenden Anpassung schliesslich zu neuen Arten führen müssen. Grob gesagt und an einem uns naheliegenden Beispiel erläutert, würde die Entstehung einer neuen Rasse bei Hunden etwa so veranlasst:

Unter dem Einfluss dauernder, grosser Kälte bildet ein kurzhaariger Boxer mit den Jahren ein etwas dichteres Fell als derjenige, der dauernd in der warmen Stube gehalten wird. Diese, durch Umwelteinflüsse (Klima) hervorgerufene kleine Abweichung vom normalen Boxerfell, würde sich nun auch auf die Nachkommen dieses Boxers vererben. Über Generationen fortgesetzt, müsste eine Boxerzucht am Nordpol oben, von Generation zu Generation, Hunde mit immer dichterem Fell hervorbringen, und am Ende der Reihe würde der langstockhaarige Boxer stehen.

Die streng wissenschaftliche Überprüfung ergab bis jetzt ausnahmslos, dass weder Klimafaktoren noch Nahrungsverhältnisse noch Gebrauch oder Nichtgebrauch von Organen erbliche Eigenschaftsveränderungen bewirken.

Alle im Laufe eines individuellen Lebens erworbenen Eigenschaften vererben sich nicht.

Gerade unter den Führern von Gebrauchshunden ist diese Meinung, nämlich die Theorie von der Vererbung erworbener Eigenschaften, aber nach wie vor weitverbreitet. Man ist hier der Ansicht, ein Rüde mit einer absolvierten Schutzhund-III-Prüfung würde etwas von seinem erworbenen Wissen und Können an seine Nachkommen weitergeben. Das stimmt leider nicht.

Wäre dem so, so könnte heute wohl jedes mitteleuropäische Kind von sich aus lesen und schreiben. Es kann es leider nicht, ja sogar die

Sprache, die Generationen seiner Ahnen gesprochen haben, muss es erst mühsam erlernen.

Auch der grosse Förderer der schweizerischen Sennenhunde, Professor Albert Heim, glaubte an die Vererbung erworbener Eigenschaften, und Sennenhundezüchter berufen sich gerne auf seine Aussage, die Sennenhunde würden «dressiert geboren» (schön wär's!).

Weil Heims Schriften immer noch gelesen und sogar neu aufgelegt werden, spukt die Meinung von der Vererbung erworbener Eigenschaften weiterhin in vielen Züchterköpfen.

Nun will ich nicht sagen, eine mit Erfolg abgelegte Arbeitsprüfung solle bei der Zuchtverwendung eines Hundes nicht in Betracht gezogen werden. Sie soll dabei sogar recht gewichtig mitreden, denn sie besagt, dass der Hund das nötige Lernvermögen, die nötige Unterordnungsbereitschaft besitzt, die ihn befähigt haben, die für die Prüfung verlangten Disziplinen zu beherrschen. Von diesen Fähigkeiten, aber nicht vom Erlernten, wird er etwas an seine Nachkommen weitergeben.

Was hier für psychische Eigenschaften gesagt worden ist, gilt genau gleich für die körperlichen.

Obschon seit Generationen unseren Schnauzern, Boxern, Dobermannpinschern und anderen die Schwänze in frühester Jugend abgeschnitten wurden, fallen in den Würfen dieser Rassen nicht mehr stummelschwänzige Welpen an als bei anderen Rassen auch, das heisst praktisch keine. Das unerwünschte Stehohr beim Collie kann ebenfalls nicht aus der Welt geschafft werden, indem man den Zuchttieren auf operativem Wege Knickohren beibringt.

Wir erkennen hier einen sehr wichtigen Grundsatz jeglicher Tierzüchtung: dass sich nämlich der Genotyp eines Tieres in der Regel durch natürliche Umweltfaktoren nicht beeinflussen lässt, es sei denn, er unterliege extremen Einwirkungen wie zum Beispiel Röntgen- und anderen Strahlen, grosser Hitze oder grosser Kälte oder chemischen Einwirkungen, die das Erbgut der Geschlechtszellen zu erreichen vermögen. Für uns Züchter gilt jedenfalls nach wie vor die unabänderliche Richtschnur, dass eine Verbesserung oder Verschlechterung einer Rasse unmittelbar mit der Auswahl der verwendeten Zuchttiere zusammenhängt. Diese Feststellung allein genügt freilich nicht. Wir müssen uns nun ein wenig mit dem Begriff der Reinrassigkeit vertraut machen.

Begriff der Reinrassigkeit

Wenn bei einem Haustier der rein wirtschaftliche Nutzen nicht mehr im Vordergrund steht, dann sind der Rassenbildung weite Grenzen gesetzt. Beim reinen Nutztier beschränkt man sich heute jedoch auf einige wenige Hochleistungsrassen. Beispiele für die Aufsplitterung der «Luxustiere» in viele Rassen sind etwa die Haustaube, die in einer Unzahl verschiedener Rassen gezüchtet wird, und dann vor allem der Haushund.

Von allen heutigen Haustieren weist der Hund die grösste Variabilität auf. Sie ist so gross, dass sie die Grenzen des Artenbegriffs schon fast sprengt. Es würde einem Zoologen vermutlich nie einfallen, zwei Wildtiere, die sich derart voneinander unterscheiden wie ein Pekingese und ein Greyhound, der gleichen Art zuzuordnen.

Diese Vielfalt der Erscheinungsformen des Haushundes wird heute nach Rassen geordnet, wobei wir festhalten wollen, dass der Begriff «Rasse» heute nur noch beim Haustier verwendet wird. Für die Wildtiere wird an Stelle der früher gebrauchten Bezeichnung «Rasse» der Begriff «Unterart» gesetzt.

Der Begriff «Rasse» wurde in der Hundezucht im Laufe der Zeit recht verschieden definiert. Die Kynologie ist eben eine sehr unexakte Wissenschaft!

Die ersten Hundezüchter, die von «reinen Rassen» sprachen, waren die adeligen Jäger im Mittelalter. «Reinrassig» war ihrer Meinung nach ein Hund, wenn er gut war, vor allem dann, wenn er eine einmal aufgenommene Spur «rein» hielt und sich nicht durch andere Spuren verleiten liess. Gute Jagdhunde genossen denn auch ein hohes Ansehen, wie aus den alten germanischen Rechtsquellen deutlich ersichtlich ist. Die äussere Gestalt spielte vorläufig keine Rolle. Weil aber derartige «reine» Hunde häufig zur Zucht verwendet wurden und weil die Züchter auch vor engster Inzucht nicht zurückschreckten, vererbten diese Hunde nebst ihrer Gebrauchstüchtigkeit auch ihre körperlichen Merkmale, und es entstanden mehr oder weniger voneinander abgrenzbare Rassen.

Für die moderne Hundezucht, wie sie um die Mitte des 19. Jahrhunderts vor allem in England einsetzte und von hier auf den Kontinent übergriff – sichtbare Zeichen für diese Wandlung sind die damals überall aufkommenden Hundeausstellungen –, genügten diese alten Rassebegriffe nicht mehr. Der Begriff der Reinrassigkeit musste neu definiert werden. Doch halten wir gleich fest, dass die Begriffe «Art» und «Rasse» auch heute noch in der Biologie nicht immer eindeutig verwendet werden.

Der erste, der alles Lebendige in ein ordnendes System einzwängte, war Linné in seinem 1735 erschienenen «Systema naturae». Als eine Art fasste er Individuen zusammen, die in der «Mehrzahl ihrer Eigenschaften einander so ähneln, dass man sie als artgleich bezeichnet». Cuvier (1829) hat dann den Artbegriff erweitert, indem er die Art als eine natürliche Fortpflanzungsgemeinschaft definierte. Der statische Artbegriff Linnés wurde nun durch einen dynamischen Artbegriff ersetzt.

Nach Linnés Artbegriff müssten aufgrund der verschiedenen Schädelformen die Haushunde in verschiedene Arten aufgeteilt werden, nach Cuviers Definition gehören sie jedoch mit den Wölfen zusammen zur selben Art. Sie bilden unter sich und mit dem Wolf eine «natürliche Fortpflanzungsgemeinschaft». Das Verbindende ist die sexuelle Affinität zwischen allen Mitgliedern der Art. Auch ein Zwergpinscher-Rüde wird sich alle Mühe geben, eine Bernhardiner-Hündin zu decken, und ein zahmer Wolfs-Rüde versucht sich mit einer paarungswilligen Pekingesen-Hündin zu paaren, obschon in beiden Fällen die körperlichen Unterschiede so gross sind, dass eine erfolgreiche Paarung ausgeschlossen ist.

Kant (1775) erkannte wohl als erster, dass innerhalb der von Cuvier postulierten Fortpflanzungsgemeinschaften eine Aufteilung in Unterarten und Varietäten sinnvoll ist. Statt von Unterarten wurde bald von Rassen gesprochen, klare Umschreibungen fehlten aber.

Die Frage, die noch heute in der Hundezucht nicht befriedigend gelöst ist, ist die nach der Abgrenzung der verschiedenen Rassen untereinander. Es fehlen bis heute allgemeingültige Richtlinien.

Um dies an einem konkreten Beispiel zu zeigen: Der grosse, weisse und langhaarige Hirtenhund, der überall vorkam, wo der Mensch Vieh, vor allem Schafe und Ziegen, oberhalb der Baumgrenze weidete, wird heute in die Rassen Kuvasz, Slowakischer Tschuwatsch, Polnischer Owczarek Podhalenski, Südrussischer Owtcharka, Türkischer Akbash und Maremmenhund aufgeteilt. Die Unterschiede sind so gering und die

Abbildung 10
Wie unklar der Begriff der Reinrassigkeit in der Hundezucht definiert ist, zeigt das Beispiel der Belgischen Griffons.
Im gleichen Wurf können rote, rauhhaarige Bruxellois, rauhhaarige, schwarze oder schwarzrote Belges und braune oder schwarz-rote Brabançons liegen, und alle drei gelten als reine Rassen und erhalten an Ausstellungen eigene Siegertitel.
Foto: E.-M. Krämer

Übergänge von der einen Rasse zur anderen so fliessend, dass oft nur der Stammbaum darüber Auskunft gibt, welcher Rasse nun ein bestimmter Hund angehört.

Es handelt sich bei dieser Aufsplitterung um eine sehr subjektive Rassendefinition, deren Berechtigung angezweifelt werden kann, denn es ist fraglich, ob der Genbestand bei diesen weissen und langhaarigen Hirtenhunden so gross ist, dass er eine Unterteilung in verschiedene Rassen rechtfertigen kann oder ob damit nicht der Genaustausch in unverantwortlicher Weise unterbunden und Inzuchtschäden Vorschub geleistet wird. Wohl zu Recht sagt der Haustierforscher W. Herre: «...es ist züchterisch unerwünscht, weitgehend übereinstimmenden

Erbbestand, der weitgehend sich gleiche Merkmale prägt, als verschiedene Rassen zu unterscheiden.»

Er hat den Rassebegriff wie folgt definiert: «Rassen sind von Menschen in sexueller Isolation gehaltene, verbreitete Untereinheiten der Art, welche sich in mehreren Merkmalen und Erbeinheiten von einander stärker unterscheiden. Es sind Kollektiveinheiten, deren Besonderheiten nur durch statistische Methoden wiedergegeben werden können. Dem subjektiven Ermessen bei der Umgrenzung und Merkmalauswahl ist ein weites Feld gelassen.» Im Hinblick auf die Hundezucht liegt die Betonung auf dem Wort «subjektiv».

Ich habe bereits auf die Aufteilung des weissen langhaarigen Hirtenhundes in sechs verschiedene, kaum voneinander unterscheidbare Rassen hingewiesen; andererseits können in einem Wurf Belgischer Griffons ein roter, rauhhaariger Brüsseler, ein schwarz-roter oder ganz schwarzer rauhhaariger Belgier und ein roter, schwarz-roter oder schwarzer kurzhaariger Brabanter liegen, und alle gelten als reinrassig (*Abbildung 10*).

Nach der heute anerkannten Definition von Herre betrachten wir eine Rasse als eine Gruppe innerhalb der Untergattung «Haushund», die durch menschliche Selektion im Hinblick auf ein bestimmtes Zuchtziel, sei es eine bestimmte Färbung, ein bestimmtes Zeichnungsmuster, eine Abweichung vom normalen Stockhaar des Wolfes oder eine Abweichung vom normalen Bauplan der Caniden (z.B. Chondrodystrophie, Zwergwuchs) oder auch im Hinblick auf eine bestimmte Leistung (Nasenleistung und Spurlaut des Laufhundes) und psychische Eigenschaften (Wachsamkeit), über mehrere Generationen hin gezüchtet wird. Am Ende dieses generationenlangen Prozesses sollen dann Tiere stehen, die die gewünschten Eigenschaften mit Sicherheit an ihre Nachkommen weitergeben und sich dadurch von den anderen Artgenossen unterscheiden.

Am Beginn einer Hunderasse stand nicht selten ein einzelner Züchter oder Richter. So hat zum Beispiel um 1900 der schottische Colonel Malcolm of Poltalloch auf der Jagd irrtümlich einen seiner braun-roten Terrier erschossen, weil er ihn für einen Fuchs gehalten hat. Der Colonel beschloss, fortan nur noch weisse Terrier für die Fuchs- und Kaninchenjagd zu züchten. Das war die Geburtsstunde des heute zum Modehund werdenden West Highland White Terriers. Im Jahre 1908 wurde dem Richter Professor A. Heim an der Ausstellung in Langenthal ein kurzhaariger Berner Sennenhund vorgeführt. Heim erklärte, das sei ein Vertreter der alten Metzgerhunde und gab ihm spontan den Namen Grosser Schweizer Sennenhund und hat damit eine neue Rasse kreiert.

Als reinrassig bezeichnen wir eben bereits Hunde, die in wesentlichen Eigenschaften gleich sind und diese von uns zu Rassenmerkmalen erhobenen Eigenschaften auch regelmässig und konstant auf ihre Nachkommen vererben. Im Falle der Griffons sind es typische Kopfform, quadratischer Körperbau und Grösse, während Haarstruktur und Haarfarbe variieren dürfen. In anderen Fällen, in denen die Hunde vielleicht nur durch ein Merkmal voneinander abweichen, hat sich das Wort «Schläge» eingebürgert. Wir kennen den Schnauzer in drei Grössen: Riesenschnauzer, Mittelschnauzer und Zwergschnauzer. Im Idealfall sind sie sich in ihrer äusseren Gestalt derart ähnlich, dass man auf einem Foto kaum sagen kann, welcher Grösse der abgebildete Hund zuzuordnen ist. Hier redet man von Grössenschlägen, andernorts von einem rauhhaarigen oder glatthaarigen Schlag, zum Beispiel von einem rauhhaarigen Niederlaufhund, andererseits bezeichnete man den glatthaarigen Schnauzer seit jeher als Pinscher und erhob ihn damit zu einer eigenen Rasse. Wir sehen, Logik wird in der Hundezucht nicht immer gross geschrieben.

Bei Wildtieren legen die Zoologen viel strengere Massstäbe an. Kleine, dem Laien kaum auffallende Abweichungen in der Grösse, Färbung und Zeichnung genügen dem Systematiker, um von Unterarten zu reden (das Wort Rasse wird hier kaum mehr gebraucht).

Der Begriff der Rasse ist, wie wir eben festgestellt haben, in der Kynologie immer noch recht verschwommen. Wir trennen in Rassen, wo kein Grund zu einer Trennung besteht, und wir fassen als Rassen zusammen, wo man füglich trennen könnte.

Herres Definition der Rasse (*S. 54*), auf die Hunde angewendet, würde unsere heute gebräuchliche Rasseneinteilung völlig durcheinander bringen.

In der heute allgemein anerkannten Züchtungslehre gelten erst Individuen für züchterische Bedürfnisse in den wichtigsten Rassenmerkmalen als erbrein, wenn sie in mindestens zwölf ununterbrochenen Inzuchtgenerationen gezogen worden sind. Aber auch dann noch ist Erbreinheit ein relativer Begriff, wenn wir die in die Tausende gehende Anzahl von Erbmerkmalen höher organisierter Lebewesen in Betracht ziehen.

Wirklich reinrassige, reinerbige Individuen, die keine anderen Eigenschaften vererben können als diejenigen, welche an ihnen und ihren Geschwistern sichtbar sind, gibt es nur bei Selbstbefruchtung, wo sich zwittrige Lebewesen (Hermaphroditen), zum Beispiel Bandwürmer, selber befruchten können; oder bei der Jungfernzeugung (Parthenogenesis), wo die Bienenkönigin fakultativ unbefruchtete Eier legt, aus denen sich dann Drohnen (Männchen) entwickeln.

Sobald aber zwei Lebewesen an der Zeugung eines dritten beteiligt sind, so wird es namentlich bei hochentwickelten Organismen unmöglich sein, dass sie in allen ihren anatomischen und psychischen Eigenschaften identisch sind. Es gibt also immer und in jedem Fall eine mehr oder weniger grössere Mischung verschiedenartigen Erbgutes. So gesehen, ist eigentlich jedes höher organisierte Lebewesen stets eine einmalige Ausgabe, die sich kaum ein zweites Mal wiederholen dürfte. Eine Ausnahme bilden lediglich die sogenannten Eineiigen Zwillinge, die aus einem einzigen befruchteten Ei entstanden sind und demzufolge genau das gleiche Erbgut führen. Darüber weiss man in der Rindviehzucht relativ gut Bescheid, bei Hunden praktisch aber noch nichts.

Es ist gut, wenn man sich bei jeglichem züchterischen Unternehmen stets vor Augen hält, dass mit einer mehr oder weniger grossen Variationsbreite immer zu rechnen ist.

Aus zwei Siegertieren werden selten oder nie lauter Sieger hervorgehen!

Das ist gut so. Gäbe es eine absolute Erbreinheit in der Hundezucht, so hätten wir nur noch *einen* Boxer, nur *einen* Schnauzer, nur *einen* Pudel, und die ganze Hundezucht hätte ihren Reiz vollkommen verloren.

Das Suchen nach den Gründen eines unerwarteten Erfolges oder Misserfolges, das Neukombinieren, Neuaufbauen, das Warten und Beobachten, das alles reizt den passionierten Züchter immer wieder von neuem. Bevor wir uns nun dem eigentlichen Vererbungsmechanismus zuwenden, müssen wir uns mit den wichtigen, in der Genetik gebrauchten Begriffen vertraut machen.

Kleines genetisches Vokabular

- *Allel*
  Die kleinste Einheit der genetischen Information ist das Gen. Zu jedem Gen, das auf einem Chromosom lokalisiert ist, gehört ein zweites, ihm entsprechendes Gen. Je eines stammt vom Vater, das andere von der Mutter. Allele sind also homologe Gene, die auf entsprechenden Abschnitten homologer Chromosomen sitzen. Zu jedem Gen können viele verschiedene Allele auftreten, dies wird vor allem in den verschiedenen Farbmustern des Hundefells augenfällig.

- *Ahnenverlust*
  Wenn der gleiche Hund im Stammbaum eines Individuums mehrmals auftritt, verkleinert sich die Zahl der virtuellen Ahnen.

- *Chromosomen*
  Im Zellkern jeder Körperzelle befindet sich die gesamte genetische Information, die die Eigenschaften eines Individuums bestimmt.
  Träger dieser Informationen sind die Chromosomen. Sie liegen paarweise, je ein Chromosom vom Vater und eines von der Mutter, im Zellkern und können mikroskopisch nur dann nachgewiesen werden, wenn sich eine Zelle im Stadium der Teilung befindet.
  Die Zahl der Chromosomen ist für jede Art konstant, beim Hund sind es deren 78.

- *DNS*
  DNS ist die Abkürzung für Desoxyribonucleinsäure. Sie besteht zur Hauptsache aus Zucker und Phosphat. Jedes Zuckermolekül bindet eine der vier Basen Adenin, Thymin, Guanin und Cytosin an sich.
  Diese vier Basen sind die Grundlage der gesamten genetischen Informationen. Alle Eigenschaften eines Lebewesens hängen von der Reihenfolge der vier Basen im DNS-Strang ab. Verantwortlich für die genetische Information ist die Kombination von drei Basen, das Basentriplett. Es bestimmt die Aminosäuren, die Bausteine der Proteine (Eiweissstoffe), die wiederum die Grundlage jedes organischen Lebens sind. Phänotypische Unterschiede bei den Geschwistern eines Wurfes sind im unterschiedlichen Aufbau der DNS begründet.

- *Gen*

  Die Gene sind die Träger erblicher Eigenschaften aller Organismen. Sie bilden paarweise in festgelegter Reihenfolge die Chromosomen. Das Gen ist die Einheit der Vererbung. Je ein Gen eines Genpaares stammt vom Vater, das andere von der Mutter. Ein Gen kann sein Allel völlig unterdrücken, in diesem Falle sprechen wir von einem dominanten Allel; das unterdrückte Allel bezeichnen wir als rezessives Allel. Ein rezessives Allel muss stets doppelt vorhanden sein, damit es das äussere Erscheinungsbild prägen kann. Ein Gen besteht aus einem oder mehreren Basentripletts. Sind die beiden zusammengehörenden Gene gleich aufgebaut, bezeichnen wir sie als homozygot (reinerbig), sind die beiden ungleich, ist das Tier in bezug auf die Eigenschaft, die durch das Genpaar bestimmt wird, heterozygot (mischerbig).

- *Genort*

  Der Genort oder Genlocus ist die Stelle, an der zwei zusammengehörende Allele auf einem Chromosomenpaar lokalisiert sind.

- *Genotyp*

  Die genetische Struktur, die der äusseren Erscheinung eines Lebewesens zugrunde liegt, nennen wir Genotyp. Was wir als äusseres Erscheinungsbild feststellen können, bezeichnen wir als Phänotyp. Wenn ein Genort durch zwei ungleiche Allele besetzt ist, dann entspricht der Phänotyp nicht mehr dem Genotyp, das heisst das Tier kann andere Eigenschaften vererben, als es sichtbar aufweist.

- *Genverlust*

  Reife Eizellen und reife Spermien haben nur noch einen hälftigen Chromosomensatz. Das nach der Befruchtung der Eizelle neu entstehende Lebewesen hat nur noch die Hälfte des väterlichen und nur noch die Hälfte des mütterlichen Erbgutes. Weil die einzelnen Spermien und die einzelnen Eizellen untereinander ungleich sein können, können die Geschwister eines Wurfes recht unterschiedlich sein.

- *Heterosis*
  «Unter Heterose versteht man Paarungen, bei denen die Partner weniger miteinander verwandt sind als zwei zufällig aus der Population herausgegriffene Tiere» (Schleger und Stur). Bei Rassenkreuzungen, bei denen vorausgesetzt werden kann, dass die Genzusammensetzung der zwei Paarungspartner recht unterschiedlich ist, kann bei den Nachkommen eine Steigerung gewisser Eigenschaften erzielt werden, so zum Beispiel die Fruchtbarkeit (Legeleistung der Hennen), Wachstum (Frohwüchsigkeit bei Schweinen) oder auch die Resistenz gegen bestimmte Krankheiten. Innerhalb einer Hunderasse wird jedoch auch bei sogenannter «Fremdzucht» die Heterosis gering sein.

- *Hybriden*
  Als Hybriden bezeichnet man Bastarde. Rassenbastarde (z.B. Wolf x Hund) sind voll fertil (fruchtbar). Bastarde zwischen verschiedenen Arten (Pferd x Esel) sind steril. Durch Kombinationen von ursprünglich getrennten Merkmalen können neue Rassen entstehen.

Der Befruchtungsvorgang

Das neue Leben beginnt mit der Vereinigung der Samenzelle mit der Eizelle.

Beim Deckakt werden vom Rüden Millionen Spermatozoen ausgeschüttet, es ist deshalb völlig unsinnig, den Rüden für die Zahl der geworfenen Welpen verantwortlich zu machen. Doch diese fixe Idee ist unter den Hundezüchtern fast nicht auszurotten. Massgebend für die Zahl der Welpen ist in erster Linie die Zahl der reifen Eier, die in Intervallen von mehreren Stunden aus den Eierstöcken austreten und die nur eine sehr beschränkte Lebensdauer haben können.

Man schätzt bei einer Junghündin die Zahl des gesamten Follikelvorrates (Eizellen) auf 200 000 bis 350 000. Zur völligen Ausreifung kommen während der gesamten Fortpflanzungszeit der Hündin etliche Hundert. Während einer Hitzeperiode reifen etwa 10 bis 20 Follikel bis zur Sprungreife heran. Wir werden später in einem anderen Zusammenhang nochmals davon reden. Die genannten Zahlen sind aber für das Verstehen der später darzustellenden Gesetzmässigkeiten im Erbvorgang wichtig. Ein Ei wird stets nur von einer Samenzelle befruchtet. Sobald diese eingedrungen ist, verändert sich die Aussenhülle des Eis und verhindert das Eindringen einer zweiten Samenzelle.

Eizelle und Samenzelle sind die Träger des Erbgutes, das muss sich der Züchter immer wieder vor Augen halten: Für die Eigenschaften, die wir von den Jungen erwarten, sind nicht die an den Eltern sichtbaren Eigenschaften massgebend, entscheidend ist die Beschaffenheit ihrer Keimzellen.

Es war der Augustinermönch und spätere Abt Gregor Mendel, Lehrer für alte Sprachen in Brünn, der 1865 nach exakt durchgeführter Züchtung verschiedener Erbsenrassen (gelbe, runde Samen und grüne, kantige Samen; langstielige Blüten und kurzstielige Blüten) erkannt hat, dass jedes Individuum für jede seiner Eigenschaften eine doppelte Erbeinheit, heute *Gene* genannt, besitzen muss und dass sich diese Erbeinheiten vor der Befruchtung teilen müssen.

Die Träger dieser Erbeinheiten (Gene) sind die *Chromosomen* (Kernschleifen) im Zellkern. Die Zahl der Chromosomen ist für jede Art konstant. Nach den Untersuchungen des Japaners Osamu Minouchi hat der Hund 78 Chromosomen. In den Kernschleifen sind die Gene linear, wie die Perlen an einer Perlenschnur aufgereiht oder, um einen anderen Vergleich zu gebrauchen, wie die Münzen in einer Münzrolle.

Beim bevorzugten Objekt der Vererbungsforscher, der Fruchtfliege Drosophila, weiss man heute sogar ganz genau, wo die für bestimmte Körpermerkmale zuständigen Gene eingeordnet sind. Man hat bereits regelrechte Chromosomenkarten erstellt.

Würde sich nun bei der Befruchtung eine Samenzelle mit einem vollen Chromosomensatz mit einer ebensolchen Eizelle vereinigen, so hätte die nun befruchtete Keimzelle einen doppelten Satz, weil ja, um das schon einmal gebrauchte Bild nochmals zu zitieren, Erbanlagen sich nicht wie Flüssigkeiten, sondern wie weisse und schwarze Kugeln mischen. Dieser doppelte Chromosomensatz kommt aber nicht zustande, weil Eizelle und Samenzelle vorerst noch einen Reifungsprozess durchmachen, in welchem eine Teilung der Genpaare stattfindet. Nach dieser Reifung hat die reife Eizelle für jede auszubildende Eigenschaft nicht mehr ein Genpaar, sondern nur noch ein Einzelgen. Die genau gleiche Situation haben wir jetzt bei der Samenzelle. Die Reduktionsteilung, auch als *Meiose* bezeichnet, verläuft in verschiedenen Phasen (*Abbildungen 11 und 12*).

In der *Prophase* entknäueln sich die Chromosomen und werden unter dem Elektronenmikroskop sichtbar. Jedes Chromosom hat ein zweites homologes Chromosom, eines stammt von der Mutter, das andere vom Vater des Hundes.

Die beiden Chromosomenstränge, nun in zwei Chromatiden (Schwesterchromatiden) gespalten, ordnen sich in der Äquatorialebene der Zelle an, und nun kommt es zum wichtigsten Vorgang der Meiose, zum sogenannten «Crossing over». Die beieinanderliegenden Chromatiden zerfallen in einzelne Bruchstücke, die dann zwischen den Chromosomen ausgetauscht werden. Dieser Austausch geschieht völlig zufällig, so dass kaum je zwei Eizellen oder zwei Samenzellen die gleichen Erbinformationen enthalten müssen. Das hat zur Folge, dass ein Welpe von seiner Mutter Eigenschaften erbt, die den Geschwistern fehlen; das gleiche gilt ebenso für die väterlichen Eigenschaften. Der eine Welpe kann die gute Augenfarbe des Vaters, aber auch dessen Zahnfehler geerbt haben, sein Bruder hat eine schlechte Augenfarbe, dafür ein korrektes Gebiss, und der dritte ist in beiden Eigenschaften einwandfrei. Nach dem «Crossing over» verschmelzen die Bruchstücke wieder zu Chromatiden und die Chromatiden nachher wieder zu Chromosomen.

In der nachfolgenden *Metaphase* und der *Anaphase* werden die neugebildeten Chromosomen wieder gespalten, die Zelle schürt sich in der *Telephase* wieder ein und zerfällt in zwei Tochterzellen, und in einer nachfolgenden Teilung wird die Chromosomenzahl der Tochterzellen auf die Hälfte reduziert. Beim Rüden entstehen durch die Meiose aus jeder ursprünglichen Zelle vier Spermien mit unterschiedlichem Erbgut, aus der weiblichen Eizelle entsteht nur eine befruchtungsfähige Zelle, die drei anderen gehen als sogenannte Abortiveier zugrunde.

Aus dem ganzen, etwas kompliziert darzustellenden Reifungsprozess, ergibt sich zwangsläufig, dass sowohl bei der Ei- wie bei der Samenzelle ein Teil des von den Ahnen herrührenden Erbgutes verloren gegangen ist.

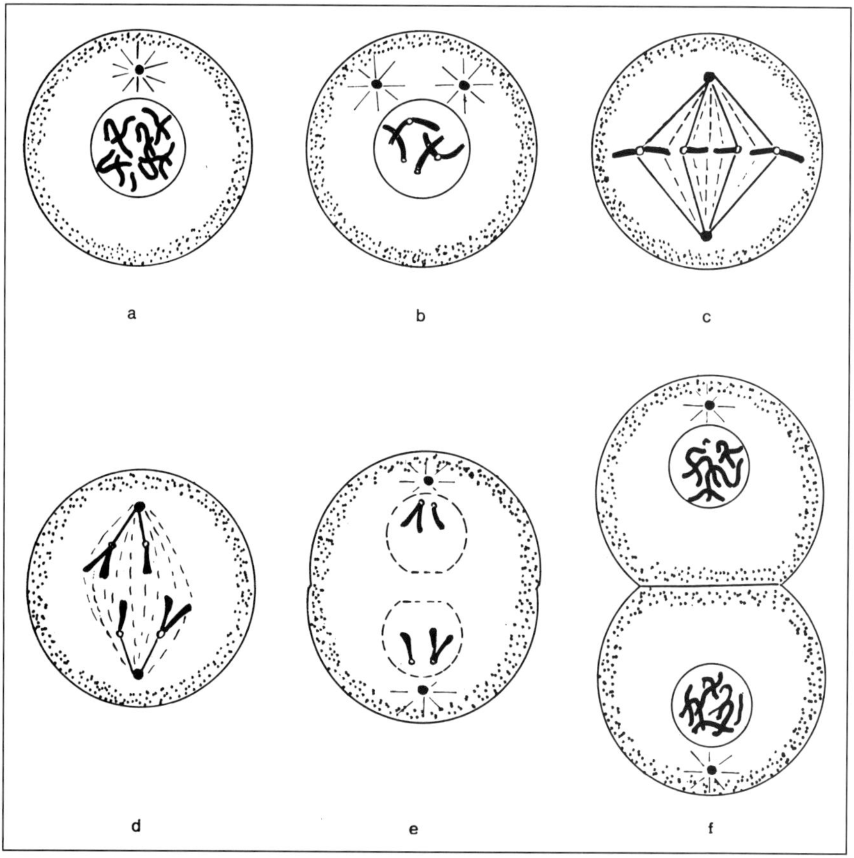

Abbildung 11

Vereinfachtes Schema einer Reifeteilung (Reduktionsteilung):

a und b: In der ruhenden Zelle ist der Zellkern nur undeutlich strukturiert. Die Chromosomen sind kaum sichtbar.

c: Die einzelnen Chromosomenpaare trennen sich.

d: Die getrennten Chromosomenpaare wandern auseinander. Jede Tochterzelle erhält nur je einen Partner der ursprünglichen Chromosomenpaare.

e: Es bilden sich neue Zellkerne mit der hälftigen Chromosomenzahl der Mutterzelle.

f: Die Tochterzellen enthalten nur noch je ein Chromosom anstelle eines Chromosomenpaares. Erst bei der Verschmelzung mit einer anderen Zelle (Befruchtung) entstehen wieder Chromosomenpaare. Die Hälfte des von den Ahnen übernommenen Erbgutes ist für jede Tochterzelle verlorengegangen (Ahnenverlust). Welche Erbeinheiten übernommen wurden, beziehungsweise verlorengingen, bleibt weitgehend dem Zufall überlassen; ausgenommen da, wo bestimmte Genkoppelungen vorkommen (zum Beispiel geschlechtsgebundene Färbung).

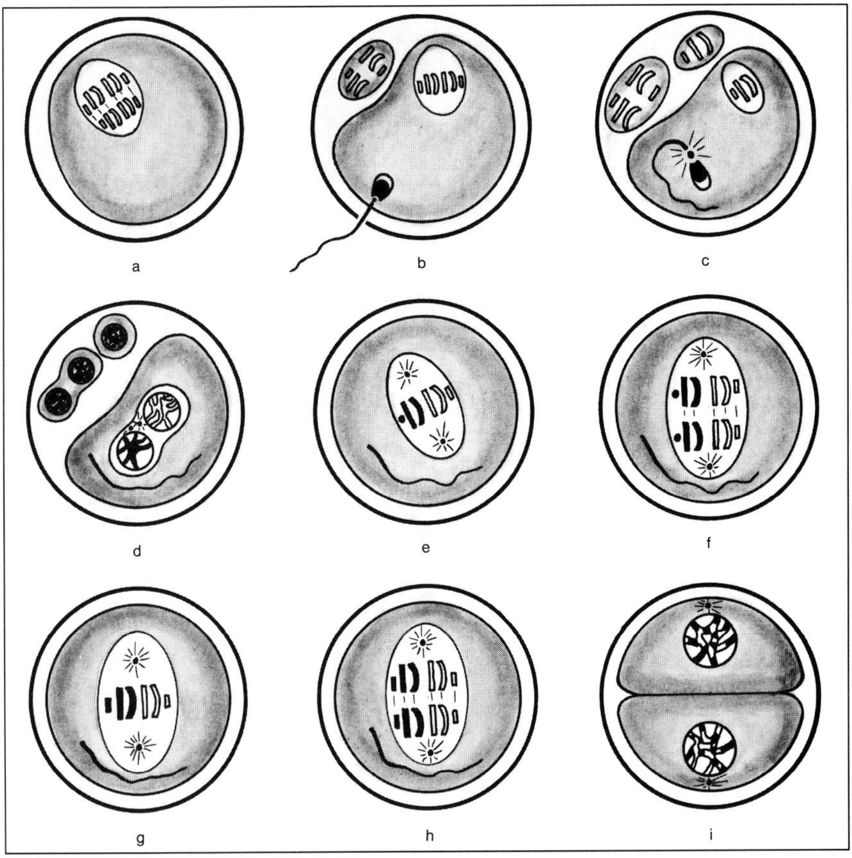

Abbildung 12

Schema der Eireifung und Befruchtung (nach Grosser, aus Zietzschmann-Krölling). In a bildet sich die Polspindel (Beginn einer Zellteilung). In b hat sich die erste Polzelle abgeschnürt. Alle Nährstoffe bleiben im Ei, die Polzelle besteht fast nur aus Kernmasse. Gleichzeitig ist ein Spermium eingedrungen, von dem man annimmt, dass seine Anwesenheit im Plasma der Eizelle die nun folgende Reduktionsteilung auslöse. In c hat sich die haploide (Zelle mit einfachem Chromosomensatz), zweite Polzelle abgeschnürt, der im Ei verbleibende Kernrest hat jetzt ebenfalls nur noch die halbe (haploide) Chromosomenzahl. In d ist der im Reifei verbliebene Kernrest wieder ins Zentrum zurückgewandert und mit ihm hat sich der zum männlichen haploiden Kern herangewachsene Kopf des Samenfadens vereinigt. Die Kernfäden verknäueln sich zur Ruheform. Die Polzellen gehen zugrunde (Abortiveier). In e vermischt sich das väterliche Ergbut mit dem mütterlichen Erbgut, in f ist die volle, diploide Chromosomenzahl wieder hergestellt. Damit ist die Befruchtung vollzogen. Die nun folgende Mitose (Zellteilung) g bis i ist bereits Beginn der eigentlichen Keimesentwicklung.

Der Züchter redet hier von einem Ahnenverlust, meint aber einen Genverlust. Wir müssen deshalb die beiden wichtigen Begriffe in einem speziellen Kapitel klären. Bei der Verschmelzung mit einer reifen Samenzelle wird nun der ursprüngliche volle Chromosomensatz wieder hergestellt, und für jedes Merkmal ist jetzt wiederum ein Genpaar vorhanden, freilich das leuchtet sofort ein, unter Umständen ein sehr ungleiches Paar. Wenn zum Beispiel der Rüde gross, die Hündin klein war, so besteht jetzt das Genpaar, das die Grösse der Welpen bestimmen soll, aus einem Gen für Grosswuchs und einem Gen für Kleinwuchs. Wir werden später darauf weiter eintreten.

Ich muss jetzt hier noch vorausschicken, und das macht die Sache in der Wirklichkeit sehr kompliziert, dass an der normalen Ausbildung eines Körpermerkmals, sagen wir einmal des Glatthaares oder einer bestimmten Haarfarbe, kaum jemals ein einziges, sondern stets mehrere Genpaare gesetzmässig zusammenwirken müssen. Man spricht dann von *Polygenie*.

Professor Herre hat bei Kreuzungen zwischen Wölfen und schwarzen Pudeln festgestellt, dass die einzelnen Merkmale einer Fellfarbe durchaus selbständigen Erbgängen folgen können.

Die Einzelelemente fügen sich wie die Steinchen eines Mosaiks zu einer bestimmten Fellfarbe oder einem bestimmten Zeichnungsmuster zusammen, aber mit den gleichen «Steinchen» können immer wieder neue Bilder kombiniert werden. So ist es zu verstehen, dass in der zweiten Nachkommensgeneration dieser «Puwos» (Pudel-Wolf-Kreuzungen) recht verschiedenartige Färbungen auftraten, und so ist es auch zu verstehen, dass bei Kreuzungen zweier reinrassiger, aber verschiedenen Farbenschlägen angehörenden Hunden unter den Nachkommen verschiedene Färbungsmuster sichtbar werden.

Andererseits müssen wir auch wissen, dass ein Genpaar an der Ausbildung mehrerer Merkmale beteiligt sein kann, was mit *Pleiotropie* bezeichnet wird.

Jedes sichtbare Merkmal eines Lebewesens beruht deshalb immer auf einem Netzwerk von Wirkketten der Gene.

So ist es leider durchaus möglich, dass eine durch scharfe Zuchtauslese erreichte Steigerung einer bestimmten Leistung (Leistung kann hier auch als Körpermerkmal aufgefasst werden) ein gefährliches Absinken einer anderen, ebenso erwünschten Leistung zur Folge hat. Solche gegenseitigen Abhängigkeitsverhältnisse sind beim Hund noch viel zu wenig bekannt.

Die Meinung, ein Gen sei die Gussform für ein ganz bestimmtes Merkmal, ist naiv und muss beiseitegeschoben werden.

Gleiche Phänotypen können auf ganz verschiedenen Erbbildern zustande kommen, denken wir nur beispielsweise an den Feldhasen und an das sogenannte Hasenkaninchen (eine vom Menschen geschaffene Zuchtrasse des Kaninchens), die einander äusserlich sehr ähnlich sehen, aber so verschieden sind, dass Kreuzungen zwischen beiden bis heute nie gelungen sind und vermutlich auch nie gelingen werden. Man spricht in solchen Fällen von *Geschwisterarten*.

Es ändert aber an den prinzipiellen Verhältnissen nichts, wenn wir hier, der Anschaulichkeit halber, annehmen, die Haarfarbe eines Hundes werde durch ein einziges Genpaar bestimmt. Doch...

«Grau, lieber Freund, ist alle Theorie!»

Und darum will ich an einem praktischen Beispiel aufzeigen, wie sich diese Gesetzmässigkeiten nun in der züchterischen Praxis auswirken.

Man wird es mir nicht übelnehmen, wenn ich hier von derjenigen Rasse berichte, mit der ich am meisten Erfahrungen gesammelt habe.

Als ich Anfang der fünfziger Jahre mit der Zucht der schwarzen Mittelschnauzer begann, war diese Rasse noch mehr oder weniger eine Neuzüchtung mit allen, einer solchen anhaftenden Mängeln. Wohl waren schon zu Beginn der Reinzucht der Schnauzer ab und zu in den Würfen der pfeffersalzfarbigen einzelne schwarze Welpen aufgetaucht, aber man nahm sich kaum die Mühe, diese rein zu züchten. Erst nach dem Zweiten Weltkrieg begann man dann in Deutschland, diesen Farbschlag systematisch zu fördern.

Wir wollen uns hier nicht mit einer Analyse der beiden Haarfarben «schwarz» und «pfeffersalz» befassen, sondern lediglich feststellen, dass sowohl schwarz wie pfeffersalz durch je ein Genpaar auf die Nachkommen übertragen wird. Bei der Reduktionsteilung bleibt ein Gen übrig, das sich bei der Befruchtung mit dem entsprechenden Gen der

Partnerzelle wiederum zu einem Genpaar vereinigt. Sind beide Elterntiere schwarz, so kommen zwei schwarze Gene zu einem einheitlichen schwarzen Genpaar zusammen, und sämtliche Nachkommen werden schwarz sein.

Entsprechend verhält es sich, wenn beide Elternteile pfeffersalz sind.

Nun war aber damals die Zuchtbasis der schwarzen Schnauzer äusserst schmal, eine rigorose Auslese der Zuchttiere deshalb unmöglich. Zudem hatten sozusagen alle Hunde die gleichen, krassen Fehler, wie zum Beispiel krumme Vorderläufe, helle Augen, steile Hinterhand und kurze Köpfe; Fehler, die wir beim pfeffersalzfarbigen Schlag zum grössten Teil schon lange vor dem Krieg überwunden hatten.

Ein Glück war es immerhin, dass nicht alle Fehler gleichzeitig bei allen Hunden auftraten. Trotzdem schien es mir fast unmöglich, mit dem vorhandenen Zuchtmaterial nur mittels scharfer Selektion innert nützlicher Frist zu einer wesentlichen Verbesserung der Rasse zu kommen.

Die Verbreiterung der Zuchtbasis und die Ausmerzung der gröbsten Fehler konnten nur über die Einkreuzung guter, pfeffersalzfarbiger Schnauzer gehen.

Vorerst musste ich mit mir ins reine kommen, wo der Hebel zuallererst anzusetzen sei. Als Schönheitsrichter lege ich einem einwandfreien Gebäude und Gangwerk des Hundes das grösste Gewicht bei, dann kommt die Haarstruktur und erst nachher Augenfarbe und Haarfarbe.

Wenn ich als Züchter die gleichen Massstäbe anwenden wollte, so hatte die Verbesserung des Gebäudes, also vor allem die Ausmerzung der krummen, fesselweichen Vorderläufe, die Priorität.

So paarte ich einen schwarzen Rüden mit tiefschwarzem Haar und mit starkknochigen, geraden Läufen und runden, harten Pfoten mit einer guten pfeffersalzfarbigen Hündin.

Allen Warnungen der «Fachleute» zum Trotz hatte ich keine Bedenken, diese Kreuzung vorzunehmen, weil ich schon früher den genau gleichen Versuch mit einer anderen Tiergattung gemacht hatte, nämlich mit chinchillafarbigen und rein schwarzen, sogenannten Alaskakaninchen. Ich will damit nicht sagen, man dürfe Analogieschlüsse von einer Tierart auf die andere ziehen (oft sind die Verhältnisse sogar schon von Rasse zu Rasse verschieden), aber zufällig entspricht die Chinchillafarbe des Kaninchens in ihrem Aufbau der Pfeffersalzfarbe des Hundes, und Schwarz scheint ebenfalls bei beiden Tieren auf gleichen Erbfaktoren zu beruhen.

Die Mendelschen Gesetze

Vorausgesetzt, der schwarze Rüde war in bezug auf die Haarfarbe reinerbig, so musste er ein einheitliches Genpaar für Schwarz in seinem Erbgut haben. Analog, und daran war kein Zweifel, musste die Hündin für die Farbe Pfeffersalz ein einheitliches Genpaar besitzen. Schematisch gezeichnet lagen die Verhältnisse bei den Ausgangstieren demnach folgendermassen (*Abbildung 13*).

Bei der Reduktionsteilung fiel je ein Gen weg. Die reife Samenzelle (männliche Geschlechtszelle) enthielt jetzt nur noch ein, für die schwarze Farbe verantwortliches Gen und die reife Eizelle (weibliche Geschlechtszelle) ein, für Pfeffersalz verantwortliches Gen. Bei der Befruchtung paarte sich nun ein Gen für Schwarz mit einem Gen für Pfeffersalz.

Würden sich die Erbanlagen wie Flüssigkeiten mischen, so wären nun die sechs Welpen, die in dem Wurfe fielen, wohl alle schwarz-grau gewesen. Doch sie waren alle *rein schwarz*.

Das schwarze Gen erwies sich offensichtlich stärker als das Pfeffersalz-Gen und überdeckte dieses bei der Ausbildung der Farbe vollständig. Das führt uns zum Begriff der *Dominanz*. Das Gen für Schwarz hat sich offen, sichtbar vererbt und hat das Gen für Pfeffersalz unterdrückt. Dieses Pfeffersalz-Gen ist jedoch nicht etwa verschwunden, sondern es ist im Erbgut der Jungen selbstverständlich noch vorhanden, ist aber unsichtbar, ist überdeckt worden: Es ist *rezessiv*.

Schwarz verhält sich also in unserem Fall gegenüber Pfeffersalz *dominant*, das heisst es überdeckt, während Pfeffersalz sich gegenüber Schwarz *rezessiv*, das heisst verbergend, verhält.

Was geschieht nun aber, wenn wir aus diesem Wurf eine Schwester-Bruder-Paarung vornehmen?

Die beiden Ausgangstiere sind diesmal schwarz, aber nur in ihrem Erscheinungsbild (Phänotyp). In ihrem Erbgut (Genotyp) sind sie mischerbig oder *heterozygot*. Bei der Reduktionsteilung fallen die Genpaare

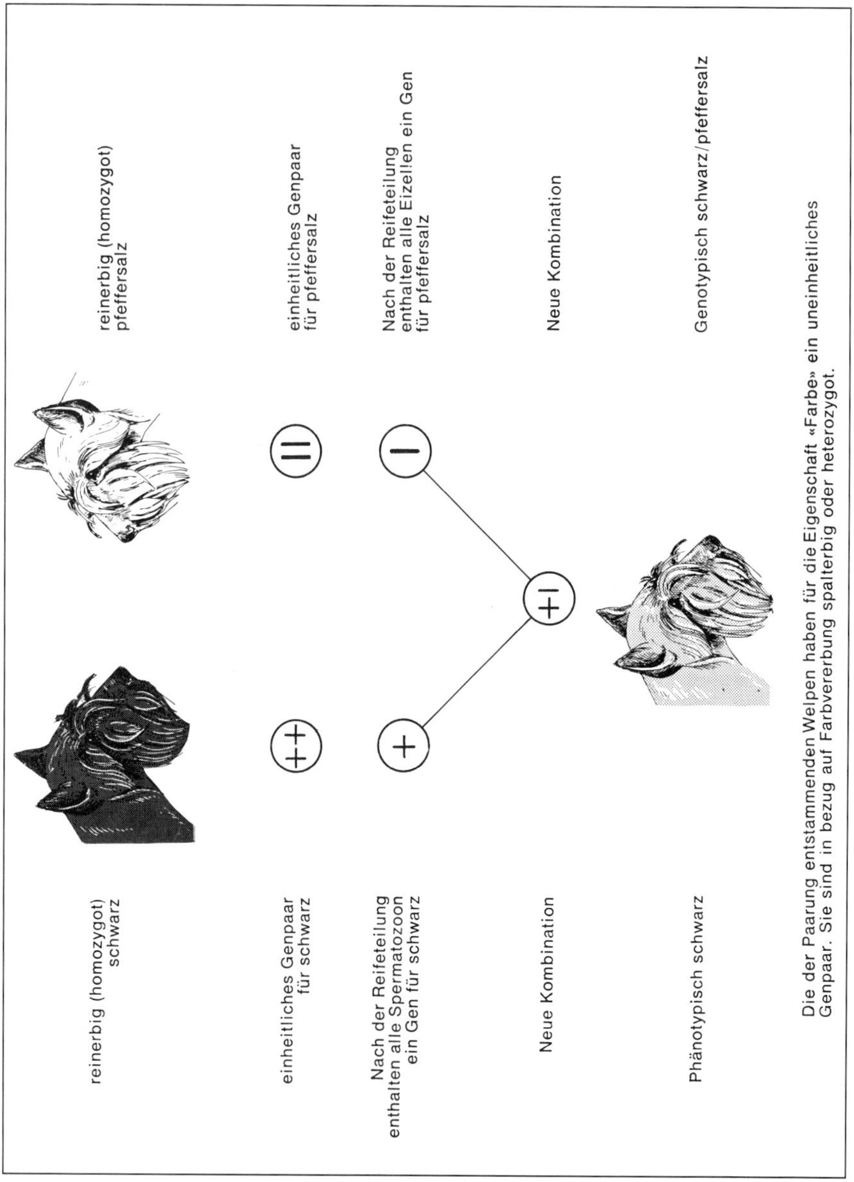

Abbildung 13
Dominant und rezessiv

auseinander, und jeder der beiden Zuchtpartner hat nun reife Keimzellen mit je einem Gen für Schwarz und einem Gen für Pfeffersalz. Damit sind bei der Befruchtung bereits vier Kombinationen gegeben (*Abbildung 14*). Der Versuch lehrt uns eine ganze Menge für die Zucht wichtigster Vererbungsgrundsätze:

1. Paaren wir einen in bezug auf Farbe mischerbigen Schnauzer mit einem gleichartigen, so spaltet die «Farbe» bei einem Teil der Nachkommen wieder planmässig entsprechend den Ausgangstieren auf. Es entstehen reinerbige schwarze, reinerbige pfeffersalzfarbige und gemischterbige schwarze Tiere. Was hier an der Farbe demonstriert wird, gilt selbstverständlich auch für alle anderen Körpermerkmale.

2. Die sich im Erbgang rezessiv verhaltenden Merkmale, in unserem Zuchtversuch die Pfeffersalzfarbe, werden erst wieder sichtbar, wenn der Träger dafür ein doppeltes Genpaar besitzt, das heisst, wenn er in bezug auf diese Eigenschaft wieder reinerbig ist. Diese Erkenntnis ist für die züchterische Praxis ausserordentlich wichtig.

3. Dominant sich verhaltende Merkmale sind auch dann sichtbar, wenn der Träger dafür ein gemischtes Genpaar besitzt. Zuverlässig weitervererbt werden sie aber nur dann, wenn ihr Träger ebenfalls reinerbig, also *doppelt dominant* ist.

Das Mendelsche Zahlenverhältnis 25 % : 50 % : 25 % kann aber, wir denken an die Millionen Spermatozoen, die bei einem Deckakt ausgeschüttet werden, unmöglich in einem einzigen Wurf erwartet werden. Es handelt sich dabei um statistische Zahlen, die in Versuchen mit der Drosophila innert weniger Wochen ermittelt werden können, und auch im Mendelschen Erbsenversuch; beim Hund wird man die dazu notwendige Anzahl von Nachkommen nie erreichen. Es wäre also durchaus möglich, dass alle Nachkommen der dritten Generation reinerbig schwarz, gemischterbig schwarz oder reinerbig pfeffersalz sind.

Aus dem eben Gesagten ergibt sich, dass sich rezessiv erhaltende Merkmale in einer Zuchtlinie leicht festigen lassen, weil sie ja nur sichtbar werden, wenn der Träger reinerbig ist. Ich möchte hier als Beispiel

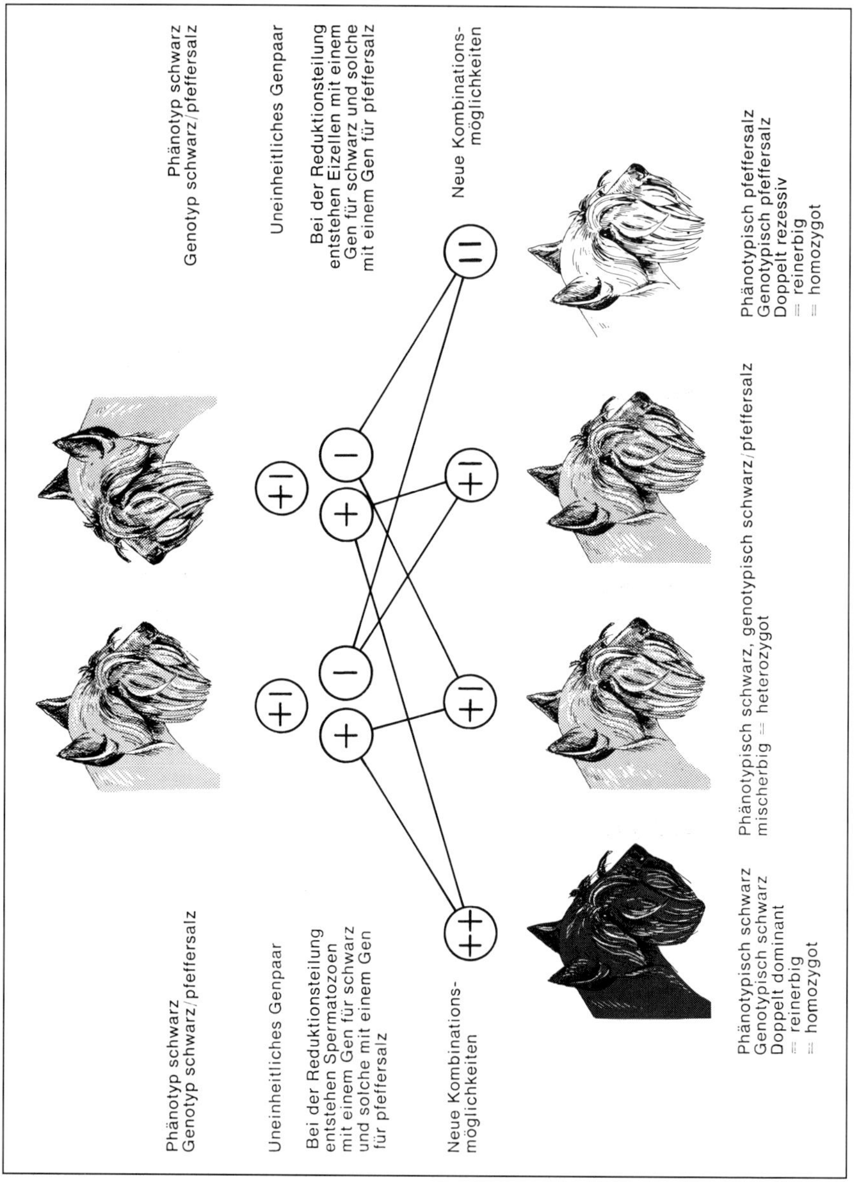

Abbildung 14
Aufspaltung

etwa noch den Vorbiss anführen. Der Vorbiss verhält sich gegenüber dem normalen Scherengebiss rezessiv. Tritt er auf, so ist der Hund mit Vorbiss in bezug auf dieses Merkmal immer reinerbig. Vorbiss kann deshalb leicht rein gezüchtet und somit zum Rassenmerkmal erhoben werden.

Rezessive Anlagen aus einer Zucht auszumerzen, ist jedoch äusserst schwierig, weil sie generationenlang unsichtbar weitervererbt werden und eines Tages dann plötzlich wieder auftreten, wenn der Zuchtpartner in seiner Erbmasse zufälligerweise das gleiche Rezessiv-Gen führt.

Ein Musterbeispiel dafür sind die neuerdings bei uns wieder aufkommenden *braunen* Neufundländer. Nachdem man jahrelang keinen einzigen mehr sah, tauchten sie plötzlich in Würfen schwarzer Neufundländer wieder auf. Das Studium ihrer Ahnentafeln ist deshalb sehr interessant, weil es sich bei der braunen Farbe um ein Merkmal handelt, das eindeutig rezessiv vererbt wird und das andererseits derart auffällig ist, dass es nicht übersehen werden kann.

Betrachten wir die Ahnentafel des Deutschen Bundessiegers 1966 (Guliver v. St. Florian), so finden wir den Erbträger für braune Farbe, den braunen Rüden Beer v. Coragon, sowohl in der väterlichen als auch in der mütterlichen Linie Gulivers, in der sechsten Ahnengeneration. Von da weg finden wir jedoch in der Ahnenreihe des Rüden Guliver keinen braunen Neufundländer mehr; das Gen oder die Genkombination für das Merkmal «*Braun*» wurde aber von Generation zu Generation unsichtbar weitergegeben: Durch einen Inzestwurf, Gulivers Eltern waren Vollgeschwister, trafen nun wieder zwei «braune» Gene zusammen, und die Farbe «Braun» wurde bei Guliver wieder sichtbar.

Ähnlich liegen die Verhältnisse bei den braunen Neufundländern aus dem Zwinger Gollorina. Auch hier lief die Genkombination «Braun» in der mütterlichen Linie des Rüden Barry v. Grenzberg über fünf Generationen rezessiv, also unsichtbar, mit. Die Paarung dieses Rüden mit einer Hündin, die ebenfalls in ihrer fünften Ahnengeneration den schon erwähnten braunen Rüden Beer v. Coragon aufwies, brachte braune Welpen. Das Doppelgen für braun kam hier ohne Inzestpaarung zustande. Der rezessive Erbgang der braunen Farbe wird dadurch eindeutig belegt, dass aus den Würfen brauner Eltern keine schwarzen Tiere hervorgehen.

Demgegenüber lässt sich eine dominante Anlage leicht beseitigen, man muss nur alle damit behafteten Tiere systematisch von der Zucht ausschliessen. Die Reinzüchtung einer dominanten Anlage hingegen ist besonders schwierig, ja praktisch fast nicht möglich, weil heterozygote (mischerbige) Tiere sich äusserlich oft kaum oder überhaupt nicht von den homozygoten (reinerbigen) unterscheiden.

Der Züchter ist deshalb oft geneigt, gerade den dominanten Erbgang als den schwächeren anzusehen und den rezessiven, wegen der Hartnäckigkeit, mit der Fehler nach Generationen wieder auftreten können, als besonders «durchschlagend» zu bezeichnen.

Die Erfahrung und ein gutes Auge lehren den Züchter aber in vielen Fällen, die doppelt dominanten Erbträger von den heterozygoten zu unterscheiden, weil die Dominanz vielfach nicht eine absolute ist. Im Falle der schwarzen Schnauzer ist man da bald einmal im klaren. Der doppelt dominante, also reinerbige schwarze Schnauzer, hat tiefschwarzes Unterhaar und bekommt oft schon sehr früh (mit drei Jahren) weisse Stichelhaare. Oft zeigt er auch einen mehr oder weniger grossen, weissen Brustfleck.

Der heterozygote schwarze Schnauzer hat meistens am Hals und an den Flanken, namentlich hinter den Ohren und auf den Hinterseiten der Oberschenkel, dunkelbraune Wolle und oft auch vereinzelte pfeffersalzfarbige Haare auf dem Rücken.

In krassen Fällen zeigt er an den Hinterschenkeln, einige Zentimeter oberhalb des Fersengelenks, einen kleinen pfeffersalzfarbigen Fleck.

Beschränken sich die Zeichen für die Mischerbigkeit lediglich auf braune Wolle und einige pfeffersalzfarbige Haare auf dem Rücken, so sind diese Zeichen weniger auffällig als die weissen Stichelhaare der reinerbigen.

Es ist oft direkt tragisch und für die Zucht ausserordentlich schädlich, wenn Richter in Unkenntnis dieser für die Zucht eminent wichtigen Merkmale, einen heterozygoten Schnauzer hoch qualifizieren, einen reinerbigen dagegen wegen weissen Stichelhaaren oder einem kleinen weissen Haarbüschel auf der Brust disqualifizieren.

Der Züchter ist jedenfalls gut beraten, wenn er auf solche feinen Merkmale ein wachsames Auge hält und für sich ein privates Zuchtbuch führt, in dem er solche Beobachtungen für alle Fälle festhält.

Wir fassen zusammen:

Fehler sind in der Zucht leicht auszumerzen, wenn sie sich dominant vererben, sie sind aber praktisch unausrottbar, wenn sie dem rezessiven Erbgang unterliegen. Bei ihrem sichtbaren Auftreten sind immer beide Elternteile Träger der Anlage. Es geht also nicht an, beim plötzlichen Auftreten eines Einhoders (rezessiver Erbgang) oder eines Vorbeissers die Schuld einseitig dem Deckrüden in die Schuhe zu schieben. Es ist aber auch wenig wirksam, wenn wir solche Einhoder zur Zucht sperren, denn Erbträger sind sowohl der Vater wie die Mutter und vermutlich auch der grössere Teil der Geschwister. Man müsste demnach konsequenterweise die ganze Familie von der Zucht ausschliessen; dass ein solches rigoroses Vorgehen praktisch nicht durchführbar ist, liegt auf der Hand.

Erbfehler sind vor allem dann nicht endgültig auszuschliessen, wenn sie mit einem erwünschten, weil rassetypischen, Merkmal gekoppelt sind. Eine derartige Verkoppelung besteht zwischen der Dalmatinerflekkung mit Nachtblindheit und Taubheit oder zwischen dem sogenannten «Merle-Faktor» und Missbildungen am Augapfel und im Innenohr (*Abbildung 15a*).

Diese Missbildungen treten immer dann auf, wenn das Merle-Gen homozygot wird.

Depigmentierung führt bei verschiedenen Rassen, zum Beispiel bei den schon erwähnten Dalmatinern, den Tigerdoggen, den Blue-merle-Collies (und Shetland Sheepdogs), den Tigerteckeln, den Bullterriern und anderen, zu unerwünschten Defekten im Innenohr und oft auch am Augapfel. Diese unheilvolle Kombination liegt wohl darin begründet, dass die Pigmentbildungszellen und die Strukturen des Zentralnervensystems, zu dem auch Auge und Ohr gehören, entwicklungsgeschichtlich den gleichen Ursprung haben (Wegner, Kleine Kynologie). Solange Tiere mit dem Merle-Faktor oder mit dem Dalmatiner-Faktor gezüchtet werden, bleibt das Defektgen erhalten, es kann aber unterdrückt werden, indem man Hunde mit dem Merle-Faktor nur an vollfarbige Partner paart und indem man vor allem alle sogenannten «Weisstiger» konsequent von der Zucht ausschliesst. Bei Paarungen zwischen Tieren mit dem Merle-Faktor ist jedoch von vornherein mit 25 Prozent weissen Nachkommen mit Gehör- und Augenschäden zu rechnen. Bei allen er-

Abbildung 15a

Der Merle-Faktor verursacht bei heterozygoter Anlage eine partielle Aufhellung der schwarzen Decke und erzeugt so die attraktive Bluemerle-Färbung.
Sie tritt bei vielen Rassen auf, zum Beispiel beim Collie, beim Shetland Sheepdog, beim Australian Shepherd (Bild), beim Dunker, beim Welsh Corgi, beim Dachshund u.a.m. Hätten diese alten Gebrauchshunde allesamt Gehör- und Sehschäden, wie behauptet wird, so wären sie längstens von der Bildfläche verschwunden. Foto: E.-M. Krämer

wähnten Rassen, mit Ausnahme des Dalmatiners, kann also das Auftreten missgestalteter Tiere weitgehend vermieden werden (*Abbildung 15b*).

Qualitative und quantitative Vererbung

Wie wir jetzt bereits gesehen haben, können an einem bestimmten Genort (Genlocus) verschiedene Allele sitzen, die ein Merkmal beeinflussen.

Abbildung 15b

Bei der Paarung Blue-merle x Blue-merle entstehen im Durchschnitt 25 Prozent sogenannte «Weisstiger», die an Missbildungen des Gehör- und Sehapparats leiden und häufig total taubblind sind.
Die Ursache dieser Koppelung von Depigmentierung und Anomalien der Sinnesorgane liegt vermutlich im gleichen Ursprung der Melanozyten (farbbildende Zellen) und der nervenbildenden Strukturen im embryonalen Neuralrohr.
Die Zucht der Blue-merle zu verbieten, hiesse das Kind mit dem Bade ausschütten. Der verantwortungsvolle Züchter wird zur Erzeugung von blue-merle-farbigen Hunden einen dreifarbigen (tricolor) mit einem blue-merle-farbigen Hund paaren und so gesunde Hunde erhalten. Die verantwortungslosen Züchter kann man aber auch mit einem Verbot nicht ausrotten.
Foto: E.-M. Krämer

Bei der Ausbildung der verschiedenen Merkmale unterscheiden die Genetiker zwischen einer *qualitativen* und einer *quantitativen* Vererbung. Was damit gemeint ist, sei an zwei Beispielen gezeigt (*Abbildung 16*) (Dalmatiner):

Das Tupfenmuster des Dalmatiners beruht nach M.B. Willis auf dem doppelt angelegten Allel sw/sw (Allel für extrem weisse Scheckung) und dem dominanten Allel T für Tüpfelung. Sind die beiden Gene doppelt

Abbildung 16
Dalmatiner werden weiss geboren.
Das Tupfenmuster entwickelt sich allmählich, wenn die Erbfaktoren sw und T doppelt angelegt sind. Fehlen sie, so fehlt auch die charakteristische Dalmatinerzeichnung.
Anzahl und Grösse der Tupfen werden durch Plus- oder Minusmodifikatoren beeinflusst.
Foto: E.-M. Krämer

(swswTT) angelegt, so tritt das Tupfenmuster auf, fehlen sie, so fehlt auch die charakteristische Dalmatinerzeichnung. Wir reden hier von einer *qualitativen* Vererbung. Sie folgt, einfach gesagt, der Formel «Ja oder Nein». Ist sie da, erscheint das Muster, ist sie nicht da, so fehlt das Muster.

Nun kann aber ein Dalmatiner viele oder auch nur wenige Tupfen aufweisen, und die Tupfen können gross oder klein sein. Es geht um die Menge, die von Plus- oder Minusmodifikatoren gesteuert wird. Sind viele Plusmodifikatoren da, so sind die Tupfen gross, es können sich an den Ohren oder im Gesicht, vor allem um die Augen, grössere Farbflächen (Platten) bilden. Überwiegen die Minusmodifikatoren, so bilden sich nur wenige und kleine Tupfen. Wir haben hier eine *quantitative* (polygene oder polyfaktorielle) Vererbung.

Ein anderes Beispiel: Die Black and Tanfärbung des Dobermanns beruht auf der doppelten Anlage des Allels a^ta^t. Ohne a^ta^t kommt die Black and Tanfärbung nicht zustande. Wir haben es hier wiederum mit einer *qualitativen* Vererbung zu tun.

Jeder Dobermannzüchter weiss jedoch, dass die Tanfarbe sehr unterschiedlich sein kann. Sie variiert vom unerwünschten Gelb bis zum ebenso unerwünschten russigen dunkel Rotbraun, das man nicht mehr als Loh bezeichnen kann. Auch hier wirken Modifikatoren mit. Die Intensität der braunen Abzeichen unterliegt einer *quantitativen* Vererbung.

Populationsgenetik

Der Begriff «Pupulationsgenetik» hat meines Wissens J.L. Lush in seinem 1938 erschienenen Buch «Animal Breeding Plans» erstmals geprägt.

Der gewissenhafte Hundezüchter, dem das Wohl der von ihm gezüchteten Rasse – und nicht nur das Wohl des eigenen Portemonnaies – am Herzen liegt, muss nicht nur die Hunde im eigenen Zwinger, sondern den Gesamtbestand der Rasse im Auge behalten, mit anderen Worten: Er muss lernen, in Generationen zu denken, und er muss die gesamte Population übersehen.

Die Population definiert W. Schleger als «eine Tiergruppe, die nach bestimmten züchterischen Grundsätzen gemeinsam züchterisch bearbeitet wird».

Eine solche Population kann nun Tausende von Tieren umfassen, zum Beispiel bei einer Rinder- oder Schweinerasse, sie kann aber auch, und das trifft für viele Hunderassen zu, sehr klein sein. Bei einer kleinen Population, die vielleicht in einem Lande nur noch zwei Dutzend Hunde umfasst, sind fast zwangsläufig alle Tiere miteinander verwandt, auch wenn sich die Züchter bemühen, keine eigentliche Inzucht zu betreiben.

Die bei uns gebräuchlichen Drei-Generationen-Abstammungsurkunden täuschen da oft über die tatsächlichen Verhältnisse hinweg. Tritt in einer kleinen Population ein erblich bedingter Defekt auf, werden sich die Züchter bemühen, diesen Defekt durch eine strenge Selektion zu eliminieren und riskieren dabei mitunter, einen anderen Defekt zu verbreiten. Man treibt den Teufel mit Belzebub aus!

Aber auch grosse Populationen können genetisch nicht die Vielfalt aufweisen, wie man sie annehmen dürfte.

Wenn zum Beispiel bei einer weitverbreiteten Rasse an 700 im Jahre 1991 eingetragenen Welpen praktisch nur fünf oder sechs Väter beteiligt sind, dann muss man sich nicht wundern, wenn genetische Defekte gehäuft auftreten. Solche Anhäufungen sind jeweils ein eindeutiger Indikator dafür, dass die Inzuchtbelastung innerhalb der Population ein gefährliches Ausmass erreicht hat. Im Interesse der Rasse müssen nun an den Ankörungen auch Rüden zur Zucht zugelassen werden, die vielleicht in bezug auf Zeichnung, Haarfarbe oder Haarlänge nicht dem Ideal entsprechen, die aber die Zuchtbasis und somit die genetische Vielfalt innerhalb der Population verbreitern und so zur Gesundung der Rasse beitragen können.

Der Populationsgenetiker beobachtet die Entwicklung in einer ganzen Tierpopulation, bei den Haustieren insbesondere auch die Verbreitung von Erbleiden, wie zum Beispiel die Hüftgelenksdysplasie oder die Progressive Netzhautatrophie bei Hunden.

Bei polyfaktoriell vererbten Defekten, zu denen offensichtlich die HD gehört, ist es recht schwierig, den Erfolg oder Misserfolg von zuchthygienischen Massnahmen im voraus zu errechnen; bei Defekten, die anscheinend nur durch ein Gen verursacht werden, wie zum Beispiel die PRA, kann der Populationsgenetiker über deren Verlauf Berechnungen anstellen, wenn alle erkrankten Hunde und eventuell sogar deren Geschwister nicht mehr zur Weiterzucht kommen. Er kann, je nach der Grösse der Population, das Ansteigen oder Absinken des Inzuchtkoeffizienten (siehe weiter hinten) berechnen, wenn bekannt ist, wieviele Rüden bei einer bekannten Anzahl von Hündinnen zur Zucht eingesetzt werden. Es geht in der Populationsgenetik – einfach ausgedrückt – darum, die genetische Vielfalt innerhalb einer Population festzustellen.

Es sei hier nochmals auf unsere heutigen Rassebegriffe hingewiesen. Wir haben Populationen in Rassen aufgeteilt, die eine solche Aufteilung nicht rechtfertigen, und wir haben damit die genetische Vielfalt auf unzulässige Weise eingeengt.

Eine Möglichkeit, den Genpool einer kleinen Population zu erweitern, ohne dass eine fremde Rasse eingekreuzt werden muss, besteht in der Einfuhr eines Rüden einer völlig fremden Blutlinie aus dem Ausland oder auch in der künstlichen Besamung einer Hündin mit dem Samen eines im Ausland stehenden Rüden.

Überbewertung des Zuchtrüden

Eine alte Züchterweisheit will wissen, der Rüde «schlage bei den Nachkommen mehr durch» als die Hündin, womit gemeint ist, der Vater übe einen grösseren Einfluss aus als die Mutter. Das Gegenteil dürfte der Fall sein.

Zellen bestehen, grob gesagt, aus Zellkern und Zellplasma. Bei der Reduktionsteilung der Eizelle behält eine einzige Teilzelle fast alles Plasma für sich zurück. Nur sie ist befruchtungsfähig. Die andern, die Polzellen, gehen als sogenannte Abortiveier zugrunde.

Die Samenzellen bestehen praktisch nur aus dem Zellkern, der Geisselschwanz wird beim Eindringen in die Eizelle abgeworfen; mit der Eizelle vereinigt wird lediglich die Kernsubstanz. Die Eizelle liefert also vorerst den grossen Teil der Aufbaustoffe für die durch die Teilung neu entstehenden Zellen. Zellkern und Zellplasma bilden indes eine funktionelle Einheit. Zellplasma ist keineswegs eine strukturlose, kolloidale Masse. Unter dem Elektronenmikroskop zeigt sich sein Aufbau aus einer Reihe verschiedener Partikelchen, die voneinander durch Membranen geteilt sind. In ihnen bilden sich die *Enzyme*, die Wirkstoffe, die nun zum Beispiel für die Bildung der schwarzen Haarfarbe massgebend sind. Es kann wohl nicht von der Hand gewiesen werden, dass dem Plasma eine mitgestaltende Wirkung beim Aufbau des neuen Lebewesens zugesprochen werden muss. Tatsache ist jedenfalls, dass es keineswegs auf dasselbe herauskommt, ob bei der weiter vorne dargestellten Kreuzung zwischen schwarzen und pfeffersalzfarbigen Schnauzern der Vater schwarz und die Mutter grau oder die Mutter schwarz und der Vater grau sind. Decken wir eine graue Hündin mit einem schwarzen Rüden, so unterscheiden sich die heterozygoten Nachkommen durch die bereits beschriebene, unreine Farbe deutlich von allen homozygoten schwarzen, ist jedoch die Mutter schwarz und der Vater grau, so fällt diese Unterscheidung ausserordentlich schwer, und man muss schon Kenner sein, um die wenigen dunkelbraunen Flecken hinter den Ohren und hinter den Schulterblättern zu entdecken. Die Farbe der Hündin ist bei einer solchen Kreuzung von wesentlicher Bedeutung für die Farbe der heterozygoten Nachkommen. Das schliesst natürlich keineswegs die spätere Aufspaltung in der F_2-Generation in Schwarz und Pfeffersalz aus.

Ähnliches kenne ich aus der Taubenzucht, wo die Mutter wesentlichen Einfluss auf bestimmte Farbmerkmale der Nachkommen ausübt.

Wären allein die Gene für die Ausgestaltung des Embryos verantwortlich, so müsste es auch völlig belanglos sein, ob wir eine Eselstute mit einem Pferdehengst decken oder eine Pferdestute mit einem Eselhengst. Beide Male kommen ja genau die gleichen Erbanlagen zusammen.

In der Praxis entstehen aber recht ungleiche Bastarde. Die Kreuzung Eselstute x Pferdehengst ergibt den recht eselähnlichen Maulesel, bei der umgekehrten Kombination entsteht das weitbekanntere, pferdeähnliche Maultier. In beiden Fällen gleicht der Bastard mehr der Mutter als dem Vater.

Gegenüber sogenannten «Spitzenrüden» sollten wir ohnehin recht vorsichtig sein. Der unerfahrene Züchter tut gut daran, wenn er einen derartigen Siegerhund erst dann zum Decken seiner Hündin nimmt, wenn erfahrene Züchter ihn mit aller Vorsicht in der Zucht erprobt haben.

Nur zu oft schon sind solche Rüden die Urheber für den Niedergang einer Rasse gewesen, weil sie Träger schädlicher Erbanlagen waren. Ich kann einen berühmten Deckrüden nennen, der Frühblindheit vererbte; einen andern, unter dessen Nachkommen sich bis zu 60 Prozent Tiere mit einem schweren Herzfehler befanden; ein weiterer Internationaler Champion brachte mit bestimmten Hündinnen regelmässig einen hohen Prozentsatz agammaglobulinämische Welpen (siehe Welpensterben).

Wohin das bei einer Rasse führt, wenn solche Rüden schliesslich in allen Stammbäumen vorkommen, lässt sich leicht ausrechnen.

Man muss dem Züchter immer wieder klarmachen, dass die Ausstellungsqualifikation eines Rüden nicht unbesehen seinem Zuchtwert gleichgesetzt werden kann.

Wir sollten angesichts dieser unumstösslichen Tatsachen uns wohl überlegen, ob die heute noch durchwegs übliche Überbewertung des Deckrüden ihre Berechtigung hat.

Genverlust und Ahnenverlust

Die beiden Begriffe werden häufig gebracht, ohne dass man sich indessen darüber klare Vorstellungen macht.

Das Beispiel unserer Kreuzungszucht zeigt, wie bereits in der dritten Generation ein wesentliches Merkmal der Ausgangstiere, nämlich die Farbe, bei einem Teil der anfallenden Tiere verlorengegangen ist.

Nach dem Mendelschen Gesetz hat ein Viertel der Grosskinder die Farbkomponente der Grossmuter, nämlich Pfeffersalz, und ein Viertel die Farbkomponente des Grossvaters, Schwarz, verloren.

Das betrifft natürlich nicht nur die Farbe, sondern kann sich auf die verschiedenartigsten Merkmale erstrecken. Für den praktischen Züchter ist einfach die Erkenntnis wichtig, dass sowohl erwünschte wie auch unerwünschte Eigenschaften eines Elternpaares bereits bei den Grosskindern nicht mehr vorhanden sein können, dann nämlich, wenn sie «herausgemendelt» worden sind. Theoretisch wäre es möglich, dass ein Hund von zweien seiner vier Grosseltern kein Erbgut mehr mit sich führt. Ich bin auch schon gefragt worden, was ich denn bei dieser Kreuzungszucht erreicht hätte, da doch die für die Weiterzucht allein wertvollen reinerbigen schwarzen Hunde einfach wieder das grossväterliche Erbgut unverändert tragen würden. Dieser Frage liegt die unheilvolle, falsche Meinung der Anteilregel zugrunde.

Ich muss wiederum an das Bild mit den schwarzen und weissen Kugeln erinnern. Deren Mischung erfolgt durchaus willkürlich. Das praktische Beispiel mag auch hier die Theorie aufhellen.

Wir paaren einen krummläufigen schwarzen Schnauzer mit einer geradläufigen pfeffersalzfarbigen Hündin (*Abbildung 17*).

Weil Schwarz dominant ist über Pfeffersalz und gerade Läufe dominant über krumme Läufe, erhalten wir phänotypisch schwarze und geradläufige Hunde, die aber in bezug auf diese beiden Eigenschaften heterozygot sind. Diese Mischlinge untereinander gepaart, ergibt folgende Kombination (*Abbildung 18*).

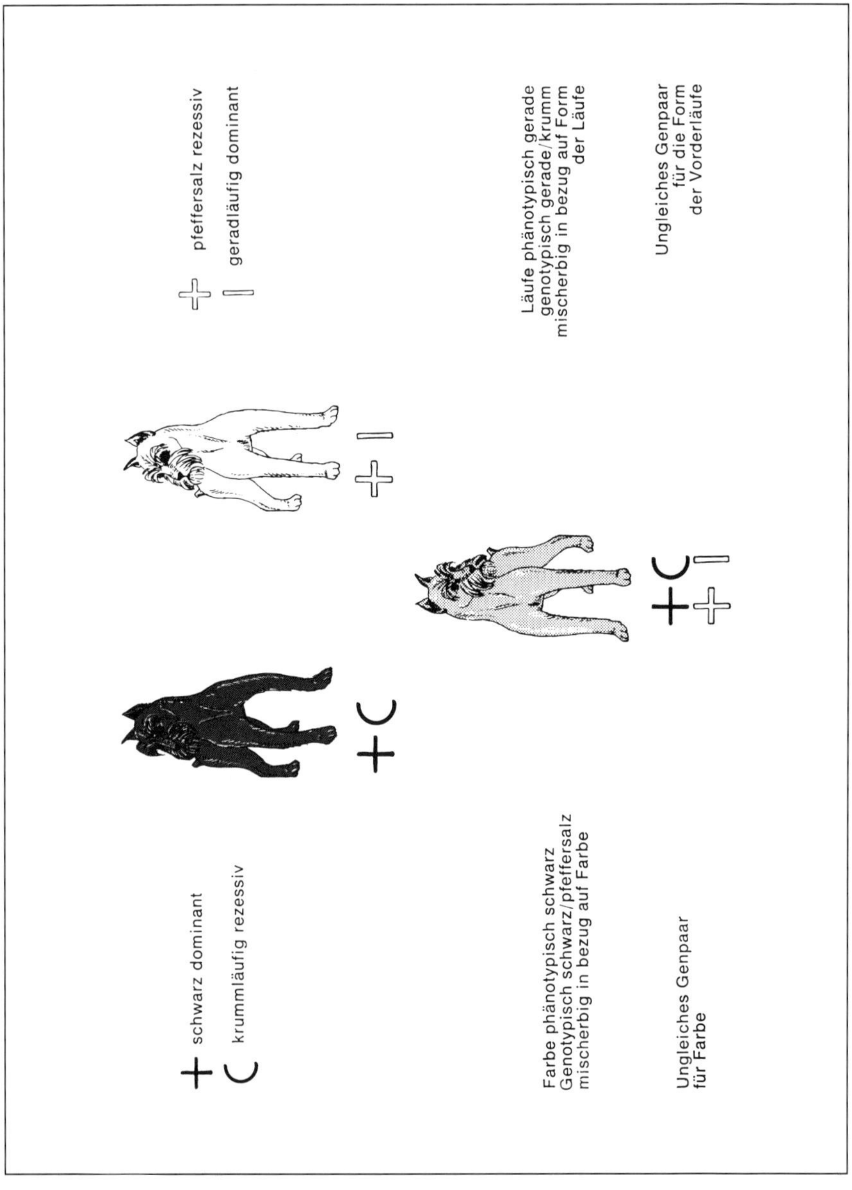

Abbildung 17

Erbgang mit zwei verschiedenen Merkmalen.

Es handelt sich hier wiederum um statistische Zahlen. Mit viel Glück könnten zum Beispiel alle Welpen «reinerbig schwarz mit geraden Läufen» sein, bei ausgesprochenem Pech jedoch alle «pfeffersalzfarbig mit krummen Läufen».

Fügen wir ein drittes Merkmalpaar hinzu, zum Beispiel die Augenfarbe (helle Augen sind unerwünscht, dunkle Augen erwünscht), so erhöhen sich die möglichen Kombinationen schon auf 64. Die Möglichkeit, ein einwandfreies Tier – «reinerbig schwarz mit geraden Läufen und dunklen Augen» – zu erhalten, ist aber stark gesunken. Gesunken ist aber auch die Möglichkeit, ein vollkommen wertloses Tier – «reinerbig pfeffersalz mit krummen Läufen und hellen Augen» – zu bekommen.

Gross wird dagegen das Mittelfeld der Heterozygoten. Darum sagte ich gleich zu Beginn dieses Kapitels, man solle nicht alles auf einmal wollen, sondern Schritt um Schritt vorwärtsgehen. Auch hier gilt die alte Weisheit «Wer viel will, wird nichts erreichen.»

Erinnern wir uns in diesem Zusammenhang an die Begriffe der Polygenie (*S. 61*) und Pleiotropie (*S. 64*), so wird verständlich, dass durch solche Kreuzungen durchaus etwas ganz Neues entstehen kann.

Bei der Vielfalt der Merkmale, welche die Gattung «Hund» charakterisieren, sind die Kombinationsmöglichkeiten riesengross. Der Herauszüchtung neuer Rassen, die sich freilich oft nur ganz unmerklich von bereits bestehenden unterscheiden würden, sind praktisch keine Grenzen gesetzt.

Bei 78 Chromosomen, wovon 39 bei der Reduktionsteilung wegfallen, sind theoretisch 2^{39} Chromosomen-Kombinationsmöglichkeiten gegeben (2^{39} = 549 755 813 888!).

Von *Ahnenverlust* spricht der Genetiker dann, wenn bei einem Individuum sowohl in seiner väterlichen wie in seiner mütterlichen Ahnenreihe die gleichen Tiere auftreten, wenn also ein Hund auf seiner Ahnentafel statt acht verschiedener Ahnen nur deren sechs oder vier hat, weil zum Beispiel der gleiche Urgrossvater und die gleiche Urgrossmutter in beiden Ahnenreihen erscheinen oder wenn zum Beispiel ein Urgrossvater zugleich Vater des Hundes ist. Ich möchte dies an zwei Beispielen zeigen:

Der L-Wurf (Lord und Lady) der braunen Neufundländer aus dem

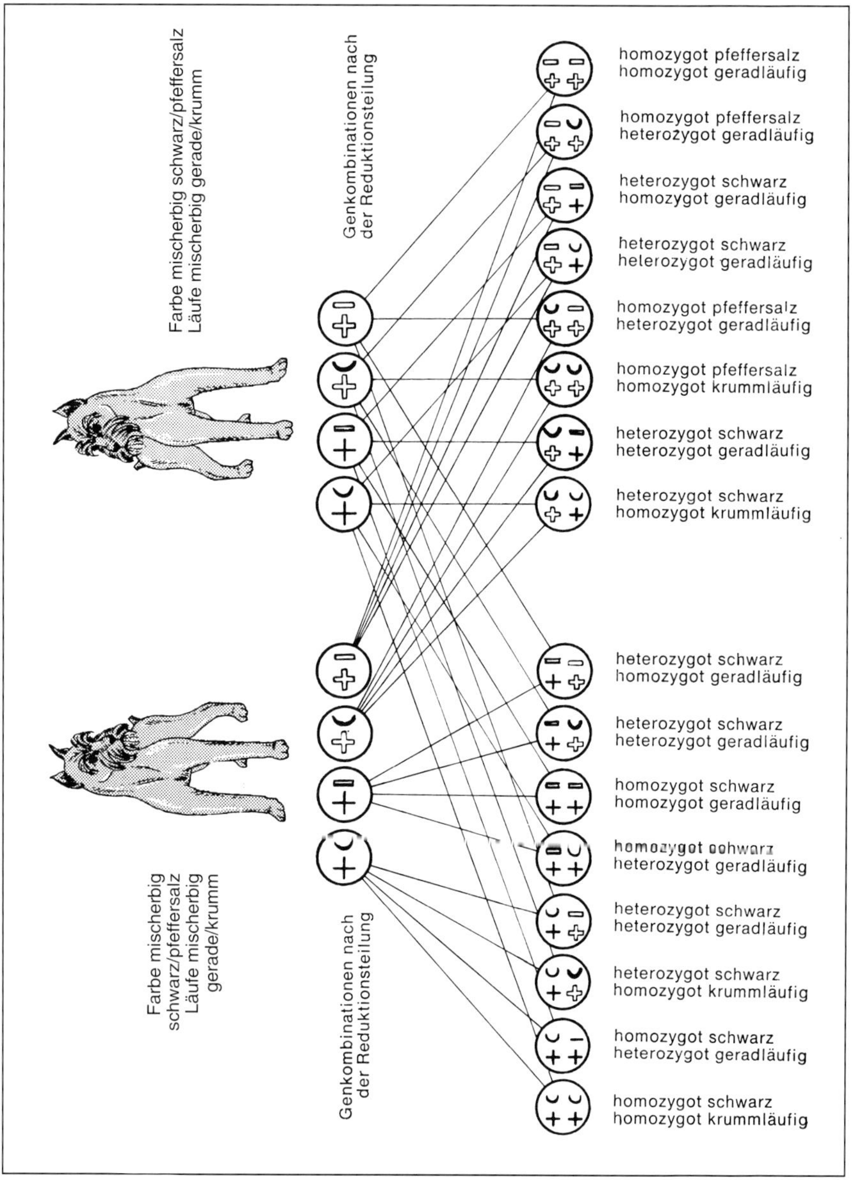

Abbildung 18

Aufspaltungen in der F_2-Generation.

Zwinger v. Meggenhorn weist statt 256 virtueller Ahnen in der achten Ahnengeneration nur deren 82 auf. Unter diesen 82 kommen die Rüden Castor 19mal, Amie 16mal und Tom 14mal vor, um nur die drei häufigsten zu nennen.

Oder: Im Stammbaum der Appenzeller Sennenhündin Meta v. Grimmenstein, einer vielgebrauchten Zuchthündin, kommen in der 7. bis 12. Ahnengeneration die Rüden Frisch v.d. Sitter 122mal, Prinz v. Säntis 156mal und die Hündin Bella v.d. Sitter 122mal vor.

Das ist Ahnenverlust. Er ist bei allen unseren Rassehunden enorm gross. Es gibt verbreitete Rassen, die nachweislich auf ganz wenige Ausgangstiere zurückzuführen sind.

Der Begriff der Überdominanz

Der Nutzviehzüchter weiss heute, dass Kreuzungstiere oft in wesentlichen Nutzeigenschaften den reingezüchteten Tieren überlegen sind. Am konsequentesten hat man diese Erkenntnis heute in der Geflügelzucht realisiert. Die reinen Rassen werden hier nur noch gezüchtet, damit das Ausgangsmaterial für die eigentlichen Leistungstiere vorliegt. Als Leistungstiere kommen aber heute nur noch Hybriden in Betracht. Dabei werden Hybriden für die Mast und Hybriden mit hoher Legeleistung gezüchtet. Wenn reingezüchtete Hühner einer ausgesprochenen Legerasse im Jahresdurchschnitt 200 Eier legen, so bringen es die modernen Hybriden («Bovans», «Babcocks», «Harco») auf eine Durchschnittsleistung von 260 Eiern.

Genau gleich verhält es sich mit der Mast. Das Mastkücken muss während acht bis neun Wochen zu einem Gewicht von 1 200 bis 1 400 g heranwachsen, wobei erwartet wird, dass 2,4 kg Futter 1 kg Fleisch erzeugen.

Reinrassige Tiere wachsen zu langsam, Hybriden dagegen bringen diese Leistung zustande.

Diese Überlegenheit der Hybriden gegenüber dem reinrassigen Tier wird als Überdominanz oder Heterosis bezeichnet. Die Ursache dieser Erscheinung ist nicht geklärt. Die Heterosis erstreckt sich aber vor allem auf erhöhte Fruchtbarkeit und Schnellwüchsigkeit, also auf Eigenschaften, die in der Hundezucht gegenüber anderen Eigenschaften eher in den Hintergrund treten, denn wir züchten Hunde schliesslich nicht zu Speisezwecken.

Doch wäre es falsch, sich diesen Erkenntnissen der Nutzviehzucht völlig zu verschliessen. Es ist eine statistisch nachweisbare Tatsache, dass eine über Generationen fortgesetzte enge Inzucht die Fruchtbarkeit deutlich herabsetzt. Ebenfalls herabgesetzt wird dadurch beim Rind und beim Schwein das durchschnittliche Geburtsgewicht. Diese unerwünschte Inzuchtfolge wird aber schlagartig aufgehoben, wenn wir eine solche Inzuchtlinie mit einer anderen Inzuchtlinie der gleichen Rasse kreuzen.

Damit wird aber unter Umständen ein grosser Teil der durch die Inzucht angestrebten Reinerbigkeit wieder zerstört. Der Züchter muss also gut abwägen, wie in einem solchen Fall Gewinn und Verlust einzustufen sind.

Der ellenlange Stammbaum

Wer mir bis hierher aufmerksam gefolgt ist, der wird nun gegenüber den ellenlangen Ahnentafeln skeptisch. Mit Recht! Wir sahen, dass bereits in der dritten Generation ein wesentlicher Teil des Erbgutes der Grosseltern verlorengegangen ist.

Zudem ist es ganz unmöglich, das hat die Vererbungswissenschaft längst erwiesen, festzustellen, welche Erbanteile ein Tier zum Beispiel nun gerade von seiner Grossmutter mütterlicherseits erhalten hat. Es ist deshalb sinnlos, aus einer Ahnentafel die hervorragenden Tiere zu addieren und dann aus der erhaltenen Summe der «Blutanteile» den Zuchtwert eines Hundes bestimmen zu wollen.

Es ist ohne Zweifel für die Zucht viel bedenklicher, wenn der Bruder einer Zuchthündin (der ja auf der Ahnentafel nicht aufgeführt ist) ein Einhoder ist, als wenn eine ihrer Urgrossmütter eine schlechte Hinterhand aufwies! Man hat etwa die schweizerischen Ahnentafeln deswegen beanstandet, weil sie nur drei Generationen aufführen. Der Vorwurf ist ganz unbegründet. Bei unserem heute üblichen Zuchtbetrieb und bei der immer noch weitverbreiteten, abergläubischen Furcht vor Inzuchtschäden, ist das Aufführen von mehr als drei Generationen ein sinn- und zweckloser Arbeitsverlust, da züchterisch belanglos!

Ahnentafeln mit fünf und mehr Generationen haben nur dann einen Wert, wenn ein Züchter oder eine Züchtergemeinschaft über fünf Generationen systematisch Inzucht betreibt und damit für viele Merkmale erbreine Stämme heranzieht. Erst bei einer derartigen Anhäufung einheitlichen Erbgutes können aus dem Studium der Ahnentafeln Schlüsse auf die zu erwartenden Nachkommen gezogen werden.

Der Zuchtwert eines Hundes

Hundezüchten heisst nicht Hunde vermehren, sondern eine Rasse verbessern, schrieb ich vor Jahren im «Schweizer Hundesport». Dem gibt's nichts beizufügen. Ob wir eine Rasse verbessern, ob wir sie auf ihrem gegenwärtigen Stand erhalten oder ob wir sie verschlechtern, hängt davon ab, ob es uns gelingt, die zur Zucht wertvollen Tiere auszuwählen.

Wertvoll bezieht sich in dieser Hinsicht nur auf die erblichen Anlagen. Diese sind aber leider nicht direkt sichtbar, so dass wir auf mehr oder weniger zuverlässige Hilfen angewiesen sind.

Im Vordergrund steht natürlich die Beurteilung des Einzeltieres nach Form, Wesen (in der Jugend zu prüfen: Eine Wesensprüfung ist nicht eine Dressurprüfung) und Leistung.

Wesentlich ist die Beurteilung der Zuchtfamilie: Die Geschwister und Eltern des Zuchttieres, dann vor allem eigene Nachkommen, bestimmen in erster Linie den Zuchtwert. Bei Inzuchtstämmen können auch die Grosseltern eventuell noch miteinbezogen werden.

Und wenn wir auf lange Sicht aufbauen wollen und deshalb über die Erbanlagen zweier Zuchttiere ein möglichst genaues Bild haben müssen, wagen wir einen engen Inzuchtversuch. Da auch Siegertiere Mängel haben, wird der Inzuchtversuch, zum Beispiel eine Bruder-Schwester-Paarung, in vielen Fällen ein negatives Ergebnis zeitigen, das zwar nicht finanziell, aber züchterisch trotzdem wertvoll sein kann, weil es dem Züchter nun ein klares Bild über den Zuchtwert der Elterntiere gibt. Ist das Ergebnis aber mehrheitlich positiv, so darf der Züchter damit rechnen, dass die Nachkommen aus solchen Inzuchtwürfen in bezug auf viele positive Eigenschaften reinerbig sind.

Wertvoll wäre es, wenn der Züchter die erbreinen, also doppelt dominanten Erbmerkmale von den heterozygoten mit fast vollständiger Penetranz (Durchschlagkraft des dominanten Gens) unterscheiden könnte. Statt zeitraubende und kostspielige Zuchtversuche zu unternehmen, genügt es in den meisten Fällen, bereits vorhandene Nachkommen kritisch durchzumustern. Ist auch nur einer darunter, der den Fehler zeigt, auf den es nun speziell ankommt, so ist das ins Auge gefasste Zuchttier heterozygot.

Kann aber in mehreren, normal grossen Würfen kein fehlerhaftes Tier gefunden werden, so dürfen wir mit einiger Sicherheit annehmen, das betreffende Zuchttier sei doppeldominant. Zeigt sich andererseits bei den Nachkommen eines Zuchtpaares ein Fehler, den die Eltern selber nicht aufweisen, so heisst das einmal, dass dieser Fehler rezessiv vererbt wird und zweitens, dass beide Elterntiere das betreffende Gen in ihrer Erbmasse führen.

Der Einzelhund ist stets nur ein einzelner Baustein in der Gesamtheit seiner Rasse. Diese Denkweise sollten sich unsere Züchter in vermehrtem Masse zu eigen machen. Tiere, die in irgendeiner Weise nicht Genüge leisten, sollten von der Zucht eliminiert werden. Es ist Geld- und Kräfteverschleiss, Ankörungen, Wesensprüfungen, Schauen und was dergleichen Prüfungssysteme mehr sind, aufzuziehen und dann aus rein persönlichen Gründen die sich aufdrängenden Konsequenzen nicht zu ziehen. Es gilt auch hier das Wort von Sewall Wright: «Es ist besser, nur ein Blatt aus dem Lorbeerkranz, als den ganzen Kranz zu verlieren.»

Rüde oder Hündin?

Die noch vor wenigen Jahren übliche Diskriminierung der Hündin hat sich heute eher ins Gegenteil gekehrt.

Mit der Emanzipation der Frauen hängt das wohl kaum zusammen, wohl aber mit der Erfahrung, dass die Hündin gegenüber dem Rüden etliche Vorteile aufweist.

Schon der Umstand, dass sie nicht überall ihre Harnmarken hinterlässt und so unter Umständen Anlass zu nachbarlichen Streitigkeiten gibt, ist ein grosses Plus.

Kommt dazu, dass ihr Sexualtrieb nur zweimal im Jahr aktiv wird, während ein Rüde dauernd auf Liebesabenteuer aus ist.

Zudem ist sie nicht dauernd bestrebt, ihre Dominanz gegenüber Art- und Familiengenossen unter Beweis zu stellen. Kurz und gut: Abgesehen von den eigentlichen Gebrauchshunderassen, verkaufen sich heute die Hündinnen besser als die Rüden.

Oft sind auch aus einem kommenden Wurf schon zum voraus Hündinnen, manchmal aber auch Rüden, bestellt. Wir haben es zweimal erlebt, dass aus einem Wurf drei oder vier Hündinnen vorbestellt waren. In einem Fall hat die Hündin acht Rüden und keine Hündin geworfen, im zweiten Fall waren sechs gesunde Rüden da und eine totgeborene Hündin!

Je nach Wunsch versuchen deshalb oft die Züchter, mit völlig untauglichen Mitteln das Geschlecht der kommenden Welpen zu beeinflussen.

Alle möglichen «sicher wirkenden» Kniffe werden da weitherum noch praktiziert.

Der eine schwört darauf, dass eine ältere Hündin, von einem jungen Rüden gedeckt, in der Mehrzahl Rüden werfen wird, der andere ist aber gerade vom Gegenteil überzeugt. Häufig wird die Ansicht vertreten, eine gegen Ende der Hitzezeit einer Hündin hin erfolgte Paarung würde mehrheitlich Rüden ergeben, doch auch das Gegenteil wird behauptet. Sobald wir uns jedoch Rechenschaft darüber geben, wie das Geschlecht der Welpen bestimmt wird, werden wir die Untauglichkeit all dieser Züchterweisheiten einsehen.

Das Geschlecht der Welpen wird nämlich durch die männliche Samenzelle bestimmt. Angenommen, der Hund besitzt 39 Chromosomenpaare (Minouchi), so sind 38 davon bei beiden Geschlechtern völlig gleich. Das 39. Paar jedoch ist beim Rüden ungleich. Das eine Chromosom dieses Paares entspricht dem 39. Paar der Hündin, das andere Chromosom dagegen ist kleiner. Man bezeichnet das dem 39. Chromosom des Rüden als X-Chromosom, das kleinere aber als Y-Chromosom.

Bei der Reduktionsteilung gibt es nun Samenzellen mit einem X-

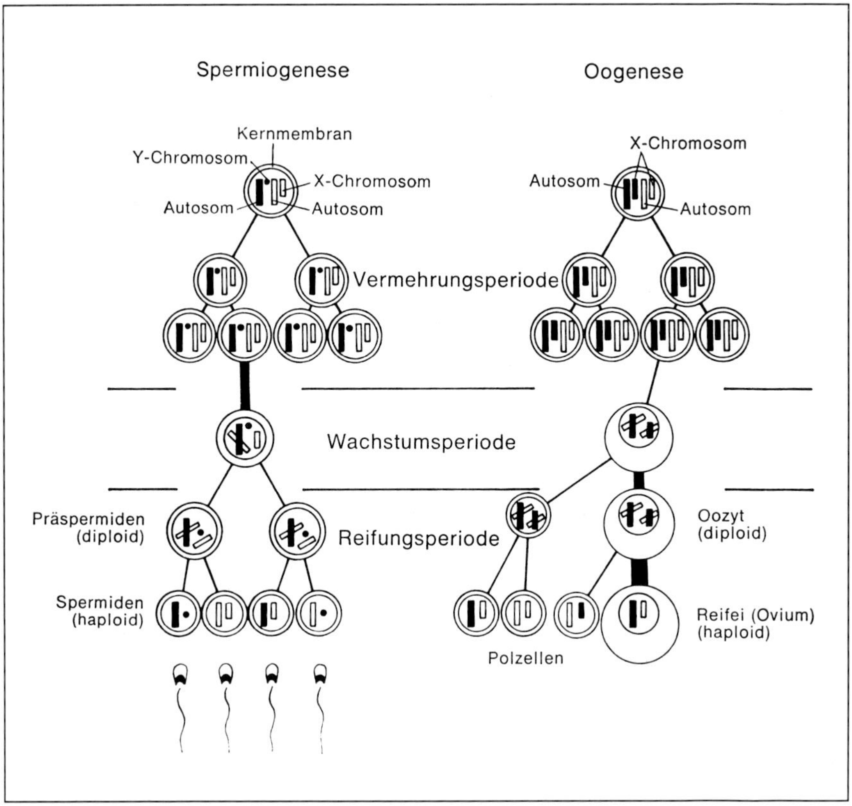

Abbildung 19

Vererbung des Geschlechts.

Schematische Darstellungen der Spermiogenese und der Oogenese (nach Zietzschmann-Krölling).

Die Chromosomen väterlicher Herkunft sind schwarz, diejenigen mütterlicher Herkunft weiss gezeichnet.

X und Y sind die geschlechtsbestimmenden Heterosomen.

In der *Vermehrungsperiode* vermehren sich die Geschlechtszellen wie jede andere Körperzelle durch mitotische Teilung. Jede Zelle enthält einen doppelten (diploiden) Chromosmensatz.

In der *Wachstumsperiode* legen sich die homologen Chromosomen aneinander und tauschen ihre Gene aus, was durch das Überkreuzen der homologenen Schleifen dargestellt ist. In der Folge spalten sich die Chromosomen der Länge nach auf, und in der *Reifungsperiode* entstehen Spermien und Reifeier mit nur einer halben (haploiden) Chromosomenzahl. Ein Teil der Spermien enthält ein X-, die andere ein Y-Chromosom. Nach der Befruchtung müssen demzufolge befruchtete Zellen mit zwei X und solche mit XY entstehen. Zwei X gibt ein weibliches, XY ein männliches Tier.

Chromosom und solche mit einem Y-Chromosom. Bei der Verschmelzung der weiblichen mit der männlichen Keimzelle entstehen also befruchtete Zellen mit einem einheitlichen (XX)- und solche mit einem uneinheitlichen (XY)-39. Chromosomenpaar. Aus der Zelle mit dem einheitlichen Paar entsteht eine Hündin, aus der Zelle mit dem uneinheitlichen Paar ein Rüde (*Abbildung 19*).

Denken wir an die riesige Zahl von Spermien, die mit jeder Ejakulation (Samenerguss) ausgeschüttet werden, so müssten, rein statistisch, in den Würfen genau gleich viele Rüden wie Hündinnen fallen.

Wie die Verhältnisse aber tatsächlich liegen, ist nicht leicht zu sagen. Unsere Zuchtbücher geben hierüber keine Auskunft, weil darin nur die aufgezogenen Welpen registriert sind. Genauere Zahlen erhält man bei der Durchsicht der Wurfmeldungen, auf denen der gesamte Wurf bei der Geburt nach Geschlechtern aufgeführt wird. Wenn diese Zahlen zuverlässig sind, so ergibt sich beim Hund ein merkbares Überwiegen der männlichen Nachkommen. So erhalte ich zum Beispiel aus 151 Würfen Riesenschnauzern 627 Rüden und 541 Hündinnen, pro Wurf also 4,15 männliche und 3,58 weibliche Welpen. Bei Mittelschnauzern waren in 245 Würfen 1 483 Welpen, wovon 823 (3,36) Rüden und 660 (2,7) Hündinnen. Bei Zwergschnauzern fielen in 177 Würfen 729 Welpen, nämlich 371 (2,10) Rüden und 358 (2,02) Hündinnen. Nehmen wir dazu noch die Zahlen einer anderen Rasse, zum Beispiel der St. Bernhardshunde, so finden wir hier in 287 Würfen (aus drei Jahren) 2 160 Welpen, darunter 1 164 (4,07) Rüden und 996 (3,47) Hündinnen.

In unserer eigenen Zucht ist dieses Überwiegen der männlichen Nachkommen ganz besonders deutlich geworden, wurden doch von insgesamt fünfzehn verwendeten Zuchthündinnen 138 Rüden und 91 Hündinnen geworfen. Unter 47 Würfen gab es deren fünf, in denen die Hündinnen in der Mehrzahl waren; einen reinen Hündinnenwurf gab es nie (es sei denn, man rechne die Geburt eines einzigen weiblichen Welpen auch als Wurf), dagegen fielen fünf reine Rüdenwürfe. Ich möchte dieses Zahlenverhältnis nicht verallgemeinern, doch dürfte das Überwiegen der männlichen Nachkommen beim Hund die Regel sein (beim Menschen werden ebenfalls mehr männliche Kinder geboren).

Vasterling (zitiert bei Pfosi) führt dies auf die bessere Beweglichkeit der kleineren Y-Spermien zurück, die beim Aufstieg durch die weiblichen Geschlechtsorgane das Ei etwas früher erreichen als die grösseren X-Spermien.*

Jedenfalls hat der Züchter bis heute noch kein brauchbares Mittel, um die Geschlechtsbestimmung der Welpen zu beeinflussen, und das ist wohl gut so.

Letalfaktoren

Unter Letal- beziehungsweise Subletalfaktoren verstehen wir Erbfaktoren, die zu schweren Missbildungen (Spaltnase, Wolfsrachen usw.) oder in schweren Fällen zu Totgeburten führen.

Vielfach sind sie an andere, dem Züchter durchaus erwünschte Merkmale gebunden. So tritt zum Beispiel Wolfsrachen im Verein mit Vorbiss (Boxer, Bulldoggen, Brüsseler Griffon) auf oder Taubheit und Nachtblindheit bei stark aufgelöster Scheckung (Dalmatinerscheckung). Diese Letalfaktoren unterliegen einem rezessiven Erbgang. Sie können deshalb bei richtiger Zuchtwahl wohl weitgehend unterdrückt, leider aber praktisch nie völlig ausgerottet werden. Vielleicht ist dies auch gar nicht wünschenswert. Neueste Forschungsergebnisse weisen nämlich darauf hin, dass Letalfaktoren, die bei homozygoten Tieren deren Tod zur Folge haben, bei heterozygoten Individuen eine Art Heterosiswirkung auf den Organismus entfalten können.

Ich möchte hier auf die einhodigen Rüden hinweisen, die oft ein übersteigertes Sexualverhalten an den Tag legen, mit allen damit verbundenen, für den Halter durchaus unerfreulichen Nebenwirkungen, als da sind: Hang zum Streunen, Rauflust, Aufreiten bei Kindern, schlechter Appell, wenn andere Hunde in Sicht-, Riech- oder Hörweite sind und was dergleichen sexuell getönte Verhaltensweisen mehr sind.

Wer meint, mit einem monorchiden Rüden einen sexuell passiven Hund erworben zu haben, sieht sich meistens arg getäuscht.

* Prof. Dr. E. Seiferle (mündliche Mitteilung) bezweifelte diese Theorie, weil das ganze Ejakulat durch stetige Kontrakton der Uterusmuskulatur eileiterwärts geschoben wird und die Eigenbewegung der Spermien durchaus von untergeordneter Bedeutung ist.

Nachdem nun die Schweiz die Europa-Konvention zum Schutze der Heimtiere, die das Kupieren der Ruten bei Hunden verbietet, ratifiziert hat, erhält die angeborene Stummelschwänzigkeit erneut eine bisher kaum mehr beachtete Aktualität.

Beim Entlebucher Sennenhund, der gemäss Standard bisher eine Stummelrute haben musste, fallen rund 15 Prozent der Welpen mit einer verkürzten Rute; eine Stummelrute verlangen die Standards auch beim Rottweiler, beim Owczarek Nizinny und etlichen anderen Rassen. Angeborene Stummelruten sind heute beim Rottweiler sehr selten; beim Nizinny schwanken die Angaben der Züchter zwischen 15 und 30 Prozent der Welpen.

Der Versuch ist naheliegend, um das gewohnte Rassenbild zu erhalten, nun die Zucht wieder auf angeborene Stummelruten auszurichten. Das wäre jedoch völlig falsch. Bei homozygoter Anlage wirken sich die Faktoren für Stummelrute letal aus, die Föten sterben vor der Geburt ab oder die Welpen kommen nicht lebensfähig zur Welt und sterben kurz nach der Geburt. Lebensfähig sind die heterozygoten Stummelschwänze. Die Lösung des Problems kann nur in einer Änderung der Standards liegen. Doch da taucht bereits ein neues Problem auf: Rund 75 Prozent der langschwänzig geborenen Entlebucher Sennenhunde haben eine Knickrute, manche sogar eine zweimal geknickte Rute.

Verheerend kann sich auch der sogenannte Merle-Faktor auswirken. Er entwickelt beim Collie, beim Shetland Sheepdog, beim Dackel, beim Australian Shepherd und anderen Rassen die attraktive «Harlekinfärbung». Tritt das Gen in homozygoter Anlage auf, so entstehen die sogenannten «Weisstiger», die regelmässig schwere Hör- und Sehschäden haben. Eine Paarung Blue-merle x Blue-merle ist deshalb unter allen Umständen zu vermeiden, auch wenn das Ergebnis 100 Prozent Harlekins ist.

Wir bauen eine Zucht auf

Bevor wir uns im einzelnen mit den Möglichkeiten und Wegen befassen wollen, die zum Aufbau einer guten Zuchtlinie führen sollen, müssen wir wieder einige, fast unausrottbare Züchtermärchen aufs Korn nehmen.

Gleiches x Gleiches = Gleiches?

Grob gesehen, stimmt die Gleichung natürlich. Ein Hund mit einem Hund gepaart, gibt wiederum ein Hund. Doch dieses Resultat genügt uns als Züchter nicht. Wir wollen ja nicht Hunde vermehren, sondern, wenn möglich, eine Rasse verbessern, zumindest aber doch erhalten. Und hier stimmt die Gleichung leider nicht mehr. Ich möchte dies wiederum an einem sehr eindrücklichen Beispiel erläutern.

Bevor ich Hunde züchtete, befasste ich mich mit allerlei anderem Kleingetier, so auch mit Kaninchen. Von der irrigen, aber damals wie heute weitverbreiteten Meinung befangen, ich müsste meiner Silberkaninchenzucht «neues Blut» zuführen, schoss ich über's Ziel hinaus, indem ich Chinchillakaninchen einkreuzte. Oberflächlich gesehen, ist ein helles Silberkaninchen einem Chinchillakaninchen sehr ähnlich, allein die silbergraue Farbe kommt bei den beiden Rassen auf ganz verschiedene Art zustande.

Das Chinchillakaninchen ist ein wildfarbiges Kaninchen, bei dem der braune Farbstoff durch eine Mutation (sprunghafte Veränderung der Erbmasse) verdrängt worden ist. Überall da, wo das ursprüngliche Wildhaar gelb oder braun zeigt, ist das Chinchillahaar weiss. Das Ringelmuster des Wildhaars ist aber erhalten geblieben.

Das Silberkaninchen dagegen ist, grob gesagt, ein schwarzes Kaninchen mit mehr oder weniger zahlreichen rein weissen Stichelhaaren (Grannenhaare). Diese Stichelhaare oder die «Silberung» werden durch ein besonderes Gen (oder eine Gengruppe) hervorgerufen, die man in der Kaninchenzucht als Silberungsfaktor bezeichnet.

Das Ergebnis der Kreuzung war für mich enttäuschend, für einen Genetiker aber mit hundertprozentiger Sicherheit voraussehbar. Sämtliche Jungen des Kreuzungswurfes waren wildfarbig, also hasengrau mit leichter Silberung. Warum?

Das Silberkaninchen brachte, vom Schwarz überdeckt, den braunen Farbstoff, das Chinchillakaninchen dagegen dominant den Wildfarbigkeitsfaktor, also jenes Gen (oder Gengruppe), das dafür verantwortlich ist, dass die Farbstoffe zonenweise, nach einem genau vorgeschriebenen Ringelmuster, ins Haar eingelegt werden. So wurden jetzt die «weissen Lücken» im Chinchillahaar mit dem dorthin gehörenden braunen Farbstoff aufgefüllt, und das ursprüngliche wildfarbige Haar war wieder da. Dem gleichen Irrtum verfielen dereinst zwei Pinscherzüchter. In der Schweiz züchtete in den zwanziger Jahren Jean Pfister aus stockhaarig und bartlos gefallenen Hunden aus Schnauzerwürfen den pfeffersalzfarbigen Glatthaarpinscher heraus.

Damals gab es in Deutschland noch einige wenige Zuchten des alten Deutschen Glatthaarpinschers, einer Rasse, die dann während des Zweiten Weltkrieges fast vollständig verschwand, seither aber von Werner Jung aus einigen Überresten und übergrossen Zwergpinschern wieder zu neuer Blüte gebracht worden ist.

Unter den alten Pinschern gab es, wie übrigens auch beim Dobermann, sogenannte «Blaue» mit verblassten gelben Abzeichen an den Läufen, am Kopf und auf der Brust. Dieses Blaugrau des Pinschers, Dobermanns, Silberpudels, der «blauen» Dogge und anderer kommt dann zustande, wenn der schwarze Farbstoff durch ein besonderes Gen verblasst oder «verdünnt» wird, wie der Züchter sagt.

Wiederum von der unseligen Notwendigkeit überzeugt, «frisches Blut» einzuführen, wurde eine blaugraue Hündin deutscher Herkunft mit einem schönen silbergrauen Rüden aus der Zucht Pfisters gedeckt. Das Ergebnis waren sogenannte «elchfarbige», also wildfarbige Pinscher.

Die Gründe für diesen Misserfolg waren genau die gleichen wie bei der Kreuzung Chinchilla- x Silberkaninchen.

Wir sehen daraus mit aller nur wünschbaren Deutlichkeit, dass hier die grobe Gleichung «Gleiches x Gleiches = Gleiches» nicht aufgeht oder, um einer weitverbreiteten Meinung nochmals ganz energisch entgegenzutreten, dass die Theorie «Sieger x Sieger = Sieger» in den wenigsten Fällen zutrifft.

Ein im Ausstellungsring hochqualifizierter Rüde (oder eine entsprechende Hündin) kann in bezug auf viele Fehler oder Vorzüge erbunrein sein. Hat der Züchter das Pech, dass seine Hündin genau die gleichen unerwünschten Eigenschaften rezessiv in ihrem Erbgut trägt wie der hochqualifizierte Rüde, so kann, gemäss der Mendelschen Regel, der Wurf ein vollständiger Misserfolg sein.

Schlimm wird die Sache, wenn ein solcher Siegerrüde in bezug auf einen Letal- oder Subletalfaktor erbunrein ist und dann, weil er während

Jahren immer wieder von vielen Züchtern als Deckrüde für ihre Hündinnen angefordert wird, eine ganze Rasse mehr oder weniger ruiniert.

Ich kann ein Beispiel aufführen, wo ein sehr bekannter Siegerrüde eine erbliche Blindheit (Netzhauterkrankung) weit in die Zucht seiner Rasse hineingetragen und damit viel Schaden angerichtet hat.

Das gleiche Blut

Oft «hängen dem Fuchs die Trauben zu hoch», das heisst der schlaue Züchter spart sich die hohe Decktaxe für den guten Rüden und deckt seine Hündin bei einem minderwertigen und deshalb billigeren Rüden aus der gleiche Blutlinie, in der irrigen Meinung, der minderwertige Rüde führe ja das «gleiche Blut» (lies Erbmasse) wie sein berühmter Verwandter.

Wer das vorhergehende Kapitel aufmerksam gelesen hat, der weiss jetzt, dass selbst Geschwister aus ein und demselben Wurf nicht nur phänotypisch (äusserlich), sondern auch genotypisch (erbmässig) sehr verschieden sein können.

Freilich wollen wir gerne zugeben, dass eben gerade deswegen der minder berühmte Bruder für eine bestimmte Hündin oft der bessere Deckrüde sein kann als sein sieggekrönter Bruder, doch stellt dies nur eine Möglichkeit dar und darf keinesfalls als Regel gelten. Unheilvoll wird diese Theorie vom «gleichen Blut» dann, wenn der Züchter die besten Hündinnen aus seinen Würfen der höheren Preise wegen verkauft und mit den minderwertigen weiterzüchtet, da diese ja, wie er meint, genau das gleiche Blut führen wie ihre hochwertigen Wurfschwestern. Minderwertige Tiere haben meistens auch minderwertige Anlagen, und ein Züchter, der dies ausser acht lässt, schneidet sich ins eigene Fleisch und wird als Züchter bald von der Bildfläche verschwinden.

Ein unumstösslicher Grundsatz jeglicher Tierzucht lautet darum: *Zur Zucht ist nur das Beste gerade gut genug!*

Gegensätze gleichen sich aus

Auch diese Ansicht ist nicht auszurotten und wird immer wieder, leider sogar auch von Zuchtwarten, doziert. In der Praxis sieht das dann so aus: Eine sonst sehr gute Dobermann-Hündin mit einem eindeutigen Vorbiss (ein Fehler, der bei dieser Rasse aus guten Gründen nicht toleriert werden kann) wird mit einem Rüden gedeckt, der den gegenteiligen Fehler, nämlich einen Unterbiss aufweist, ein Fehler, der bei langköpfigen Rassen nicht selten auftritt. Die Überlegung, die dieser Fehlrechnung zugrunde liegt, ist leicht zu erraten: Der Vorbiss (zu langer Unterkiefer) würde durch den Unterbiss (zu kurzer Unterkiefer) korrigiert werden und die Jungen würden somit alle gute Scherengebisse aufweisen.

Dies ist leider ein Trugschluss. Wohl können aus einer solchen Verbindung Welpen mit einem normalen Gebiss fallen, doch werden sie ihrerseits später unweigerlich wieder Vorbiss und Unterbiss weitervererben. Viel wahrscheinlicher aber werden einige Welpen einen etwas schwächeren Vorbiss als die Mutter und einige einen etwas weniger ausgeprägten Unterbiss als der Vater aufweisen.

Ich muss in diesem Zusammenhang noch auf einen anderen Trugschluss hinweisen:

Da wurde wegen zwei, nicht ganz normal gestellten Schneidezähnen einer Hündin, während langer Zeit ein erbitterter Streit zwischen einer Züchterin und dem zuständigen Spezialklub ausgefochten. Der Einsatz an Geld, Zeit und Nervenkraft wäre wahrlich einer besseren Sache würdig gewesen. Das «salomonische Urteil» von «kompetenter» Seite gipfelte schliesslich in der Empfehlung an die beiden Parteien, die Hündin sei für einen Wurf zur Zucht freizugeben und die Nachkommen seien genau auf ihre Zahnstellung hin zu kontrollieren. Sollte nur einer der Welpen Vorbiss zeigen, so seien die Hündin und der ganze Wurf zur Zucht zu sperren. Jeder erfahrene Züchter weiss, dass sich Vorbiss gegenüber Normalgebiss rezessiv verhält. Eine vorbeissende Hündin mit einem Rüden mit Normalgebiss gepaart, wird Welpen mit einem Normalgebiss werfen. Ist dies aber nicht der Fall, so ist auch der Rüde in bezug auf die Zahnstellung heterozygot und müsste dann logischerweise ebenfalls zur Zucht gesperrt werden. Die Empfehlung schoss deshalb weit neben dem Ziel vorbei.

Die eindeutige Antwort auf die Frage, ob im vorliegenden Fall die Hündin tatsächlich erblich bedingten Vorbiss hatte, konnte nur die Paarung mit einem ebenfalls vorbeissenden, das heisst in dieser Hinsicht doppelt rezessiven, Rüden geben. War die Zahnanomalie der Hündin nur erworben, so wären ihre Nachkommen wegen der Dominanz des Normalgebisses normal gewesen, war es erblicher Vorbiss, so müssten alle Welpen Vorbeisser sein. Wir haben einst die Probe auf's Exempel mit vorbeissenden Zwergschnauzern gemacht!

Einen Fehler mit seinem entgegengesetzten Fehler korrigieren zu wollen, führt zu nichts.

Eine steile Hinterhand kann nicht durch eine zu stark gewinkelte, ein Senkrücken niemals durch einen Karpfenrücken, bodenenger Stand nicht durch X-Beine, Kuhhessigkeit nicht durch Fassbeine, Übergrösse nicht durch Untergrösse usw. ausgeglichen werden.

Um Fehler auszumerzen, muss man zur Zucht Tiere verwenden, welche die betreffenden Fehler nicht aufweisen und dann danach trachten, durch geeignete Zuchtauslese einen erbreinen Stamm zu ziehen. Der Züchter muss eben seinen eigenen Tieren gegenüber ebenso kritisch eingestellt sein wie gegenüber den Tieren der Konkurrenz!

Indem er fehlerhafte Welpen einfach stillschweigend beseitigt und nicht die sich aufdrängenden Konsequenzen zieht, nützt er der Rasse nichts. Immerhin muss ich hier auf den *intermediären Erbgang* hinweisen, wie ihn Mendel am klassischen Versuch mit den roten und weissen Wunderblumen dargestellt hat. Kreuzungen zwischen den beiden blühen in der F_1-Generation rosa. Es müssen somit in diesem Fall die beiden Genkombinationen für weisse und für rote Farbe gleich stark sein, so dass sich weder die eine noch die andere dominant durchsetzen kann. Die rosaroten Blumen der F_1-Generation stehen phänotypisch zwischen den roten und weissen Eltern. Unter sich gekreuzt, spalten sie jedoch wieder im Verhältnis 25:50:25 in rot, rosa und weiss auf. Etliche Schecken- und Farbrassen bei den Kaninchen folgen diesem Erbgang, wobei interessanterweise der intermediäre Bastard die anerkannte Standardform darstellt, während die reinrassigen Ausspaltungen in der Zucht als Abfall gelten. Eine solche Rasse ist zum Beispiel das Englische Scheckenkaninchen, bei dem in den Würfen neben den Schecken (intermediäre Form) vollfarbige und fast weisse Geschwister liegen.

Wie weit der intermediäre Erbgang in der Hundezucht eine Rolle spielt, ist noch viel zu wenig erforscht. Seine praktische Bedeutung ist für den Züchter gering. Wohl kann eine solche «Ausgleichspaarung» in der F_1-Generation Erfolg bringen, für die Rasse ist jedoch dabei nichts gewonnen, weil die Ausspaltung unweigerlich bereits in der folgenden Generation erfolgt.

Der ernsthafte Züchter muss sich deshalb bewusst sein, dass er damit nur einen Scheinerfolg buchen kann.

Dem angehenden Züchter stehen zum Aufbau einer Zucht prinzipiell drei Möglichkeiten offen. Welcher er den Vorzug gibt, hängt wohl vor allem davon ab, auf wie weite Sicht er vorausplanen will. Am Beginn steht wohl meistens die Kreuzung.

Die Kreuzung

Der Biologe versteht darunter die Paarung von Vertretern verschiedener Rassen (Neufundländer x Bernhardiner) oder gar die Paarung verschiedener Arten (Pferd x Esel). Der Züchter meint aber damit bereits die Paarung von Tieren derselben Rasse, die jedoch nicht miteinander verwandt sind.

Sie ist ohne Zweifel die heute noch weitaus am meisten praktizierte Zuchtmethode, und bei der heutigen Ausgeglichenheit vieler Hunderassen zeitigt sie in der Regel auch recht brauchbare Ergebnisse.

Die Zuchtpartner werden dabei lediglich nach ihrem Erscheinungstyp ausgelesen, und zwar unbekümmert darum, was sie in ihrer Erbmasse an Anlagen mitbringen.

Leider wird dabei von Amateurzüchtern in den meisten Fällen das Wesen, das heisst die charakterlichen Anlagen der Zuchtpartner, völlig ausser acht gelassen, und das ist eine schwere, durch nichts entschuldbare Züchtersünde! Was nützt der schönste, standardgerechteste Hund, wenn er ein Charakterlump ist? Wenn er absolut keine Bindung an den Menschen hat? Wenn er überängstlich ist und daher in dauernder Todesangst leben muss? Wenn er nicht stubenrein zu kriegen ist? Durch solche, und was dergleichen Erbmängel mehr sind, kann für einen Besitzer der schönste Ausstellungshund völlig entwertet werden!

Wenn die Zuchtplanung nur darin besteht, dass man mit seiner Hündin zum jeweiligen Jahressieger geht, dazu vielleicht noch befangen im weitverbreiteten Irrtum, dem Vatertier komme die grössere Bedeutung zu, dann führt dies auf die Dauer zu nichts: Die Entwicklung der Rasse stagniert oder ist gar rückläufig. Dieser Sieger kann, wie wir weiter vorne ausführlich dargelegt haben, gerade in bezug auf die Vorzüge, die wir an ihm bewundern, erbunrein sein und vermag diese deswegen nicht an seine Nachkommen weiterzugeben. Der Misserfolg ist da, und der angehende Züchter wirft die Flinte vorzeitig ins Korn.

Andere Züchter gehen einfach zum nächsten Rüden, weil sie so am wenigsten Auslagen haben und weil dies am bequemsten ist.

Eine weitverbreitete, unheilvolle Meinung ist diejenige, ein Rüde müsse ab und zu seiner Gesundheit wegen eine Hündin decken! So überreden dann Rüdenbesitzer einen gutgläubigen Hündinnenbesitzer und stellen ihm den Rüden gar gratis zur Verfügung, nur damit dieser zum Deckakt kommt. Auf diese Weise kommt mancher wertlose Rüde zu ebenso wertlosen Nachkommen. Noch unheilvoller ist die Ansicht vieler Rüdenbesitzer, ihr nervöser, sexuell überreizter Rüde werde dann ruhiger, wenn er einmal eine Hündin gedeckt habe: Gerade das Gegenteil ist der Fall und, was weit schlimmer ist, er wird seine Nervosität oder seine Hypersexualität an seine männlichen Nachkommen weitervererben. Eine verhängnisvolle Rolle spielt bei vielen Züchtern auch der eigene Zuchtrüde. Man hat ihn gekauft, um Decktaxen zu sparen, und deswegen wird er jetzt eben benützt, unbekümmert darum, ob er auch wirklich ein guter Vererber ist oder nicht.

Kleinen Züchtern, und das sind hierzulande die meisten, rate ich dringend vom Halten eines eigenen Deckrüden ab.

Einmal ist es für einen temperamentvollen Rüden eine Tortur, während zweimal drei Wochen im Jahr, oder noch häufiger, hitzige Hündinnen um sich zu haben, und wer schon mit dem Rappen rechnen will, der wird bald einsehen, dass der Deckrüde nicht nur dann gut genährt werden muss, wenn er decken soll, sondern das ganze Jahr hindurch. So ist das Halten eines eigenen Deckrüden bestimmt kostspieliger, als zwei bis drei Decktaxen pro Jahr zu bezahlen. Ein Züchter kann ja schliesslich auch, und das dürfte für die meisten die Ideallösung sein, einen guten Rüden unter der Bedingung einem Liebhaber verkaufen, dass dieser die Zusicherung gibt, ihm den betreffenden Rüden jeweils gratis oder gegen eine bescheidene Taxe, so- und sovielmal im Jahr zum Decken seiner Hündinnen zur Verfügung zu stellen. Entsprechende Abmachungen sind aber in jedem Fall vor der Übergabe des Hundes schriftlich festzuhalten. Es empfiehlt sich sogar, ein Doppel des Vertrages dem Stammbuchsekretariat zuzustellen, damit auch dieses über die Rechtsverhältnisse orientiert ist.

Ein solcher Kaufvertrag mag etwa folgenden Wortlaut haben:

Zuchtrechtsvertrag

Der unterzeichnete Eigentümer des Cocker Spaniel-Rüden Ador v. ____________ SHSB-Nr. ____________ geworfen am ____________ verpflichtet sich, denselben jederzeit und ohne Entschädigung (gegen eine Entschädigung von Fr. ________
pro Deckung) Herrn/Frau ____________ ________, Inhaber/in des geschützten Zuchtnamens «____________», zum Decken von Hündinnen, die in dessen/deren Eigentum stehen oder an denen er/sie ein Zuchtrecht besitzt, zur Verfügung zu stellen.

Er/sie verpflichtet sich weiterhin, den Rüden, ohne ausdrückliche Einwilligung des Herrn/Frau ____________, für keine anderen Hündinnen zur Verfügung zu stellen.

____________, den ____________

Der/die Eigentümer/in des Rüden: ____________

Doppel zur Kenntnis an das Schweizerische Hundestammbuch SHSB.

Bringt eine Fremdzuchtpaarung (Outbreeding) oder Kreuzung, die mit einiger Umsicht, Überlegung und Sachkenntnis vorgenommen wurde, mehrheitlich gute Welpen, so ist nicht einzusehen, warum nun bei nachfolgenden Paarungen die Zuchtpartner gewechselt werden sollten. Im Gegenteil, ich empfehle in solchen Fällen, diese bewährte Verbindung so oft als möglich zu wiederholen, da ja der Erfolg beweist, dass sich die beiden Zuchttiere vorzüglich ergänzen, und das ist eigentlich ein recht seltener Glücksfall, den man unbedingt ausnützen sollte! Massgebend bei der Beurteilung des Zuchtergebnisses darf aber nicht ein einziger Sieger aus einem solchen Wurf sein, sondern der überdurchschnittliche Wert des ganzen Wurfes.

Das Inzuchtgespenst

Immer wieder lesen wir in Verkaufsinseraten: «Welpen zu verkaufen. Keine Inzucht!» Und als Züchter wurde ich von Käufern immer wieder ängstlich gefragt, ob denn der zu kaufende Welpe doch ja «inzuchtfrei» sei.

Die Inzucht ist und bleibt für den grössten Teil der Hundezüchter und für viele Hundekäufer ein Schreckgespenst. Die Gründe, die gegen diese ins Feld geführt werden, sind immer die gleichen: Nervosität, Ängstlichkeit, Anfälligkeit gegenüber Krankheiten, vor allem gegenüber der gefürchteten Staupe, allgemeine Körperschwäche und Lebensuntauglichkeit, mangelnde Dressurfähigkeit, schlechte Futterverwertung usw.

Zugegeben, das können Folgen der Inzucht sein, dann nämlich, wenn diese unter Missachtung der primitivsten Kenntnisse der Genetik vorgenommen worden ist!

Wenn jedoch die Inzuchtpaarungen mit grösster Umsicht und Kenntnis vorgenommen wurden, können aber auch kräftiger Körperbau, Frohwüchsigkeit, Resistenz gegen Krankheiten, Nervenfestigkeit, Fruchtbarkeit, hohe Dressurfähigkeit Folgen der Inzucht sein!

Ob die Ergebnisse einer Inzuchtpaarung positiv oder negativ ausfallen, das hängt einzig und allein von der Auswahl der Zuchttiere ab.

Unter Inzucht verstehen wir, um es doch noch deutlich zu sagen, die

Paarung nahe verwandter Tiere; unter Inzestzucht die Paarung nächster Verwandter, zum Beispiel Bruder/Schwester, Vater/Tochter, Mutter/Sohn. Zwischen Inzucht und Inzestzucht besteht also nur ein gradueller Unterschied.

Der Praktiker unterscheidet nun verschiedene Inzuchtgrade. So ergibt eine Vollgeschwisterpaarung einen Inzuchtgrad von 25 Prozent, eine Halbgeschwisterpaarung einen solchen von 12,5 Prozent; der Inzuchtgrad entspricht somit der Hälfte des Verwandtschaftsgrades des Paarungspartners.

Die Inzucht bewirkt eine Aufspaltung der gemischten Erbanlagen: Die ungleichen Genpaare werden zugunsten gleicher Paare reduziert.

In der Praxis bewirkt dies, dass Fehler, die bei Kreuzungszucht bei etwa einem Prozent der Nachkommen auftreten, je nach Inzuchtgrad, bei einer Vollgeschwisterpaarung beispielsweise bei 25 Prozent der Nachkommen sichtbar werden. Es kann jedoch nicht genug betont werden, dass keine neuen Fehler durch die Inzucht entstehen, sondern dass diese die Fehler lediglich aufdeckt. Die Inzucht ermöglicht deshalb dem zielstrebigen Züchter, seine Zuchtlinien rasch und gründlich von Fehlern zu «reinigen».

Inzucht und Inzestzucht kommen, entgegen landläufiger Meinung, unter Wildtieren viel häufiger vor, als wir denken. Bei Herdentieren (Boviden und Cerviden) deckt dasselbe männliche Tier während Jahren seine Töchter, seine Enkelinnen und seine Schwestern, ohne dass sich deswegen irgendwelche nachteiligen Folgen für den Bestand der Art zeigen würden. Sogar da, wo anscheinend ein sehr starker Wechsel herrscht, wie zum Beispiel bei den Zugvögeln, sorgt die starke Ortstreue dafür, dass sich nahe Verwandte immer wieder am Brutort treffen und sich miteinander paaren. Die Entstehung lokaler Unterarten unter Wildtieren kann nur auf diese Weise erklärt werden.

Ein Schulbeispiel für die Lebenstüchtigkeit der Inzuchttiere ist das schweizerische Steinwild, das sich aus winzigen Beständen innert weniger Jahre zu grossen, lebenskräftigen Kolonien entwickelt hat.

Ein weiteres Beispiel liefern die verwilderten Ziegen auf der Insel Pinta im Galapagos-Archipel. Im Jahre 1958 setzten Fischer hier drei Ziegen und einen Bock aus. Zehn Jahre später lebten auf der Insel Pinta zwischen vier- und fünftausend Ziegen. Sie hatten den ursprünglichen

Pflanzenwuchs beinahe vernichtet und sieben endemische, das heisst nur auf Pinta vorkommende Pflanzen, endgültig zerstört. Von irgendwelchen Degenerationserscheinungen bei diesen Ziegen ist keine Rede, im Gegenteil, sie sind dermassen vital, dass ihnen kaum beizukommen ist und ihre, im Interesse der endemischen Tierwelt notwendige Dezimierung beinahe ausgeschlossen ist.

Jedermann kennt den Goldhamster, eines der beliebtesten und problemlosesten Heimtiere. Alle die tausend und abertausend Goldhamster, die heute in Zoo-Handlungen angeboten werden, stammen von einem Männchen und zwei Weibchen ab, die 1930 gefangen wurden. Neue Wildfänge gab es seither nicht mehr.

Die abergläubische Furcht vor der Inzucht gründet zum Teil in der Vorstellung, dass in den Bevölkerungen abgelegener Alpentäler, in denen Verwandtenehen zwangsläufig fast die Regel waren, körperliche und geistige Anomalien auffallend häufig waren. Hier liegt wohl zum Teil ein zufälliges Zusammentreffen von Inzuchtgebiet mit anderen, umweltbedingten Faktoren (Kropf bei jodarmem Gletscherwasser) vor.

Die Geschichte kennt jedenfalls andere Beispiele. Pharao Ramses II. heiratete zwei seiner Schwestern und zwei seiner Töchter, von Degeneration seiner Nachkommen – und es waren zahlreiche – ist nichts bekannt.

Der letzte Inkafürst entstammte der 14. Geschwisterinzuchtlinie: Hätte er körperliche oder geistige Defekte aufgewiesen, so hätten die Spanier dies bestimmt vermerkt.

Dr. med. Brücker, ein bekannter Züchter von Reisebrieftauben, züchtete in seinen Schlägen getrennt zwei Stämme: den Stamm «Fabry» und den Stamm «Bricoux». Der Stamm «Fabry» geht auf zwei Paare zurück, die er 1957 aus Lüttich bezog. In der Zuchtperiode 1974 stand dieser Stamm in der 15. reinen Inzuchtgeneration. Den Stamm «Bricoux» züchtet Dr. Brüker jetzt in der 14. Generation rein. Die Ausgangstiere dieses Stammes erhielt er von einem deutschen Züchter, der seinerseits den Stamm schon während Jahren rein gezüchtet hatte. Dr. Brücker schätzt, dass während 30 Generationen kaum jemals ein Fremdtier eingekreuzt worden ist.

Beide Taubenstämme sind vital, fruchtbar und stellen Jahr für Jahr immer wieder Preisflieger. Immerhin muss man hier den Selektionsdruck des «Reisekorbes» nicht gering einschätzen. Was untauglich ist, geht auf der Reise verloren, und nur die besten Flieger kommen zur Weiterzucht.

Wesentlich ist für uns jedoch die Einsicht, dass bei rigoroser Selektion – in der Hundezucht muss der Züchter den «Selektionsdruck» ausüben – selbst bei engster Inzucht über viele Generationen nicht unbedingt Inzuchtschäden auftreten müssen, dass vielmehr die Tiere höchsten Leistungsansprüchen genügen können.

Nun gibt es freilich auch gegenteilige Meinungen. Inzucht sei eine widernatürliche Zuchtmethode und werde in der freien Natur nach Möglichkeit vermieden. Die «Natur» strebe vielmehr eine möglichst grosse Streuung des Erbgutes an. Es ist durchaus möglich, dass die Gleichförmigkeit einer natürlichen Wildtierpopulation nicht Folge eines stark homozygoten Erbgutes ist, sondern vielmehr durch eine starke Gemischterbigkeit hervorgerufen wird. Je heterozygoter ein Tier ist, bezogen auf den Genbestand der gesamten Population, desto mehr wird es sich phänotypisch dem Durchschnitt der Population in allen quantitativen Merkmalen nähern. Möglich ist auch, dass Gemischterbigkeit einen höheren Selektionswert haben kann als Reinerbigkeit, indem sie eine grössere Anpassungsfähigkeit des Individuums gewährleistet.

Auf den Rassehund bezogen, würde das aber so aussehen:

Wir streben eine möglichst grosse Mischerbigkeit an und erhalten in wenigen Generationen einen Hund, der dem wilden Ausgangstier sehr ähnlich sein müsste. Wir müssen uns bei solchen Theorien doch stets bewusst sein, dass der Durchschnitt der Gattung «Hund» eben jene Gleichförmigkeit ist, wie sie schon der Hund der Pfahlbauer offensichtlich nicht mehr darstellte.

Diesen Weg zurück kann man mit Haustieren sehr wohl gehen. Überlassen wir eine aus verschiedenen Rassen gemischte Population Haustauben völlig sich selbst, so setzt sich schon nach kurzem der Typ der Felsentaube eindeutig durch. Fremde Farbmuster und Federstrukturen werden sehr bald vom Durchschnitt «verdaut». Das zeigt jede verwilderte Haustaubenpopulation in jeder beliebigen Stadt.

Genau den gleichen Vorgang beobachten wir beim Hauskaninchen. In meiner Jugend hielt man noch vielerorts Kaninchen freilaufend im

Viehstall oder um den Speicher herum. Schon nach wenigen Generationen setzte sich ein mittelgrosser, wildgrauer Typ durch.

Die Rückzüchtung des Urs aus verschiedenen primitiven Rinderrassen geht übrigens den gleichen Weg.

Genau das gleiche würde mit dem Hund geschehen, wollten wir die angeblich so erstrebenswerte grosse Mischerbigkeit anstreben. Aber gerade das wollen wir ja nicht. Wir wollen Rassehunde züchten, die sich in mehreren bestimmten, von uns gewünschten Merkmalen deutlich vom Durchschnitt der Gattung Hund abheben und die diese Merkmale auch konstant auf alle ihre Nachkommen vererben. Je grösser nun die Reinerbigkeit, um so sicherer wird diese Konstanz.

Verfolgen wir die Reinzucht vieler Hunderassen, zum Beispiel diejenige der heutigen Setter* oder vieler Terrier, so sehen wir mit einigem Staunen, wie vielfach und wie zielbewusst sich die alten Züchter der Inzucht bedient haben. Von einer degenerativen Wirkung der Inzucht kann, insofern die Ausgangstiere gesund sind, keine Rede sein.

Treten bei der Inzucht unerwünschte Eigenschaften auf, so liegt dies nicht am Zuchtsystem, sondern an der Auswahl der Zuchttiere, die, ohne Berücksichtigung ihrer Fehler, einseitig nach einigen körperlichen Eigenheiten ausgewählt wurden.

Wenn wir daran festhalten, dass das Erbgut eines Tieres unabänderlich gegeben ist und etwelche Veränderungen, sogenannte Mutationen, äusserst selten vorkommen und zumeist nur ganz geringfügige Merkmalsänderungen hervorrufen, so ist eigentlich klar, dass Inzucht weder im Guten noch im Schlechten etwas Neues schaffen kann. Sie bringt lediglich zu Tage, was die Zuchttiere an Erbgut in sich führen.

Dass sie bei den meisten Züchtern verrufen ist, beruht darauf, dass rezessive, also bis jetzt verborgene Mängel, nun plötzlich gehäuft sichtbar werden, da engverwandte Tiere sich hinsichtlich ihres Erbgutes ähnlicher sind als einander fremde Tiere. Dasselbe gilt aber nicht nur in bezug auf Mängel, sondern ebenso in bezug auf Vorzüge. Durch fortgesetzte Inzucht müssen die Erbmassen der folgenden Generation immer einheitlicher werden; immer mehr Tiere werden hinsichtlich er-

* Der Englische Setter wurde von Laverack aus zwei Wurfgeschwistern gezüchtet, wobei er jedoch eine harte Auslese anwandte.

wünschter und unerwünschter Merkmale doppelt dominant oder doppelt rezessiv (reinerbig). Der Phänotyp wird immer mehr getreues Abbild des Genotyps. Das beste Beispiel mögen die Langhaardackel von Crastamunt aus der Zucht des leider zu früh verstorbenen Dr. med. Hans Pfosi sein, die in der fünften Inzestgeneration eine Ausgeglichenheit zeigen, die wohl kaum mehr übertroffen weden kann. Schliesst man in solchen Inzuchtlinien systematisch und rigoros alle fehlerhaften Tiere von der Zucht aus (sie müssen ja nicht abgetan werden), so kann der Züchter, der auf längere Sicht plant, innert relativ weniger Generationen Zuchttiere erhalten, die hinsichtlich vieler Eigenschaften erbrein sind.

Dem Zufall wird immer weniger Raum belassen: Das Ergebnis einer bestimmten Paarung kann mit immer grösserer Genauigkeit errechnet werden.

Man muss freilich bei engen Inzuchtversuchen das zu erstrebende Ziel klar umschreiben und sich auf einige wenige Merkmale konzentrieren; alles auf einmal erreicht man nie.

So ist es durchaus denkbar, Hunde auf eine ganz bestimmte Leistung hin zu züchten, ohne sich vorerst um Haarfarbe, Haarstruktur, Gebiss und anderes zu kümmern. Es wird aus einem solchen Zuchtversuch schliesslich eine Art Rasse resultieren, weil eine extreme Leistung eine ganz bestimmte Körperform bedingt. Ohne Zweifel ist ein Grossteil der heutigen Hunderassen ursprünglich aus solchen Leistungsrassen entstanden und stellt noch heute weitgehend Gebrauchstypen dar.

Leistung im züchterischen Sinne können nun auch eine intensive Haarfarbe oder eine besonders schöne Haarstruktur sein. Sie können durch fortgesetzte Inzucht und scharfe Selektion bis zu einem gewissen Punkt gesteigert werden, dann tritt vorerst ein Stillstand, häufig nach diesem ein Rückschritt ein. Der Inzuchtstamm hat das Maximum erreicht; fahren wir weiter, so sinkt er unter Umständen auf das sogenannte Inzuchtminimum ab, das sich dann in herabgesetzter Fruchtbarkeit, geringen Geburtsgewichten und herabgesetzter Widerstandskraft äussert. Soweit lassen wir es aber gar nicht kommen, sondern kreuzen rechtzeitig mit einer anderen Inzuchtlinie, wobei durch den Heterosisfaktor (siehe *S. 58*) sogar nochmals eine Leistungssteigerung eintreten kann – kann, nicht muss (*Abbildung 20*)!

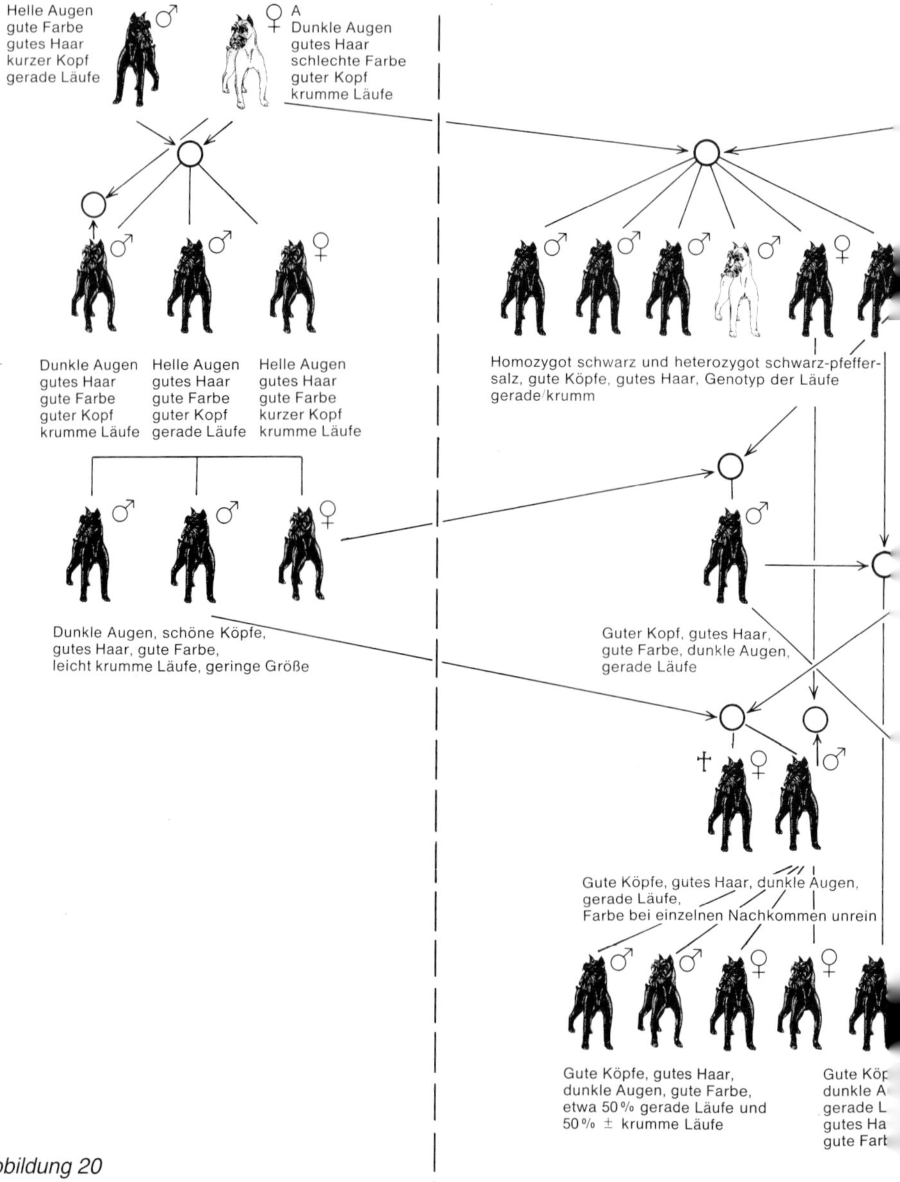

Abbildung 20

Zuchtaufbau mit Inzucht
und Kreuzungslinien.

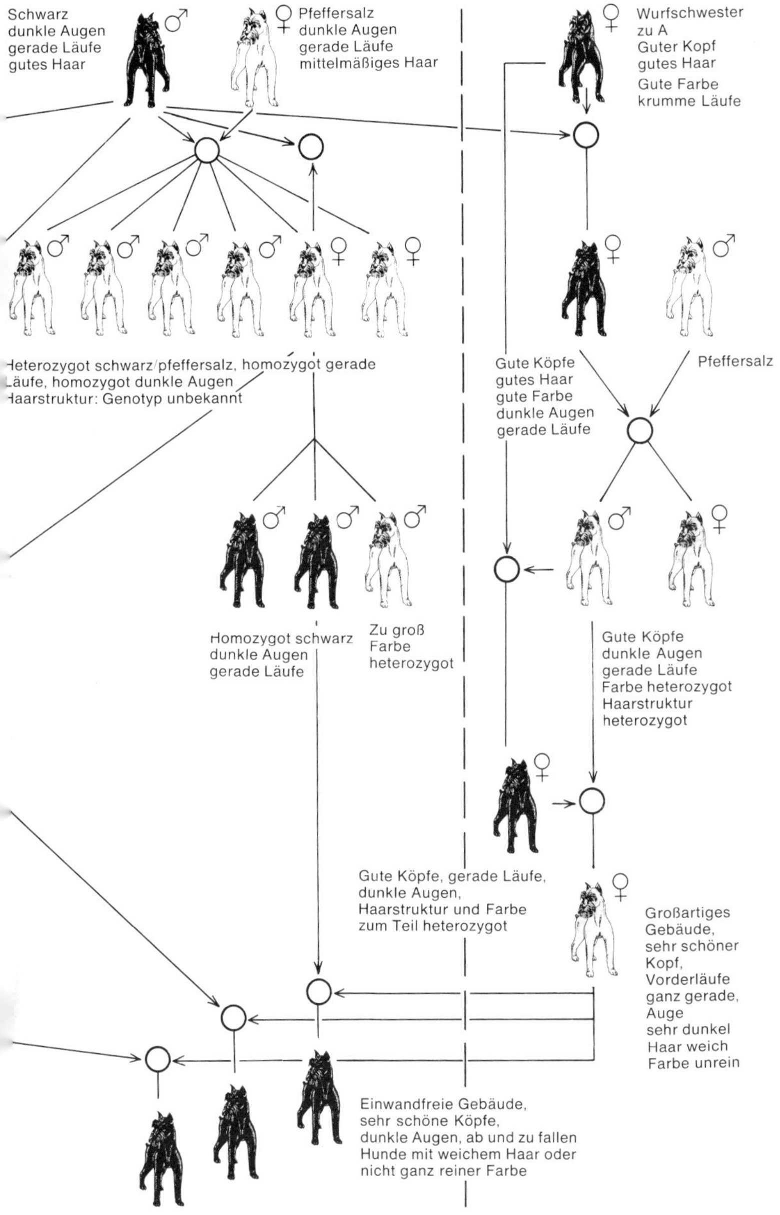
Schwarz
dunkle Augen
gerade Läufe
gutes Haar
Pfeffersalz
dunkle Augen
gerade Läufe
mittelmäßiges Haar
Wurfschwester
zu A
Guter Kopf
gutes Haar
Gute Farbe
krumme Läufe
Heterozygot schwarz/pfeffersalz, homozygot gerade
Läufe, homozygot dunkle Augen
Haarstruktur: Genotyp unbekannt
Gute Köpfe
gutes Haar
gute Farbe
dunkle Augen
gerade Läufe
Pfeffersalz
Homozygot schwarz
dunkle Augen
gerade Läufe
Zu groß
Farbe
heterozygot
Gute Köpfe
dunkle Augen
gerade Läufe
Farbe heterozygot
Haarstruktur
heterozygot
Gute Köpfe, gerade Läufe,
dunkle Augen,
Haarstruktur und Farbe
zum Teil heterozygot
Großartiges
Gebäude,
sehr schöner
Kopf,
Vorderläufe
ganz gerade,
Auge
sehr dunkel
Haar weich
Farbe unrein
Einwandfreie Gebäude,
sehr schöne Köpfe,
dunkle Augen, ab und zu fallen
Hunde mit weichem Haar oder
nicht ganz reiner Farbe

Enttäuscht durch anfängliche Misserfolge geben leider die meisten Züchter ihre Bemühungen um die Inzucht auf, bevor diese beginnen kann, ihre Früchte zu tragen. Wie lange es dauert, bis sich die ersten Erfolge einstellen, hängt nur von der Qualität der Ausgangstiere ab. Es wird ja in der Praxis nie möglich sein, alle erwünschten Eigenschaften gleichzeitig erbrein zu züchten und zugleich alle Fehler auszuschalten. Die Überlegung des Züchters muss daher lauten: Welches Ziel soll zuerst erreicht werden? Züchten ist deshalb Planen auf weite Sicht, und der sicherste Weg zum dauernden Erfolg führt über die Inzucht.

Eines kann aber nicht oft genug betont werden: Inzucht fixiert die schlechten Eigenschaften genau so wie die guten; sie ist deshalb die Zuchtmethode des gewissenhaften, verantwortungsbewussten Züchters; Dilettanten sollen die Finger davon lassen!

Zweitens muss sich der Züchter bewusst sein, dass ihm Inzucht nichts Neues in seine Zucht hereinbringt. Fehlen hier wichtige Merkmale, so kommen sie nur durch eine Kreuzung in die eigene Zuchtlinie herein, und dann müssen sie durch Inzucht fixiert werden.

Nachteile der Inzucht

Inzucht ohne scharfe Selektion (man muss nicht gleich töten, aber zur Weiterzucht sperren!) ist gefährlicher als jedes andere Zuchtsystem. «Sie ist in der Hand des Durchschnittzüchters wie das Rasiermesser in der Hand des Affen», sagt Simon v. Nathusius.

Sie häuft die guten und die schlechten Eigenschaften der Ausgangstiere in den Nachkommen, es dürfen deshalb nur Tiere ohne grobe Erbfehler (ganz fehlerfreie wird man ja kaum finden!) für Inzuchtversuche herangezogen werden.

Inzuchtversuche sollten relativ breit angelegt werden können, weil viele Fehlerträger zur Weiterzucht ausscheiden.

Die schon erwähnte *Inzuchtdepression* (Inzuchtminimum) kann nach einiger Zeit die Weiterführung des Programms in Frage stellen. Immerhin dauert das eine Weile. Bei Labormäusen beginnt die Depression mit der 12. Inzuchtgeneration und erreicht ihr Maximum bei der 30. Generation. Von da steigt die Wurfstärke wieder auf die ursprüngliche Zahl an.

Inzuchtversuche haben nur dann einen Sinn, wenn alle Welpen eines Wurfes aufgezogen werden, damit Fehler, die bei der Geburt der Welpen nicht sichtbar sind (Hüftgelenkdysplasie, Netzhautatrophie, Taubheit, Monorchismus und Krytorchismus usw.) überhaupt erkannt werden. Dieser Bedingung stehen vielfach die Bestimmungen der Zuchtreglemente entgegen, die nur die Aufzucht von sechs oder acht Welpen erlauben.

In Anbetracht des Misstrauens, das heute der Inzucht entgegengebracht wird, muss der Züchter damit rechnen, für seine Junghunde keine Käufer zu finden.

Inzucht ist deshalb kaum die Methode des Durchschnittszüchters. Er will Erfolge sehen und nicht Misserfolge tragen. Er will Junghunde möglichst zu Höchstpreisen verkaufen können; für ihn ist deshalb der Weg über die Inzucht zu langwierig und zu kostspielig.

Dagegen sollten sich die Rassezuchtvereine (Spezialklubs) in vermehrtem Masse solchen Fragen zuwenden, statt Geld und Zeit in nutzlosem, zeit- und geldaufwendigem, administrativem Leerlauf zu vertrödeln.

Fitness, Inzucht und Inzuchtsgrad

Inzucht kann, wie wir eben gesehen haben, zu Schäden im Bereiche der sogenannten «*Fitness*» führen.

Den Begriff «Fitness» können wir gleichsetzen mit «Lebenstauglichkeit». Im Bereiche der Hundezucht umfasst der Begriff «Fitness» sicher einmal die Fruchtbarkeit eines Tieres, die wiederum von der Empfängnisrate, der Wurfgrösse und der Überlebensfähigkeit der Welpen abhängt.

Im weiteren gehört zur Fitness auch die Lebenstauglichkeit des erwachsenen Tieres, insbesondere dessen Altersfrische, auf die in der Hundezucht heute noch viel zu wenig Gewicht gelegt wird.

Die Fitness nimmt in der Regel mit zunehmendem Inzuchtgrad ab, wenn nicht – ich betone es noch einmal – gleichzeitig eine scharfe Zuchtauslese auf Fitness getrieben wird.

Bei einer fortgesetzten Inzucht tritt nach einigen Generationen die schon erwähnte Inzuchtdepression ein. Ein Beispiel dafür liefern uns die berühmten Lippizaner der Spanischen Hofreitschule in Wien. Die Inzucht auf ganz wenige Hengste führte schliesslich zu einem rigorosen Abfall der Fruchtbarkeit; die Stuten blieben leer oder gebaren lebensuntaugliche Fohlen. Das ist nicht verwunderlich, wenn man weiss, dass das einzige Kriterium bei der Auslese eines Zuchthengstes dessen Dressurfähigkeit war, und diese hängt nicht unbedingt mit Fitness zusammen.

Beispiele aus der Hundezucht gibt es auch. So sank die Welpenzahl bei den weissen Bullterriern dermassen ab, dass die Zukunft der Rasse bisweilen in Frage gestellt werden musste. Wir müssen uns also in der Hundezucht sehr wohl überlegen, was wir wollen. Inzucht kann innert kurzer Zeit eine Zucht zu höchster Blüte, aber auch in ebenso kurzer Zeit in den Abgrund führen.

Wir müssen also die Grenzen kennen, wir müssen wissen, ab welchem Inzuchtgrad mit Schäden zu rechnen ist, mit andern Worten, wir müssen den Inzuchtgrad berechnen können.

Die klassische Formel von Wright ist den meinsten Züchtern zu kompliziert, denn sie sind in der Regel keineswegs Mathematiker und mit mathematischen Formeln nicht vertraut. Nun sind aber einfachere Methoden entwikelt worden, die zum gleichen Resultat führen wie die relativ komplizierte Formel von Wright.

Bevor wir uns jedoch ans Rechnen machen, müssen wir uns nochmals überlegen, was wir mit einer Inzuchtpaarung überhaupt tun. Halten wir vorerst nochmals fest, dass das Erbgut eines Tieres unabänderlich gegeben ist und dass sogenannte Mutationen, also Änderungen im Erbgut, fast immer nur ganz geringfügige Merkmalsänderungen hervorrufen.

Somit ergibt sich zwingend, dass wir mit einer Inzuchtpaarung, in der das Erbgut eines oder mehrerer Vorfahren verdoppelt wird, weder im Guten noch im Schlechten etwas Neues schaffen können. Die Inzucht bringt lediglich recht rasch zutage, was die Zuchttiere in ihrem Erbgut führen. Verborgene Mängel können nun plötzlich gehäuft auftreten, das gilt aber nicht nur für die Mängel, sondern auch für die Vorzüge. Durch fortgesetzte Inzucht müssen die Erbmassen der folgenden Generationen zwangsläufig immer einheitlicher werden, das Erscheinungsbild, also der Phänotyp, wird mehr und mehr zum getreuen Abbild des Genotyps. Scheidet man in solchen Zuchtlinien rigoros alle Tiere mit Fehlern aus, so kann der Züchter, der auf längere Sicht plant, nach relativ wenigen Generationen Zuchttiere erhalten, die hinsichtlich vieler Eigenschaften erbrein sind.

Dem Zufall wird immer weniger Raum gegeben, die Ergebnisse einer Paarung werden mehr und mehr vorausschaubar. Es wird aber in der Praxis nie möglich sein, alle erwünschten Eigenschaften erbrein zu züchten und zugleich alle Fehler auszuschalten. Der Züchter muss sich deshalb von allem Anfang überlegen, welches Ziel er erreichen will. Züchten heisst eben – ich wiederhole es – in Generationen denken! Heute wissen wir, dass es bei vielen Rassen bestimmte, erheblich fixierte Prädispositionen für bestimmte Krankheiten gibt. Es leuchtet ein, dass, wenn ein Träger einer solchen Anlage häufig zur Zucht verwendet wird, sie sich sehr rasch ausbreiten kann. Vielfach ist es ja so, dass dieser Erbträger selber keine Anzeichen der Krankheit aufweist oder aber die ersten Symptome erst im vorgerückten Alter auftreten, also erst dann, wenn bereits zahlreiche Nachkommen vorhanden sind; ich denke da zum Beispiel an bestimmte Formen der Epilepsie und der Patellaluxation. Wird aber bei einer Rasse mit kleiner Zuchtbasis, wie es heute doch recht viele Rassen sind, ein besonders hochdotierter Ausstellungsrüde mit einer erblich fixierten Prädisposition für eine Krankheit fast ausschliesslich zum Decken der Hündinnen benutzt und andere, weil weniger schöne, aber dafür gesunde Rüden übergangen werden, so kann das innert kurzer Zeit zum Ruin der Rasse werden.

Auf eine, wie mir scheint, nicht unbeträchtliche Gefahr der Inzucht haben neuerdings B. Meyer und C. Gaillard an der Universität Bern hingewiesen. Sie untersuchten die Risikofaktoren der Inzucht an den vier schweizerischen Sennenhunderassen, die seit Jahrzehnten eine geschlossene Zuchtpopulation darstellen. Der Inzuchtgrad ist denn auch entsprechend hoch, beim Berner Sennenhund zum Beispiel im Durchschnitt bei 12,7 Prozent, wobei der höchste Wert bei 22,5 Prozent lag. Bei den andern, weniger verbreiteten Rassen, ist er noch wesentlich höher, nämlich zwischen 24,4 und 27,7 Prozent mit einem Extremwert von 32,8 Prozent. Unter den untersuchten Merkmalen scheint mir der Wert der Leukozytenantigene von Wichtigkeit zu sein. Darunter ver-

Bei der Zahl 2:	den Inzuchtkoeffizienten	25,0 %
Bei der Zahl 3:	den Inzuchtkoeffizienten	12,5 %
Bei der Zahl 4:	den Inzuchtkoeffizienten	6,25 %
Bei der Zahl 5:	den Inzuchtkoeffizienten	3,125 %
Bei der Zahl 6:	den Inzuchtkoeffizienten	1,56 %
Bei der Zahl 7:	den Inzuchtkoeffizienten	0,8 %
Bei der Zahl 8:	den Inzuchtkoeffizienten	0,4 %
Bei der Zahl 9:	den Inzuchtkoeffizienten	0,2 %
Bei der Zahl 10:	den Inzuchtkoeffizienten	0,1 %

Abbildung 21
Berechnung des Inzuchtkoeffizienten nach Horak.

steht man spezifische Oberflächenstrukturen auf den weissen Blutkörperchen, die bei der Immunabwehr eine zentrale Rolle spielen. Sinkt der Polymorphismus dieser Antigene bei einem hohen Inzuchtgrad stark ab, so besteht die Gefahr, dass der gesamte Rassenbestand neuen Infektionen nicht mehr effizient entgegenwirken kann; eine spezifische Krankheitsanfälligkeit ist dann nicht mehr auszuschliessen. Das ist in der Regel der Fall, wenn bei solchen Prädispositionen der Inzuchtgrad innerhalb der gesamten Population zehn Prozent übersteigt. Daraus ergibt sich einmal mehr die Notwendigkeit, den Inzuchtgrad errechnen zu können.

Eine, wie mir scheint, recht einfache Methode hat der tschechische Zootechniker Franti_ek Horák entwickelt. Dazu braucht der Züchter eine einfache Tabelle. Diese Tabelle (*Abbildung 21*) besagt, dass die Summe der Generationen der gemeinsamen Vorfahren der Elterntiere minus 1 die Inzuchtgrade ergibt.

Mit jeder nächsthöheren Zahl halbiert sich der Inzuchtkoeffizient. Das lässt sich recht gut behalten, und nach der Zahl 10 wird der Prozentsatz praktisch bedeutungslos.

Das hört sich jetzt relativ kompliziert an, ist aber in der Praxis recht einfach zu berechnen: Nehmen wir den Stammbaum eines Hundes, der aus einer Schwester-Bruder-Paarung entstanden ist:

Wir haben dann in der 2. Generation je zwei gemeinsame Vorfahren, das ergibt für den Vater 2 für zwei Vorfahren und 2 für die 2. Generation, also 2 + 2 = 4 – 1 = 3.

Laut Tabelle entspricht die Zahl 3 einem Inzuchtkoeffizienten von 12,5 Prozent. Die gleiche Zahl erhalten wir für die mütterliche Linie, also 12,5 Prozent + 12,5 Prozent = 25 Prozent, das ergibt also für eine Schwester-Bruder-Paarung einen Inzuchtkoeffizienten von 25 Prozent.

Für eine Vater-Tochter-Paarung erhalten wir folgende Rechnung:

Der Vater ist väterlicherseits in der 1. und mütterlicherseits in der 2. Generation vertreten, das ergibt die Zahlen 1 + 2 = 3 – 1 = 2, das ergibt laut Tabelle einen Inzuchtkoeffizienten von 25 Prozent, also gleich viel wie bei einer Bruder-Schwester-Paarung. In der Praxis heisst das nun, dass ein bestimmter Fehler, der bei absoluter Fremdzucht bei einem Prozent der Nachkommen auftritt, bei einer Vollgeschwister- oder Vater-Tochter- beziehungsweise Mutter-Sohn-Paarung 25mal häufiger auftreten kann.

Als Fremdzucht bezeichnet man nach Johannson und Lush Paarungen, die einen Inzuchtkoeffizienten von weniger als sechs Prozent ergeben. Bei Rassen mit einer engen Zuchtbasis liegt er in der Regel jedoch höher, absolute Fremdzuchten sind da gar nicht möglich.

Der Züchter ist oft der Meinung, eine Schwester-Bruder-Paarung ergebe den höchsten Inzuchtgrad. Das ist aber nicht der Fall, die 25 Prozent ergeben sich nur, wenn die Eltern der beiden Geschwister aus einer absoluten Fremdpaarung entstanden sind. Erscheinen bei beiden Eltern bereits in den Stammbäumen die gleichen Ahnen in weiter zurückliegenden Generationen mehrmals auf, so steigt der Inzuchtgrad beträchtlich an, und bei der Zahl 50 wird das heissen, dass ein bestimmter, eventuell auch mehrere Fehler bei rund 50 Prozent der Nachkommen vorhanden sein wird. Handelt es sich dabei um Prädispositionen für Krankheiten, so führt dies sehr rasch zum völligen Ruin der Rasse. Darin liegt die grosse Gefahr der Inzucht. Die vier Beispiele der Tabellen mögen *Abbildungen 22a, b, c und d* dies veranschaulichen.

1. Generation	*2. Generation*	*3. Generation*
A	♦ C	
	● D	
B	♦ C	
	● D	

Der gemeinsame Vorfahr C ist beim Vater in der 2. Generation und ebenso bei der Mutter. Die Summe der Generationen ergibt also 2 + 2 = 4 – 1 = 3, Inzuchtkoeffizient gemäss Tabelle 12,5 Prozent. Für den gemeinsamen Vorfahren D erhalten wir ebenfalls 2 + 2 = 4 – 1 = 3, Inzuchtkoeffizient 12,5 Prozent.
Für eine Schwester-Bruder-Paarung erhalten wir einen Inzuchtkoeffizienten von 25 Prozent.
Diese Zahl gibt die durchschnittliche Erhöhung der homozygoten Genpaare gegenüber Tieren an, die nicht ingezüchtet sind.

Abbildung 22a
Stammbaum eines Hundes, der aus einer Geschwisterpaarung hervorgegangen ist.

So sehr die Inzucht beim Aufbau einer Rasse hilfreich oder oft gar nicht zu umgehen ist, so sehr müssen wir uns davor hüten, mit ihr eine Rasse wieder zu zerstören.

Der Züchter treibt aber oft Inzucht, ohne es zu wissen. Als *aktuelle Inzucht* bezeichnen wir sie dann, wenn der Züchter bewusst nahe miteinander verwandte Tiere paart, *inaktuell* ist sie dann, wenn er aus den vorliegenden Drei- oder Viergenerationenurkunden keine Inzucht mehr errechnen kann, sie aber trotzdem noch vorhanden ist.

Werfen wir zum Schluss dieses Kapitels nochmals einen Blick hinüber zu den Nutztierzüchtern. Sie sind uns Hundezüchtern ja in vielem eine Nasenlänge voraus, weil bei ihnen Fehler im Zuchtprogramm sich nachhaltig in finanziellen Verlusten niederschlagen.

Sie kennen die Vorteile der Hybridenzucht, und sie kennen die Schäden bei zu starker Inzucht.

So hat man beispielsweise bei Schweinen festgestellt, dass bei einer Zunahme des Inzuchtkoeffizienten um zehn Prozent die Wurfgrösse um 0,26 Ferkel abnimmt, ebenso sackt die Überlebensfähigkeit der Ferkel sichtbar ab. Die Totgeburten oder nachträglichen Todesfälle stiegen re-

1. Generation	2. Generation	*3. Generation*
♦ A	C	
	D	
B	♦ A	
	E	

Der Vater väterlicherseits ist in der 1. Generation mütterlicherseits in der 2. Generation, das heisst 1 + 2 = 3 – 1 = 2, gemäss Tabelle ergibt dies einen Inzuchtkoeffizienten von 25 Prozent.

Abbildung 22b

Stammbaum eines Hundes, der aus einer Vater-Tochter- oder Mutter-Sohn-Paarung entstanden ist

1. Generation	2. Generation	*3. Generation*
A	♦ C	G
		H
	D	● I
		J
B	E	♦ C
		K
	F	● I
		L

Der gemeinsame Vorfahr C ist väterlicherseits in der 2., mütterlicherseits in der 3. Generation vorhanden. Das ergibt 2 + 3 = 5 – 1 = 4; Inzuchtkoeffizient laut Tabelle = 6,25 Prozent. Der Vorfahr I erscheint bei beiden Eltern in der 3. Generation, also 3 + 3 = 6 – 1 = 5, was dem Inzuchtkoeffizienten 3,125 Prozent entspricht. 6,25 Prozent + 3,125 Prozent = 9,375 Prozent.

Abbildung 22c

Stammbaum eines Hundes mit mehreren gemeinsamen Vorfahren

1. Generation	2. Generation	3. Generation
♦ A	■ C	F
		G
	D	■ C
		● I
B	♦ A	♦ C
		D
	E	N
		● I

Sind einer oder mehrere Vorfahren selber bereits Inzuchtprodukte, so berechnet man zuerst den Koeffizienten für diese ingezüchteten Vorfahren. Abbildung 22d zeigt den Stammbaum eines Hundes aus einer Vater-Tochter-Paarung, wobei der Vater bereits auf den Vorfahren C ingezüchtet ist.
Der Inzuchtkoeffizient für den Vater A mit einem gemeinsamen Vorfahr in der väterlichen und in der mütterlichen Linie ergibt 2 + 3 = 5 – 1 = 4, Koeffizient = 6,25 Prozent. Aus der Verbindung Vater-Tochter (Vater A in der 1. Generation und in der mütterlichen Linie in der 2. Generation) ergibt 1 + 2 = 3 – 1 = 2, Koeffizient = 25 Prozent. Ein weiterer Vorfahr ist die Hündin I, die bei beiden Eltern in der 3. Generation erscheint, also 3 + 3 = 6 – 1 = 5, Koeffizient = 3,125 Prozent.
Die Summe aller errechneten Koeffizienten ergibt 6,25 Prozent + 25 Prozent + 3,125 Prozent = 34,275 Prozent.
Der Inzuchtgrad der Nachkommen aus einer solchen Paarung ist recht hoch.

Abbildung 22d
Stammbaum eines Hundes aus einer Vater-Tochter-Paarung

lativ rasch an. In England ist ein ganzer Stamm Kurzhornrinder wegen inzuchtbedingter Unfruchtbarkeit ausgestorben.

Für Hunde liegen Zahlen aus der Beaglezucht vor, denn der Beagle wird ja heute für Versuchszwecke industriemässig gezüchtet. In einer solchen Zuchtlinie lagen die Totgeburten bei einem Inzuchtkoeffizienten bis zu 25 Prozent bei 28,6 Prozent, bei einem Inzuchtgrad von 67 Prozent jedoch bei 74,4 Prozent. Das ist deutlich. Demgegenüber behauptet jedoch Pfaffenberger, dass bei einem Inzuchtkoeffizienten von 48 Prozent auf einen bestimmten Rüden der Rasse Deutscher Schäferhund keine negativen Folgen aufgetreten seien.

Das Problem ist also nach wie vor nicht restlos geklärt. Zitieren wir den Tierarzt und erfahrenen Hundezüchter Malcolm Willis: «Inzucht ist ein machtvolles Werkzeug, aber wie alle Machtmittel kann sie in falschen Händen gefährlich werden. Will man Inzucht einführen, muss man einen guten, gesunden Bestand besitzen und gute Kenntnisse über das, was er im Hintergrund hat.»

Und Lush, einer der bedeutendsten Populationsgenetiker der Gegenwart, meint, «dass mehr Möglichkeiten zum Rassenfortschritt verlorengehen, wenn man keine Inzucht betreibt, wo sie angebracht ist, als sie durch Inzucht verlorengehen.» Damit ist gesagt, dass Inzucht ihre Vorzüge hat, die man von Fall zu Fall nützen sollte. Sie ist aber keineswegs die Zuchtmethode für denjenigen Züchter, der nur Erfolge sehen will und Misserfolge nicht ertragen kann.

Linienzucht

Sie ist praktische Fremdzucht, bei der aber die Zuchttiere innerhalb der engeren oder weiteren Verwandtschaft ausgesucht werden, und zwar nach der Theorie, dass verwandte Tiere, die phänotypisch ähnlich sind, es auch genotypisch sein müssen. Das kann zu einem guten Teil sicher erwartet werden, andererseits muss man sich aber im klaren sein, dass es hier länger geht, gute Eigenschaften zu fixieren und schlechte auszumerzen, als es dies bei einer engen Inzucht der Fall wäre. Die Zahl der krassen Versager wird bei der Linienzucht kleiner sein, demzufolge auch das finanzielle Risiko; aber auch die Zahl der erbreinen Tiere wird viel kleiner sein und demzufolge auch der züchterische Gewinn!

Genetisch gesehen lassen sich zwischen Fremdzucht, Linienzucht und Inzucht keine absoluten Grenzen ziehen. Ebensowenig gibt es eine feste Grenze zwischen den Begriffen Kreuzung und Reinzucht.

Wenn man trotzdem solche Grenzen zieht, geschieht dies mehr oder weniger willkürlich, ist aber aus praktischen Gründen erforderlich.

Ein praktischer Vorschlag

Der Erfolg jeglicher Tierzucht hängt von der richtigen Zuchtpartnerkombination und der nachfolgenden Selektion ab.

Beim Aufbau der eigenen Zucht sind wir davon ausgegangen, gleich anfangs zwei getrennte Inzuchtlinien zu schaffen, die dann später unter sich vermischt werden sollen. Auf diese Weise konnten in der einen Linie erwünschte Eigenschaften, zum Beispiel reine Farbe, gutes Haar, dunkle Augen, fixiert werden, die wir in der anderen Linie vernachlässigten. Dagegen duldeten wir in dieser ersten Linie vorläufig Fehler, zum Beispiel krumme Läufe und weicher Rücken, die wir in der anderen Linie konsequent ausmerzten.

Sobald sich die beiden Linien mit einiger Sicherheit als erbrein in bezug auf die erwünschten Eigenschaften erwiesen, begannen wir mit der gegenseitigen Vermischung.

Die erste schwarze Schnauzer-Hündin, die wir anschafften, hatte einmalig gutes Haar und einen sehr schönen, langen Kopf, dagegen einen schlechten Rücken, krumme Vorderläufe und eine unreine Farbe, um nur ihre hervorstechendsten guten und schlechten Eigenschaften zu nennen.

Im ersten Kreuzungswurf fielen nach einem, mir selber nicht näher bekannten Rüden – schwarze Schnauzer waren damals dünn gesät – drei Welpen. Alle drei waren rein schwarz, das Pfeffersalz-Gen der Mutter war offensichtlich bereits ausgefallen. Der junge Rüde und die eine Hündin hatten schöne Köpfe wie die Mutter und ebenfalls deren prächtiges Rauhhaar, der Rüde überdies einen kurzen, strammen Rücken und dunkle Augen, als hervorstehenden Fehler aber die krummen Läufe seiner Mutter; die Hündin hatte zudem helle Augen, ein Zeichen dafür, dass die dunkeläugige Mutter wie der Rüde ein Gen für helle Augen führten. Die dritte Hündin hatte einen zu kurzen Kopf, helle Augen und krumme Läufe, war also für die Weiterzucht wertlos.

Nun paarten wir den Sohn mit der Mutter. Ergebnis: zwei Siegertiere, der dritte Welpe, ein Rüde, kam nur deshalb nie zu Ausstellungserfolgen, weil er ein Ohr schlecht trug und deswegen überhaupt nie ausgestellt wurde. Die schönen Köpfe der Mutter/Grossmutter, ihre dunklen Augen, das gute Haar und die schwarze Farbe waren nun offensichtlich doppelt dominant vorhanden, dagegen zeigten immer noch alle drei eine mehr oder weniger starke Anlage zu weichen Fesseln und leicht gekrümmten Unterarmen, auch mangelte es ihnen etwas an Grösse, nicht aber an Substanz.

Neben dieser ersten Linie, die wir nach ihrer Stamm-Mutter die «Aga»-Linie nennen wollen, zogen wir eine zweite Linie heran, die mischerbig in bezug auf die Farbe, dagegen reinerbig in bezug auf gerade Läufe und dunkle Augen war; auch waren hier kaum jemals zu kleine Nachkommen zu befürchten. Es war dies die Kreuzung des schwarzen Rüden Igo mit der pfeffersalzfarbigen Hündin Lola. Wir wollen diese Linie die «Lola»-Linie nennen (siehe *Abbildung 20*).

Die erste Generation dieser Kreuzung war selbstverständlich erbunrein in bezug auf die Farbe, bestimmt aber reinerbig für gerade Läufe, dunkle Augen und guten Rücken und normal gewinkelte Hinterhand. Gesetzt der Fall, das Merkmal «gerade Läufe» erwies sich gegenüber den krummen Läufen als dominant (Krummläufigkeit darf wohl unter die Subletalfaktoren eingereiht werden, denn es ist eine erbliche Deformation der vorderen Gliedmassen; Letal- und Subletalfaktoren unterliegen aber alle dem rezessiven Erbgang), und dass Schwarz gegenüber Pfeffersalz dominant war, bewies ja bereits der erste Kreuzungswurf; so musste eine Kreuzung der beiden Linien schon recht bald brauchbare Ergebnisse zeitigen.

Eine Vater-Tochter-Paarung der zweiten Linie brachte als einziges, wertvolles Ergebnis einen Rüden mit einem doppeldominanten Gen für Schwarz – was ein grosser Glücksfall war! –, der sich dann in der Folge als überaus wichtiger Vererber erwies. Um weitere Ausweichmöglichkeiten zu schaffen, paarte ich die Stammutter Aga mit dem Stammvater der «Lola»-Linie, Igo, und die Inzuchttochter Trix (unterdessen internationaler Champion geworden) ebenfalls mit dem Rüden Igo, dann die Kreuzungstochter (Igo-Lola) Ulla mit dem Inzuchtrüden Till (Bruder der Trix), ebenso die im ersten Wurf gefallene Bina (schöner Kopf, relativ gute Läufe, aber helle Augen) mit dem Rüden Igo. Dann zogen wir einen Wurf aus der Trix nach dem mischerbigen Rüden Urs aus der ersten Schwarz/Grau-Kreuzung.

Dann setzten wir eine dritte Hündin, die in starkem Masse einer «Aga»-Schwester-Inzuchtlinie entstammte, in unsere Zucht ein. Diese

Hündin – selber kein Star – brachte praktisch mit jedem unserer jungen Rüden gute Nachkommen.

Es erübrigt sich hier, den weiteren Fortgang der Zucht zu schildern, für den Aussenstehenden wird der ganze Aufbau mit jeder neuen Generation unübersichtlicher. Wesentlich war zu zeigen, wie man schon mit zwei verschiedenen Inzuchtlinien getrennt, einzeln erwünschte Merkmale festigen kann, um dann, wenn man einigermassen die Gewissheit hat, dass diese nun reinerbig vorhanden sind, die beiden Linien zu kreuzen und schliesslich aus dieser Kreuzung eine neue Inzuchtlinie aufbaut. So gehen auch heute noch, trotz mannigfacher Durchmischung, als zwei rote Fäden, die «Aga»- und die «Lola»-Linie durch unsere ganze Zucht.

Die Zuchtrecht-Abtretung

Schon der soeben geschilderte Aufbau einer kleinen, aber sehr zielstrebigen Liebhaberzucht zeigt, dass mit einer raschen Generationenfolge gearbeitet werden muss, demzufolge fallen viele Hündinnen schon nach dem zweiten und dritten Wurf wieder aus. Freilich muss stets mit Zufälligkeiten gerechnet werden. So fallen mitunter gerade dann keine Hündinnen in den Würfen, wenn man eine neue Hündin haben sollte, oder ein Zuchttier fällt wegen Unfall oder Krankheit aus, auf das man grosse Hoffnungen gesetzt hat.

Nebst der raschen Generationenfolge muss deshalb stets, gleichsam als mobile Reserve, eine als gut erkannte Verbindung weiterhin gepflegt und in Bereitschaft gehalten werden. Das hiess in unserem Fall: Unter Wahrung eines fortschreitenden, zielgerichteten Vorgehens haben wir stets mit einer oder mit zweien der bewährten Hündinnen weitergezüchtet, damit bei unvorhergesehenen Ausfällen nicht wieder alles ganz vorne begonnen werden musste.

Doch auch so ist der «Hündinnenverschleiss» (wenn man es so sagen darf) recht gross. So stellt sich dem Züchter die dringende Frage, was mit den von der Zucht ausgeschlossenen, aber noch lange nicht alten Hündinnen geschehen soll.

Der kleine Züchter kann es sich aus räumlichen Gründen nicht leisten, neben den Zuchttieren noch ein Altersheim für ausgediente Zuchthündinnen zu führen. Gesunde Hündinnen im Alter von sechs oder sieben Jahren zu töten, weil er ihrer nicht bedarf, das wird ein Züchter, der nicht nur mit dem rechnenden Verstand, sondern auch mit dem Herzen dabei ist, nicht über sich bringen. Er wird auch aus demselben Grunde Mühe haben, Hündinnen in diesem Alter noch weiterzugeben; er hängt an ihnen und weiss zudem nicht, wie leicht oder wie schwer sie diesen Wechsel ertragen würden. Die ideale Lösung aus diesem Dilemma ist ohne Zweifel die Zuchtrecht-Abtretung.

Wir haben von allem Anfang an zu diesem Mittel gegriffen und damit die besten Erfahrungen gemacht.

Wir haben gute Junghündinnen, von denen wir glaubten, sie würden der Zucht nützen, jeweils nur unter der Bedingung abgegeben, dass die Ausübung des Zuchtrechtes weiterhin uns vorbehalten bliebe. Dieses System weist für den kleinen Züchter, vor allem aber auch für die Hündin, eigentlich nur Vorteile auf. Die Hündin kommt in einem Alter von vier bis fünf Monaten an ihren festen Platz. Da wir uns mit unseren Junghunden sehr intensiv abgeben, kennen uns Hündinnen, die in diesem Alter abgegeben werden, ihr Leben lang wieder und begrüssen uns jeweils mit überschwenglicher Freude.

Die Hündin wächst jetzt in einer Familie auf, sie kann sich im steten Kontakt mit den Menschen voll entwickeln, und das Schicksal eines öden Zwingerlebens wird ihr erspart.

Im Alter von zwei bis drei Jahren wird sie erstmals gedeckt und kommt dann einige Tage vor der Geburt der Welpen wieder zu uns. Da sie sowohl uns wie auch ihre alte Heimat sofort wieder erkennt und freudig begrüsst, gibt es für sie kein Neueingewöhnen-Müssen. Nach dem Absäugen, wenn die Bindungen der Mutter zu ihren Sprösslingen sichtbar lockerer werden, die Junghunde ohnehin einer nach dem andern weggehen, kehrt die Hündin wieder zu ihren Eigentümern zurück. Vielleicht wird sie jetzt noch einen Tag lang ihre Kinder suchen, meistens aber bedeutet die Rückkehr in ihre gewohnte Umgebung und zu ihren Leuten für sie eine derartige Umstellung, dass sie keine Zeichen irgendwelcher Unruhe zeigen wird.

Dieser Vorgang wiederholt sich, je nach dem Zuchtwert der Hündin, zwei bis drei Male. Spätestens mit dem dritten Wurf hat die Hündin ihren

Beitrag zum Zuchtaufbau geleistet, und ihre Altersversorgung ist auch gelöst. Sie hat ihren festen Platz im Haus und in den Herzen ihrer Eigentümer und wird bis zu ihrem Ableben gut gehalten und gepflegt. Ältere Hunde lieben Ruhe und meiden Betriebsamkeit; auch aus diesem Grund ist die alternde Hündin im Kreise ihrer Familie glücklicher als im unruhigen Zwingerbetrieb.

Ich weiss, dass viele Züchter von dieser Methode nichts wissen wollen, doch liegt der Fehler bei bisweilen auftretenden Schwierigkeiten nicht am System, sondern an den Menschen. Der Züchter, der seine Junghunde prinzipiell nur an gute Plätze abgibt (natürlich kann man ab und zu trotzdem hereinfallen), hat Differenzen mit den Eigentümern der Hündinnen kaum zu fürchten, und zudem müssen solche Zuchtrecht-Abtretungen vor der Abgabe der Hündin schriftlich niedergelegt werden. Der zweite, rechtlich ebenfalls zulässige Weg, um eine wertvolle Hündin, die man verkauft hat, später trotzdem wieder für die Zucht benützen zu dürfen, führt zum Abschluss einer temporären Zuchtrecht-Abtretung für einen Wurf. Diese Zuchtrecht-Abtretung hat in jedem Fall vor dem Belegen der Hündin schriftlich zu erfolgen, und die Abtretung ist unverzüglich dem Stammbuchsekretariat und eventuell auch dem zuständigen Spezialklub zu melden.

Streitigkeiten entstehen regelmässig nur dann, wenn solche Verträge ungenau abgefasst werden oder wenn sie erst dann abgeschlossen werden, wenn sie wegen Meinungsverschiedenheiten überhaupt nicht abgeschlossen werden können.

Nach dem internationalen Zuchtrecht der FCI gilt als Züchter eines Wurfes diejenige Person, in deren unbestrittenem Eigentum sich die Hündin im Zeitpunkt des Werfens befand.

Diese Änderung gegenüber dem alten Reglement (in ihm galt als Züchter eines Wurfes die Person, in deren Eigentum die Hündin im Zeitpunkt des Belegens stand) drängte sich vor allem im Hinblick auf importierte, trächtige Hündinnen auf.

Ich empfehle mit guten Gründen und mit einiger Erfahrung als ehemals langjähriger Präsident eines Rasseklubs und während zwanzig Jahren verantwortlicher Leiter des Schweizerischen Hundestammbuches, einen solchen Zuchtrecht-Vertrag stets vor dem Belegen der Hündin schriftlich abzuschliessen und ein Doppel des Vertrages unverzüg-

Zuchtrecht-Abtretung

Der/die unterzeichnete Eigentümer/in der Berner Sennen-Hündin ______________________________ SHSB-Nr. _____________ geworfen am ____ überlässt diese deren Züchter/in Herrn/Frau ____________________________ ohne jegliche/ gegen eine einmalige Entschädigung von Fr. ____________________ zum Züchten eines/____________________________* Wurfes/Würfe. Die Nachkommen der Hündin sind Eigentum des Züchters und werden unter dem Zuchtnamen «_______________________________________» ins Schweizerische Hundestammbuch eingetragen.*

Der Züchter verpflichtet sich, während der Trächtigkeit und Säugezeit für den Unterhalt der Hündin aufzukommen, insbesondere geht jede, infolge von Trächtigkeit oder Geburt notwendige tierärztliche Behandlung zu Lasten des Züchters.

Der Züchter verpflichtet sich, die Hündin nach dem Absetzen des Wurfes in einwandfreiem Zustand wieder ihrem Eigentümer zurückzubringen.

_____________________________________, den ________________________

Der/die Eigentümer/in der Hündin: ________________________________

Der/die Züchter/in der Hündin: ___________________________________

(Unterschrift)

Doppel zur Kenntnis an das Schweizerische Hundestammbuch.

(Nichtzutreffendes bitte streichen)*

Zuchtrecht-Abtretung

Der/die unterzeichnete Käufer/in der schwarzen Mittelschnauzer-- Hündin ______________________ SHSB-Nr. ____________ geworfen am ______________________, bestätigt hiermit, die Hündin erstmals im Jahre _________ ihrem/ihrer Züchter/in, Herrn/Frau ______________________ zum Züchten eines Wurfes gratis zur Verfügung zu stellen.

Bewährt sich die Hündin zur Zucht, so hat der/die Züchter/in das Recht, in den folgenden Jahren noch __________ Würfe mit ihr zu züchten.

Die Nachkommen der Hündin sind Eigentum des Züchters und werden unter dem Zuchtnamen «______________________» im Schweizerischen Hundestammbuch eingetragen.

Durch Trächtigkeit oder Geburt verursachte tierärztliche Betreuung der Hündin geht zu Lasten des/der Züchters/in, ebenso verpflichtet er/sie sich, bei einem allfällig durch Trächtigkeit oder Geburt verursachten Tode der Hündin, diese zu ersetzen. Muss der/die Eigentümer/in der Hündin diese aus irgendeinem Grunde weiterverkaufen, so steht dem/der Züchter/in das Vorkaufsrecht zu. Macht er/sie davon nicht Gebrauch, so wird diese Zuchtrecht-Abtretung hinfällig.

______________________, den ______________________

Der/die Eigentümer/in der Hündin: ______________________

Der/die Züchter/in der Hündin: ______________________

(Unterschrift)

Doppel zur Kenntnis an das Schweizerische Hundestammbuch.

lich beim Stammbuchsekretariat zu hinterlegen. Rechte und Pflichten der beiden Vertragspartner wie auch allfällige Entschädigungen sind ganz genau zu umschreiben. Als Beispiele mögen die zwei nachfolgenden Vertragsentwürfe dienen:

Nach der vielen Theorie wollen wir uns nun aber wiederum der Praxis zuwenden und vom Ausgangspunkt jeder Hundezucht ausgehen, und das ist die Zuchthündin.

Die Zuchthündin

Wir wollen in diesem Kapitel keineswegs nochmals von den Anforderungen reden, die an eine Zuchthündin gestellt werden müssen, sondern wir wollen uns nun mit den physiologischen Vorgängen befassen, die vor, während und nach dem Deckakt bei der Hündin ihren gesetzmässigen Ablauf nehmen und über die der Züchter einigermassen Bescheid wissen muss.

Vorerst ein Wort zum *Alter der Zuchthündin*. Darüber können keine allgemeingültigen Regeln aufgestellt werden, auch wenn verschiedene Klubs dies aus einem überspitzten Dirigismus heraus immer wieder versuchen. Grundsätzlich ist festzuhalten, dass die Hündin in bester Kondition (körperlicher Verfassung) sein muss und dass sie völlig erwachsen sein soll. Das Erwachsensein bezieht sich dabei keineswegs lediglich auf Körpergrösse und Gewicht, sondern ebensosehr auch auf die psychische Entwicklung. So wie der Körper sichtbar heranwächst und heranreift, so findet, für uns kaum sichtbar, im Instinktgefüge der Hündin ein Reifungsprozess statt. Für uns sichtbar, wird ihre jugendliche Verhaltensweise allmählich abgebaut und macht den Verhaltensweisen erwachsener Hunde Platz, unsichtbar aber reifen Instinkte mit, deren Vorhandensein wir vorerst nicht bemerken, die jedoch bei Bedarf schlagartig einsetzen müssen und sinnvolles Handeln, zum Beispiel bei der Geburt, bewirken.

Normalerweise sollte diese Instinktreife parallel zur körperlichen Entwicklung laufen. Das ist aber bei Haustieren (und auch beim Menschen) nicht mehr in allen Teilen der Fall, vor allem nicht im Bereich des Fortpflanzungskreises. Eine Hündin einer mittelgrossen Rasse kann bereits mit sechs Monaten in Brunst (Paarungsbereitschaft) geraten und ist dann auch rein körperlich durchaus fähig, Junge auf die Welt zu bringen, ihre Brutpflegeinstinkte (mütterliche Triebe) aber sind in diesem Alter noch keineswegs voll entwickelt. Ganz abgesehen davon, dass eine Trächtigkeit eine derart junge Hündin auch körperlich schädigen kann, wird eine zu junge Hündin «nicht wissen», was sie mit ihren Kindern anfangen soll. Sie läuft von ihnen weg, zeigt möglicherweise sogar Furcht vor ihnen, putzt und pflegt die Kleinen nicht und will sie nicht säugen lassen; kurz gesagt: Ihre körperlich-geschlechtliche Reife ist der seelischen um Monate voraus. Oft spielt dabei auch die allzu enge Bindung an den Menschen mit eine Rolle. Wir dürfen hier ruhig eine Parallele zur Akzeleration (Entwicklungsbeschleunigung) des modernen Menschen ziehen, die Erziehern und Psychiatern heute schwere Probleme aufgibt.

Bis zur vollen körperlichen und seelischen Reife brauchen die verschiedenen Rassen eine unterschiedlich lange Zeit. Man darf da etwa die Regel aufstellen, dass kleine bis mittelgrosse Rassen mit 18 Monaten, grosse und schwere Rassen aber erst mit 22 bis 30 Monaten voll erwachsen sind. Damit ist eigentlich auch der Beginn einer ersten Zuchtverwendung gegeben.

Als Regel soll ebenfalls gelten: Hündinnen grossköpfiger und kurznasiger Zwergrassen (Brüsseler Griffon, King Charles Spaniel, Mops) sollten vor Ablauf ihres zweiten Lebensjahres ihren ersten Wurf haben, weil mit der zunehmenden Stabilisierung des Beckens die Gefahr der Geburtsschwierigkeiten stark zunimmt. Zur Regel sollte man sich auch machen, dass eine Hündin spätestens im Alter von vier bis fünf Jahren erstmals gedeckt werden sollte. Die Elastizität der Bänder und Gelenke im Bereich des Beckens nimmt mit zunehmendem Alter ab, und demzufolge mehren sich die Komplikationen bei der Geburt.

Bis zu welchem Alter eine bewährte Hündin noch zur Zucht verwendet werden soll, entscheidet lediglich ihre Kondition. Es gibt Hündinnen, die schon mit sieben Jahren schlecht säugen, und es gibt solche, die mit zehn Jahren noch ausgezeichnete Mütter sind. Hier muss der gewissenhafte Züchter selber entscheiden.

Wie oft soll eine Hündin gedeckt werden?

In der Regel wird eine Hündin alle sechs Monate hitzig. Es gibt aber viele, namentlich junge Hündinnen, bei denen das Intervall (zeitlicher Abstand zwischen zwei Befruchtungsphasen) nur vier Monate beträgt; bei anderen wiederum dauert dieses acht und mehr Monate. Bei ein und derselben Hündin sind die Intervalle über Jahre hinaus zeitlich gleich, werden dann aber vom siebten bis achten Lebensjahr an häufig zusehends grösser.

Die relativ häufige Fortpflanzungsbereitschaft der Hündin ist eine Folge der Domestikation (Haustierwerdung). Schon bei gefangenen Wildtieren beginnt unter dem Einfluss des gefahrlosen und bequemen Gefangenschaftslebens recht häufig der ganze Fortpflanzungsrhythmus zu zerfallen: Hirsche werden schon Ende August statt erst im Oktober brunftig und setzen dann ihre Kälber viel zu früh, Wildschweine werfen ihre Frischlinge bereits im Januar statt erst im Mai. Beim Haustier ist dieser Zerfall des einst festgefügten Zyklus' noch viel weiter fortgeschritten. Während beim Wildtier die Paarungsbereitschaft des Männchens zeitlich ziemlich genau mit der des Weibchens zusammenfällt, sind beim Haustier die Männchen das ganze Jahr hindurch paarungsbereit. Eine Ausnahme machen nur die Vögel, die sich während der Mauser kaum geschlechtlich betätigen, weil sich ihre Keimdrüsen während dieser Zeit bis zur Funktionsuntüchtigkeit zurückbilden.

Entsprechend der dauernden Paarungsbereitschaft beim Männchen, sind jetzt beim Weibchen die ehedem jahreszeitlich festgesetzten Paarungs- und Wurfzeiten nun über das ganze Jahr hin verstreut.

Die relativ kurzen Ruhepausen der Hündin sind unter dem Gesichtspunkt einer domestikationsbedingen Hypersexualität zu bewerten.

So ist es denn nicht mehr «die Natur», die eine derart rasche Wurffolge will, sondern es ist die eindeutige Folge unnatürlicher Lebensverhältnisse; ja eine eigentliche Zerfallserscheinung.

Der seriöse Züchter, der nicht um des Profites willen Hunde züchtet, wird deshalb seine Hündin nicht bei jeder Hitze decken, sondern den naturgewollten Rhythmus von einem Wurf pro Jahr nach Möglichkeit einhalten. Das schliesst nicht aus, dass einer Hündin, die sich in bester

Kondition befindet, ab und zu ein zweiter Wurf pro Jahr zugemutet werden kann, aber das soll die spärliche Ausnahme und keineswegs die Regel sein.

Es ist dabei nicht nur die Belastung des mütterlichen Organismus während der Säugezeit, sondern vor allem auch während der Trächtigkeit zu beachten. Der gesetzte Wurf kann bis zu einem Viertel des mütterlichen Körpergewichtes beitragen, diese Substanz während neun Wochen aufzubauen, beansprucht den Körper der Hündin sehr stark. Eine zu rasche Wurffolge schwächt zuerst die Hündin und dann unweigerlich die Welpen.

Untersuchungen von G. Kaiser über das Reproduktionsverhalten beim Berner Sennenhund haben überdies mit aller Deutlichkeit gezeigt, dass bei Hündinnen, die in vier aufeinanderfolgenden Hitzen gedeckt worden sind, die Welpenzahl pro Wurf signifikant ab-, die Zahl der totgeborenen Welpen jedoch zunahm.

Die Natur korrigiert die Unvernunft des Züchters!

Die Bestimmung in vielen Zuchtreglementen der Rasseklubs «Ein Wurf pro Kalenderjahr» ist gut gemeint, aber nicht in allen Fällen tauglich. Hündinnen mit langen Intervallen zwischen den Hitzeperioden (neun bis zehn Monate) können so unter Umständen nur alle zwei Jahre einen Wurf aufziehen.

Recht gut bewährt hat sich die Regelung «Drei Würfe in zwei Kalenderjahren». Sie ergibt fast zwangsläufig eine einjährige Ruhepause nach dem dritten Wurf.

Sommer- oder Winterwurf?

Die Läufigkeit der Hündin ist nicht mehr eindeutig jahreszeitlich festgelegt. Immerhin lässt sich feststellen, dass ein Grossteil der Hündinnen zwischen Januar und April und dann wieder zwischen August und Oktober in Hitze kommt. Eine schwache Anlehnung an die Jahreszeiten lässt sich also noch erkennen. Demzufolge hat der Züchter die Wahl zwischen Sommer- und Winterwürfen.

Sommerwürfe gelten als gesünder und frohwüchsiger als Winterwürfe. Ich halte das für ein Märchen! Massgebend für die Entwicklung der

Welpen sind, neben erblichen Veranlagungen, Fütterung und Haltung. Wir ziehen seit Jahren sowohl Winter- wie Sommerwürfe auf und haben nie einen merkbaren Unterschied im Wachstum und in der Vitalität der Junghunde feststellen können. Deshalb entscheiden die persönlichen Verhältnisse und Wünsche des Züchters über diese Frage.

Es gilt einfach, einige wenige, aber wichtige Punkte vorher zu überlegen: Winterwürfe bedingen einen heizbaren, gegen Kälte und Nässe gut isolierten Aufenthaltsraum und einen rasch trocknenden, sonnenseitig gelegenen Auslauf. Hingegen macht das Aufbewahren von Futterfleisch, auch in grösseren Mengen, im Winter keine Schwierigkeiten. Es verdirbt nicht so rasch, und mit den lästigen Fliegen und anderem Ungeziefer muss nicht ein dauernder Kampf geführt werden.

Sommerwürfe können ohne Heizung aufgezogen werden, auch brauchen weniger hohe Anforderungen an das Hundehaus gestellt zu werden. Das Reinigen der Ausläufe erfordert weniger Arbeit und ist im Sommer entschieden angenehmer als bei winterlicher Kälte und Nässe. Zum Aufbewahren des Futterfleisches benötigen wir aber einen guten Kühlschrank, besser noch eine Tiefkühltruhe oder ein gemietetes Kühlfach. Zubereitetes Frischfutter kann, namentlich im Hochsommer, rasch verderben und darüber hinaus ist ein täglicher Kampf gegen Fliegen und sonstige Schmarotzer zu führen. Zudem bedingen Sommerwürfe Verzicht auf Sommerferien.

So haben beide Möglichkeiten ihre Vor- und Nachteile, man soll sich die Sache also reiflich überlegen!

Die Hitze (Brunst, Läufigkeit) der Hündin

Die Zweigeschlechtigkeit der Wirbeltiere bedingt eine genaue Synchronisation der Fortpflanzungsbereitschaft beider Geschlechter. Diese kann auf verschiedene Arten erreicht werden. Einmal kann die «Geschlechtsuhr» bei beiden Geschlechtern auf die genau gleiche Zeit eingestellt sein. Dies trifft beispielsweise bei vielen Vögeln zu, wo Männchen und Weibchen oft nur während einer sehr eng begrenzten Zeit fortpflanzungsfähig sind und ganz unabhängig voneinander und ohne gegenseitige Beeinflussung in Paarungsbereitschaft kommen. Ähnlich liegen die Verhältnisse bei den Hirschen und Rehen. Ausserhalb der relativ kurzen Brunftzeit kümmert sich das männliche Tier nicht um die Weibchen.

Bei andern bestimmt das eine Geschlecht den Rhythmus des andern, das heisst der fortpflanzungsbereite Teil hat durch bestimmte Signale den Partner ebenfalls in Fortpflanzungsstimmung zu bringen. Dieser Sachverhalt trifft wohl auch beim Hund weitgehend zu. Die sogenannte Läufigkeit der Hündin weckt den Paarungstrieb der Rüden und bahnt überdies zwei wichtige Ereignisse an: die Befruchtung und die Trächtigkeit.

Es ist unbedingt notwendig, dass der Züchter über die physiologischen Vorgänge während der Läufigkeit einigermassen im Bilde ist.

Die Eizellen reifen in den beiden Eierstöcken, die in der Nähe der Nieren liegen, in Bläschen (Follikel) heran.

Über den Eiervorrat bei der Hündin haben wir bereits weiter vorne gesprochen.

Ist ein Ei reif, so platzt das Bläschen und das Ei wird frei. Diesen Vorgang bezeichnet man als Follikelsprung oder Ovulation. Das freigewordene Ei gelangt durch einen sinnreichen Mechanismus, der beim Hund absolut sicher wirkt, in den Eileiter, durch den es allmählich in die Gebärmutter absteigt. Während der eigentlichen Befruchtungsphase befinden sich mehrere reife Eier auf ihrem Weg zur Gebärmutter in den beiden Eileitern. Nur jetzt, das heisst während ihres Durchganges durch die Eileiter, können sie befruchtet werden. Ist dies nicht der Fall, so sterben sie ab. Die Lebensdauer eines reifen Eies wird von verschiedenen Autoren recht verschieden angegeben. Ihre Angaben schwanken zwischen zwei und 48 Stunden. Nach neuesten Untersuchungen glaubt man, sogar nur eine Lebensdauer von höchstens sechs Stunden annehmen zu dürfen. Ob nur zwei oder im Maximum 48 Stunden, das ist für den Praktiker nicht so wesentlich, für ihn ist wichtig zu wissen, dass einerseits die Lebensdauer eines reifen Eies beschränkt ist und dass sich andererseits der Ovulationsprozess über mehrere Tage hinstrekken kann. Die zu Beginn ausgestossenen Eier können demzufolge längstens zugrundegegangen oder befruchtet worden sein, wenn die letzten in den Eileiter und somit zur Befruchtung gelangen. Wir werden später nochmals auf die praktische Bedeutung dieser Tatsache zurückkommen müssen. Die Begattungsbereitschaft der Hündin sollte mit der Ovulation beginnen und so lange anhalten, als sich befruchtungsfähige Eier in den Eileitern befinden. Darauf kann man sich freilich nicht unbedingt verlassen, indem sich auch hier bei vielen Hündinnen ein arger Instinktzerfall bemerkbar macht. Wir werden auch hier nochmals darauf zurückkommen. Im Moment, da die ersten befruchteten Eier die Gebärmutter erreichen, muss deren Schleimhaut zur Aufnahme der Eier vorbereitet sein. Das Bindegewebe verdickt sich, die Blutgefässe füllen sich und die Drüsen entwickeln eine erhöhte Tätigkeit. Mangelhafter Aufbau der Gebärmutterschleimhaut kann zum Absterben befruchteter Eier oder zur späteren Resorption schon entwickelter Eier führen.

Der blutig-schleimige Ausfluss aus der Gebärmutter, zuerst während etwa einer Woche dunkelrot, dann hellrot-schleimig und gegen das Ende der Hitzeperiode hin häufig wieder sehr dunkel, fast schwärzlich, stellt, verbunden mit einer starken Anschwellung der äusseren Geschlechtsteile und einem spezifischen Brunstgeruch, das bereits erwähnte Signal an die Rüden dar, welches diese nun ihrerseits in Paarungsbereitschaft versetzen wird.

Es ist falsch zu glauben, nur der Ausfluss der Hündin trage den Brunstgeruch, bestimmt ändert sich der ganze Körpergeruch der Hündin während dieser Zeit.

Es ist deshalb zwecklos, zur Abhaltung zudringlicher Rüden die Hündin an den Hinterschenkeln mit Duftmitteln zu bestreichen und dabei die Fussohlen ausser acht zu lassen, mit denen die Hündin ihre Brunstspur ebenso deutlich legt wie mit einigen Bluttropfen.

Der sichtbaren Brunst geht eine Vorbrunst voraus, die häufig übersehen, von den Rüden aber bereits am veränderten Körpergeruch der Hündin registriert werden kann. Bei der Hündin selber äussert sie sich etwa darin, dass sie viel häufiger und nur in kleinen Mengen Harn absetzt, wobei sie oft versucht, ein Hinterbein zu heben und nachher nach Art der Rüden mit den Hinterbeinen über die Harnstelle scharrt und so eine sehr breite Duftmarke setzt.

Durch die Brunstsignale der Hündin kommt nun auch der Rüde in Brunststimmung. Er wird unruhig und sein Körpergeruch ändert sich, selbst für menschliche Nasen wahrnehmbar, ganz deutlich. Der nun aktivierte Paarungstrieb kann zeitweilig alle anderen Triebe völlig verdrängen, der Rüde «vergisst» Hunger, Schlaf und Anhänglichkeit; er ist nicht mehr wachsam und wird unempfindlich gegen Kälte, Nässe und Hitze, das heisst sein ganzes Wesen wird vorübergehend vollkommen verändert. Aus diesem Grund rate ich dem kleinen Züchter vom Halten eines eigenen Deckrüden neben den Hündinnen ab.

Doch wenden wir uns wieder der Hündin zu. Nach dem Eisprung verwandelt sich das leere Eibläschen in eine Hormondrüse, den sogenannten Gelbkörper. Dieses Gelbkörperhormon bereitet die Gebärmutterschleimhaut vor Aufnahme allfällig befruchteter Eier vor und steuert in der Folge die Vorgänge der Trächtigkeit.

Erfolgt keine Befruchtung, so bildet sich der Gelbkörper wieder zurück und es tritt eine rund 19 bis 20 Wochen dauernde Ruhepause ein, bis dann nach Ablauf dieser Zeit wieder neue Follikel heranreifen.

Das sind, kurz und einfach geschildert, die Vorgänge, die sich während der Läufigkeit der Hündin abspielen. Für den Züchter stellen sich einige praktische Probleme. Das wichtigste ist die Frage nach dem günstigsten Zeitpunkt der Paarung.

Der richtige Zeitpunkt

Etwa am fünften Tage der 15 bis 18 Tage dauernden Reifezeit der Eier setzt die Läufigkeitsblutung ein. Das in den Follikeln gebildete Follikelhormon regt den Aufbau der Gebärmutterschleimhaut an, löst das Brunstverhalten aus und sensibilisiert die Gebärmuttermuskulatur. Wir können also annehmen, dass etwa 10 bis 15 Tage nach Eintritt der Blutung die ersten Eier in die Eileiter gelangen. Vorher ist eine Befruchtung unmöglich. Viele Hündinnen zeigen den Eintritt der Follikelsprungphase durch eine deutliche Verhaltensänderung an. Sie werden unruhig, pfeifen, sobald sie einen Rüden sehen oder riechen, reiten auf anderen Hündinnen herum und zeigen gegenüber diesen oder gegenüber vertrauten Menschen den Begattungsduldungsreflex. Sie ziehen dabei den Rüden leicht hoch, biegen den Schwanz zur Seite und schwenken den Hinterteil unter trippelnden Bewegungen hin und her. Viele Hündinnen verlieren ihren Appetit, werden ungehorsam oder sind reizbar. Oft zeigen sie in dieser Zeit ganz ausgefallene Verhaltensweisen. So begann eine unserer Hündinnen während dieser zwei bis drei Tage beim Ertönen der Mittagsglocke der Kirche laut zu heulen. Das tat sie sonst das ganze Jahr hindurch nie und ihr Heulen war deshalb für uns das sicherste Zeichen, dass sie jetzt deckreif war.

Leider gibt es aber, ich habe weiter vorne darauf hingewiesen, viele sexuell passive Hündinnen. Sie zeigen mit keiner Verhaltensänderung ihre Deckbereitschaft an, selbst nicht einmal gegenüber Rüden.

Andere Hündinnen dagegen sind vom ersten bis zum letzten Tag ihrer Hitze bereit, sich von jedem x-beliebigen Rüden decken zu lassen. Beide, die vollkommen frigide wie die überreizte Hündin (sie können daneben in ihrer Wesensverfassung durchaus normal sein), sind Beweise für den Instinktzerfall im Bereiche des Fortpflanzungskreises. Hier muss eben der Züchter den richtigen Zeitpunkt bestimmen. Eine allgemeingültige Regel gibt es leider nicht.

Oft übersieht auch der erfahrene Züchter den Beginn der Hitze, weil die Hündin jede Spur sofort wegleckt.

Namentlich bei Zwerghunden muss vermehrtes Lecken der Geschlechtsteile als Beginn der Hitze vermerkt werden. In den meisten Zuchtanleitungen liest man, der 11. bis 13. Tag der Läufigkeit sei der richtige Zeitpunkt, um die Hündin dem Rüden zuzuführen. Ich warne vor solchen Rezepten.

Wir haben unsere Hündin Ines am 13. und 15. Tag decken lassen, ohne Erfolg! Bei der nächsten Hitze wurde sie, weil wir dachten, wir seien zu voreilig gewesen, am 15., 16. und 17. Tag gedeckt: wiederum ohne Erfolg! Allemal nahm die Hündin den Rüden sofort an. Bei der dritten Hitze deckten wir am 9. Tag. Ergebnis sechs Welpen! Die Hündin Lola benahm sich am 8. Tag ihrer Hitze derart mannstoll, dass ich sie, nur um Ruhe zu haben, zum Rüden liess. Sie wurde sofort gedeckt und warf sechs Welpen. Die Aga liess sich nie vor dem 17. Tag, einmal sogar erst am 21. Tag mit Erfolg decken. Die Pia blieb, am 12. Tag gedeckt, leer; am 18. Tag gedeckt, warf sie jedoch fünf Welpen. Pia II hatte von ihrem sechsten Lebensjahr an stark verlängerte Hitzeperioden. So wurde sie im Alter von sechs Jahren am 26. Tag und mit sieben Jahren sogar am 35. Tag nach Eintritt der Hitze mit Erfolg gedeckt. Sie warf das eine Mal drei, das andere Mal fünf Welpen. Derartige Verzögerungen der Ovulation sind freilich seltene Ausnahmen, aber man muss dennoch mit ihnen rechnen. Die Griffon-Hündin Evi liess sich während ihrer ganzen Läufigkeit an jedem beliebigen Tag decken; den richtigen Zeitpunkt zu treffen, war bei ihr äusserst schwer, sie blieb denn auch mehrmals leer.

Ich glaube damit deutlich gezeigt zu haben, wie wenig man sich auf solche anscheinend exakte Angaben stützen darf. Nur die genaue Beobachtung der Hündin hilft! Solange diese dunkelrot blutet, ist ein Deckakt erfolglos, auch wenn sie den Rüden annimmt; der richtige Zeitpunkt ist dann gegeben, wenn die äusseren Geschlechtsteile der Hündin bereits wieder etwas abschwellen und der Ausfluss hellrötlich wird.

Oft wird geraten, den richtigen Decktermin durch einen «Testrüden» feststellen zu lassen. Ich rate von solchen Experimenten eher ab, es sei denn, Rüde und Hündin seien von derart unterschiedlicher Grösse, dass eine Kopulation praktisch unmöglich ist. Bei annähernd gleich grossem Partner wird die Sache kritisch.

Unser alter Igo hätte jedenfalls einen solchen «Test» allzu ernst genommen, und niemand hätte ihn davon abhalten können, weil er, auch in friedlichen Tagen leicht reizbar, in einem solchen Fall von seinen Zähnen rücksichtslos Gebrauch gemacht hätte.

Heute lassen Züchter auch öfters den Decktermin mittels eines Scheidenabstrichs feststellen. Die Scheidenschleimhat setzt sich aus verschiedenen Zellagen zusammen, die sich während der Läufigkeit der Hündin unter dem Einfluss der Hormone ändern.

Die Schleimhautzellen sind zyklusabhängig färbbar (basophil und acidophil). Ihre Auszählung unter dem Mikroskop gibt dem Tierarzt dann Anhaltspunkte über den richtigen Decktermin. Es kann hier nicht der Ort sein, Prozentzahlen über die im Abstrich feststellbaren Zellarten zu geben, ich kann nur sagen, dass viele Züchter, die sich darauf verlassen haben, den richtigen Decktermin dennoch verpasst haben.

Ich halte mich deshalb seit Jahren an die eigene Beobachtung und habe mich in den letzten dreissig Jahren selten oder nie getäuscht.

Wird der Ausfluss hellrötlich, dann heisst es handeln. Möglicherweise nimmt die Hündin auch jetzt den Rüden nicht an, das will aber noch lange nicht heissen, dass sie trotzdem nicht deckreif ist. Wir werden bei der Besprechung der Deckschwierigkeiten darauf zurückkommen.

Nachdem wir wissen, dass die Lebensdauer der Eizellen und der

Samenzellen auf wenige Stunden begrenzt ist, wird uns klar, dass das Treffen des richtigen Zeitpunktes für die Wurfgrösse sehr wichtig ist. Am günstigsten, aber zeitlich wohl nur zufällig zu treffen, ist es, den Deckakt zeitlich unmittelbar vor den Follikelsprung anzusetzen. Die, die Eileiter aufsteigenden Samenzellen, werden dann auf die zur Gebärmutter absteigenden Eizellen treffen und diese befruchten. Wir erhalten so die grösste Welpenzahl.

Geschwister mit verschiedenen Vätern

Da sich die Ovulation der Hündin über mehrere Tage hinziehen kann, andererseits die männlichen Samenzellen vermutlich höchstens 24 Stunden befruchtungsfähig bleiben, leuchtet es ein, dass eine Hündin im gleichen Wurf Kinder nach verschiedenen Vätern haben kann. Würden wir sie in dieser Zeit nämlich wirklich laufen lassen, das Wort Läufigkeit deutet ja auf den gesteigerten Lauftrieb der Hündin während ihrer Paarungszeit hin, so liesse sie sich während Tagen durch mehrere Rüden wahllos decken. Bei grossen Intervallen zwischen den einzelnen Follikelsprüngen wäre es dann durchaus möglich, dass jeder Welpe im kommenden Wurf einen anderen Vater hat. Diese Tatsache hat wohl Anlass zu der falschen Meinung von der Telegonie (siehe *S. 47*) gegeben.

Eine Hündin ist deshalb vor und nach dem Decken durch den von uns gewählten Rüden unbedingt unter strengster Kontrolle zu halten.

Andererseits aber erhöht ein zwei- oder gar mehrmaliges Decken der Hündin – in Abständen von 24 bis 36 Stunden – in der Regel die Anzahl der Welpen pro Wurf.

Dass dies durch den gleichen Rüden zu geschehen hat, möchte ich, obschon eigentlich selbstverständlich, noch ausdrücklich gesagt haben.

Namentlich wenn der Deckrüde weit weg ist, die Reise zu ihm kostspielig und zeitraubend, sollten wir nicht unterlassen, die Hündin zweimal decken zu lassen, um so das Risiko des Leerbleibens der Hündin zu verringern.

Während meiner Amtszeit als Stammbuchführer hatte ich mich mehrmals mit «Vaterschaftsklagen» zu befassen. Manchmal war der Entscheid leicht, zum Beispiel dann, als eine Züchterin von zwei Blenheim Cavalier Spaniels Tricolor-Welpen meldete; manchmal war es sehr schwierig. Da hatte ein Gordon Setter-Züchter einen Wurf Junghunde verkauft, die zwar schön schwarz-rot, aber etwas kurzhaarig waren. Die Fransen an den Ohren und am Schwanz würden schon noch kommen, vertröstete der Züchter die Käufer; doch sie kamen nicht. Die Hunde waren auch im Alter von anderthalb Jahren noch kurzhaarig. Ihr Vater war eben nicht der Gordon Setter, mit dem die Hündin gedeckt worden war, sondern Nachbars Dobermann.

Den Vogel abgeschossen hat freilich jener Zuchtwart, der allen Ernstes behauptete, die drei ohne jeden Zweifel reinrassigen Welpen eines Wurfes, in dem noch drei Bastarde lagen (weil die Hündin zwei Tage nach dem Decken für einige Stunden entwichen war), wären während der Trächtigkeit durch die nicht reinrassigen Geschwister in ihrem Erbgut beeinflusst worden und könnten später selber Bastarde werfen! Die moderne Molekulargenetik macht es nun möglich, anhand sogenannter DNS-Fingerprints eine Vaterschaft mit fast hundertprozentiger Sicherheit festzustellen.

Solche Untersuchungen sind aber recht aufwendig und entsprechend kostspielig, und man muss sich deshalb fragen, ob in einem solchen Fall Aufwand und Ergebnis noch in einem verantwortbaren Verhältnis zueinander stehen.

Deckschwierigkeiten

Wer mit seiner Hündin zum Rüden fährt, dem rate ich, für selbigen Tag keine weiteren Verabredungen mehr zu treffen. Es ist nämlich durchaus nicht so, dass sich die Sache in einer knappen halben Stunde erledigen lässt. Im Gegenteil, oft heisst es warten und nochmals warten; übrigens eine sehr schöne Gelegenheit, um sich in Geduld zu üben.

Der Schwierigkeiten sind viele, und wir können hier kaum alle eingehend erörtern. Immerhin sollen doch die häufigsten und am leichtesten vermeidbaren erwähnt werden:

Wohl am meisten klappt die Sache dann nicht, wenn die Hündin noch gar nicht deckreif ist. Namentlich der Anfänger neigt in seiner Ungeduld und in der Furcht, den richtigen Zeitpunkt zu verpassen, gerne dazu, seine Hündin dem Rüden zu früh zuzuführen. Er kann damit unter Umständen das ganze Unternehmen komplett vereiteln. Die Hündin wird sich, je nach Temperament, wütend gegen die Annäherungsversuche des Rüden zur Wehr setzen. Alte Routiniers beeindruckt das wenig, aber junge und noch unerfahrene Rüden lassen sich dadurch derart einschüchtern, dass sie sich auch in den nächsten Tagen nicht mehr an die Hündin heranwagen und ihr aus dem Wege gehen. Darum sollte man unbedingt zuwarten, bis alle Zeichen deutlich für die Deckreife der Hündin sprechen. Im Zweifelsfall macht man vielleicht die biologische Probe, indem man die Hündin kurz einem Rüden, möglichst einem viel kleineren oder auch viel grösseren, gegenüberstellt und ihr Verhalten gut beobachtet! Zeigt sie sofort den bereits erwähnten Begattungsduldungsreflex, dann ist die Zeit gekommen. Es heisst bei dieser Probe aber sehr aufpassen. Routiniers unter den Rüden nehmen die Gelegenheit oft blitzschnell wahr und schon ist das Unglück geschehen! Die Tiere dann auseinanderreissen zu wollen, ist Unsinn, ja geradezu im höchsten Grade gefährlich. Auch das oft praktizierte Begiessen mit kaltem Wasser nützt dann nichts.

Im Gegensatz zum Neuling neigt der alte Züchter oft zu Sorglosigkeit. Die Tatsache, dass Hündinnen über mehrere Tage «stehen» und selbst bei Deckungen ganz am Ende der Läufigkeit noch gute Würfe bringen, verleitet ihn dazu, die Reise zum Deckrüden auf den Zeitpunkt hinauszuschieben, der *ihm* am besten passt. Das kann soundsooft ohne nachteilige Folgen sein, bleibt eine Hündin dann aber leer, so wird dem Deckrüden die Schuld gegeben. Der Mann vergisst aber, dass es Hündinnen gibt, die sich innerhalb der dreiwöchigen Läufigkeit nur während weniger Stunden mit Erfolg decken lassen.

Es ist auch darauf zu achten, dass sich die Hündin richtig entleeren kann, bevor man sie dem Rüden zuführt. Ist dieses Geschäft erledigt, so klappt die Sache oft recht bald! Das gleiche gilt auch für den Rüden. Man sollte deshalb, wo immer sich die Möglichkeit dazu bietet, die Paarung irgendwo im Freien – freilich ohne grosses Publikum – vornehmen. Gut erzogene Hündinnen vergessen ihre «Zimmerreinheit» eben auch jetzt nicht, und das Nichtlösenkönnen kann die Ursache sein, dass es dann nicht zur Paarung kommt.

Viele Hündinnen wollen umworben sein. Bei den Wölfen gehen dem Deckakt tagelange Paarungsvorspiele voraus. Eingedenk dieser Tatsache sollte man sich bewusst sein, dass eine Hündin nicht eine Kuh oder ein Kaninchen ist, die man einfach vor den Stier oder den Rammler hinstellen kann.

Man sollte deshalb Rüde und Hündin miteinander spielen lassen. Wir haben es häufig erlebt, dass eine Hündin, die sich jeweils dem Rüden gegenüber heftig sträubte, nach einer Stunde intensiven gemeinsamen Spielens plötzlich willfähig wurde. Diese Paarungsspiele können aber mitunter auch mehrere Stunden dauern.

Merkwürdigerweise fassen viele Deckrüdenbesitzer es als eine Art persönliche Schande auf, wenn der Rüde anscheinend nicht begreifen will, was von ihm verlangt wird. Sie reden dann auf den Rüden ein, lenken ihn damit von der Hündin ab und verhindern so die Paarung. Ebensosehr verliert der Besitzer der Hündin oft die Geduld und versucht, die Paarung zu erzwingen. Durch solches Gehabe vergrämt er den Rüden nur und muss meistens unverrichteter Dinge wieder abziehen. Ich bin überzeugt, dass der Grund vieler Paarungsschwierigkeiten nicht bei den Hunden, sondern bei den anwesenden Besitzern zu suchen ist.

Der Rüdenbesitzer sollte auch darauf achten, dass der Rüde nicht unmittelbar vor dem Decken noch eine Mahlzeit erhält. Es kommt vor, dass Rüden dann infolge der Auf- und Erregung sich erbrechen müssen. Manchmal deckt ein Rüde nach dem Erbrechen sofort, manchmal aber ist's mit seiner Decklust für Stunden aus.

Wir vergessen oft leicht, dass wir es bei Hunden mit sehr sensiblen Wesen zu tun haben, die sich durchaus nicht immer unserem Willen fügen, sondern ihren eigenen Kopf und ihren eigenen Willen haben.

So haben wir einmal einen guten halben Tag versäumt, um unsere alte Aga durch einen uns sehr gut passenden Rüden decken zu lassen. Es ging einfach nicht, obschon der Rüde alle Anstrengungen unternahm und die Hündin ganz offensichtlich deckreif war. Sobald der Rüde aufreiten wollte, schnappte die Hündin nach ihm und floh. In der Annahme, wir seien eben doch zu früh mit ihr zum Rüden gegangen, kehrten wir nach Hause zurück. Kaum waren wir zu Hause, liess sie sich sofort von unserem Rüden, mit dem sie eben dauernd zusammenlebte, decken.

Den von uns gewählten Rüden lehnte sie ganz offensichtlich aus Antipathie ab. Solche Sympathien und Antipathien und oft noch andere Hemmungen, deren Art wir nicht kennen, spielen mitunter eine grössere Rolle als wir ahnen.

Bekannte von mir hatten zwei Riesenschnauzer, Mutter und Sohn. War Mädi, die Mutter, läufig, so durfte man sie ruhig frei laufen lassen. Der mächtige und ungemein starke Rüde Kobi begleitete sie auf Schritt und Tritt und liess keinen fremden Rüden an sie herankommen. Er selber aber deckte seine Mutter durch all die Jahre hindurch nie. Dabei war er ein richtiger Hunde-Don-Juan. War irgendwo eine fremde Hündin hitzig, so scheute er kein Hindernis, um zu ihr zu gelangen, und Riesenschnauzer-Bastarde gab es dazumal in unserem Dorf etliche.

Derartige psychische Hemmungen sind unbedingt in Rechnung zu stellen. Darunter haben wir auch die bei Hündinnen erwähnte, mangelnde sexuelle Reife zu zählen. Es gibt aber auch viele Rüden, die mit anderthalb Jahren wohl körperlich völlig erwachsen, deren Paarungsinstinkte aber in diesem Alter noch nicht völlig ausgereift sind. Solche Rüden spielen mit der Hündin, machen etwa auch auf Distanz einige spielerische Begattungsversuche, aber zu einer richtigen Paarung kommt es nicht. Ein halbes Jahr später benehmen sich solche Rüden oft wie alte erfahrene Deckrüden: Der Reifungsprozess im Sexualbereich ist dann abgeschlossen.

Es gibt unter den Rassehunden viele mit sehr schlecht entwickelten Sexualinstinkten. Ich habe schon die Hündin erwähnt, die, obschon alle Zeichen darauf hinweisen, dass sie deckreif ist, einfach nicht «stehen» will. Hat man einen feurigen Deckrüden, so kann eine solche Hündin festgehalten werden und der Rüde wird sie decken. Sie wirft in der Regel trotz der erzwungenen Deckung einen zahlenmässig normalen Wurf. Ich weiss, es gibt viele Züchter und Tierärzte, die davon abraten, mit einer solchen Hündin oder einem sexuell passiven Rüden zu züchten, weil sich diese Passivität vererbt. Das ist ohne Zweifel so. Es ist aber eine Frage, ob eine solche sexuelle Passivität tatsächlich ein schwerwiegender Mangel ist. Ich behaupte nein. Die wenigsten Rüden, die ein Züchter aufzieht und später verkauft, werden überhaupt je einmal als Deckrüden eingesetzt. Als Haushund, als Begleiter und als Kamerad ist mir aber ein sexuell eher passiver Rüde hundertmal lieber als ein unverbesserlicher, feuriger Don Juan, der jeder Hündin nachläuft. Zudem sind es in der Regel die sexuell sehr aktiven Rüden, die ständig soziale Auseinandersetzungen mit ihresgleichen suchen und dann mit der Zeit die unerwünschten Rempler und Raufer abgeben. Der sexuell passive Rüde ist in der Regel auch gegenüber anderen Rüden sehr verträglich.

Es ist auch behauptet worden und wird immer wieder behauptet, dass sexuell passive Hündinnen schlechte Mütter seien. Diese Annahme erweist sich in der Praxis als völlig unzutreffend. Ich habe mehrmals mit Hündinnen, die beim Decken Schwierigkeiten machten, gezüchtet, sie waren allesamt gute Mütter. Sexual- und Mutterinstinkt gehören zwei verschiedenen Funktionskreisen an, und das Fehlen des einen bedingt noch lange nicht das Fehlen des andern.

Sind aber Hündin und Rüde sexuell passiv, so ist eine Paarung vielfach aussichtslos. Hier könnte nur die künstliche Besamung helfen, der man aber bei uns noch sehr skeptisch gegenübersteht (siehe *S. 146*).

Es ist ein Trugschluss, der sexuell passive Rüde sei impotent. Er kann, gerät er an eine sexuell sehr aktive Hündin, sehr wohl Nachkommen zeugen.

Wir hatten einen solchen Rüden einst aus Belgien importiert; er deckte während seines Lebens nur zwei Hündinnen, wohl nicht zufällig Wurfschwestern, bei allen anderen Hündinnen versagte er. Beide von ihm gedeckten Hündinnen brachten aber Würfe.

Neben diesen, aus psychischen Bereichen entspringenden Paarungsschwierigkeiten, gibt es natürlich auch körperliche Gebrechen, die eine Paarung verunmöglichen. Zu erwähnen ist etwa Scheidenvorfall bei der Hündin oder Verkrümmung oder Bruch des Penisknochens beim Rüden. Auch Bandscheibenschäden in der Wirbelsäule können dem Rüden beim Aufsteigen Schmerzen bereiten und eine Paarung vereiteln. Weil hier nicht der Züchter, sondern nur der Tierarzt korrigierend einwirken kann, brauchen wir nicht weiter darauf einzutreten.

Abbildung 23

Das sogenannte «Hängen» kann bis zu 50 Minuten dauern. Bisweilen wird eine Hündin ungeduldig und möchte sich losreissen. Es ist deshalb gut, wenn Rüde und Hündin festgehalten werden, bis sich der Rüde von selber löst.
Auch ohne «Hängenbleiben» ist eine erfolgreiche Paarung möglich.Foto: E.-M. Krämer

Der normale Deckakt

Nach mehr oder weniger langem Paarungsvorspiel, wobei ausgiebiges Beschnuppern der Halsseiten und der Ohren typisch ist, wird der Rüde aufreiten. Es empfiehlt sich, jetzt zum Handeln bereit zu sein! Die meisten Hündinnen stehen solange ruhig, bis die Schwellkissen in der Scheide der Hündin und der Schwellkörper am Penis des Rüden anschwellen. Jetzt wollen sie sich losreissen, oft beissen die Hündinnen auch nach dem Rüden. Der Hündinnenbesitzer muss dies unbedingt verhindern, indem er die Hündin am Halsband festhält und beruhigend auf sie einspricht, solange der Rüde hängt (*Abbildung 23*). Das kann 5 bis 50 Minuten dauern. Während dieser Zeit erfolgt die Samenabgabe des Rüden in drei Phasen. Zuerst wird ein klares wässeriges Sekret abgegeben, dann folgt das erste Ejakulat, ihm folgen weitere Ejakulate, bei denen nach neuesten Angaben etwa 7 bis 15 cm^3 Flüssigkeit in die Gebärmutter der Hündin gelangen, wobei pro 1 mm^3 mit 100 000 Spermien gerechnet werden kann. Die eigentliche Samenflüssigkeit ist stark verdünnt mit Sekreten aus der Vorsteherdrüse. Die Natur ist ungemein verschwenderisch. Man nimmt an, dass der Rüde 1 bis 1,5 Milliarden Samenzellen abgibt, von denen etwa sechs bis zwölf zur Verschmelzung mit einer Eizelle kommen.

Hat sich der Rüde von der Hündin gelöst, so tut man gut daran, die Hündin noch etwas festzuhalten und zu beruhigen. Viele Hündinnen sausen jetzt nämlich laut bellend herum und mehr als eine hat mir dabei ein Loch in die Hosen oder in den Ärmel gerissen.

Und wenn der Rüde nicht hängen bleibt?

Zum vollständigen Deckakt gehört das Hängenbleiben des Rüden während mindestens fünf Minuten. Es heisst aber nicht, dass beim Wegfall dieser Phase der Deckakt erfolglos geblieben sei. Der Rüde Till blieb nie hängen, eine Deckung dauerte bei ihm jeweils höchstens zwei bis drei Minuten, aber die von ihm gedeckten Hündinnen waren immer trächtig.

Es ist offensichtlich so, dass die zweite Phase, nämlich die Abgabe von etwa 1 cm^3 dichter Samenflüssigkeit vor der Bildung des Knotens erfolgt und weil dabei eine grosse Zahl, das heisst bereits Hunderttausende, Samenzellen in die Gebärmutter gelangen, wird dies meistens zur Befruchtung genügen. Der biologische Sinn des Hängenbleibens liegt wohl darin, dass die relativ grosse Menge der nachfolgenden wässerigen Sekrete sich dem ersten Ejakulat beimengen und den Transport der Samenzellen durch die Gebärmutterhörner hinauf sehr stark beschleunigen, und zudem wird das Auspressen des Spermas nach dem Deckakt verhindert. Es ist eine Sicherung, welche die Wahrscheinlichkeit einer Befruchtung stark erhöht, nicht aber eine unbedingte Notwendigkeit.

Trotz normalem Deckakt bleibt die Hündin leer

Genaue Untersuchungen über die Fruchtbarkeit des Hundes fehlen bis heute. Dagegen weiss man in der Rinder-, Pferde- und Schweinezucht diesbezüglich ziemlich genau Bescheid, weil hier grosse wirtschaftliche Interessen mitspielen.

In der Rinderzucht liegt die Fruchtbarkeit zwischen 60 und 90 Prozent, je nach der tierärztlichen Überwachung und Betreuung der Zuchtbestände. In der Schweinezucht rechnet man mit 80 bis 90 Prozent erfolgreichen Paarungen und bei den Pferden bringen 50 bis 60 Prozent der gedeckten Stuten ein Fohlen zur Welt.

Es ist anzunehmen, dass wir auch bei den Hunden mit ähnlichen Prozentsätzen werden rechnen müssen.

Immerhin ist das Leerbleiben einer Hündin besonders für den kleinen Züchter, der nur mit einer Hündin züchtet, meistens eine arge Enttäuschung, und es sollen deshalb hier einige Gründe für das Leerbleiben der Hündin besprochen werden.

Suchen wir zuerst bei der Hündin nach den Gründen: Die häufigste Ursache für das Leerbleiben liegt sicher im Verpassen des richtigen Zeitpunktes der Paarung (siehe *S. 126*). Ein weiterer Grund besteht in der falschen Ernährung der Hündin. Nach Angaben der Tierärzte sind rund 60 Prozent der Hunde falsch ernährt und zu fett. Der Züchter macht sich hier falsche Vorstellungen, indem er meint, Eierstöcke, Eileiter und Gebärmutter der Hündin seien dermassen verfettet, dass die Eier nicht in den Eileiter und die Samenzellen nicht durch den Eileiter hinaufgelangen können. Die Sektion solchermassen verfetteter Hündinnen zeigt aber, dass die Fortpflanzungsorgane meistens fettfrei sind. Der Grund liegt in einer Störung der Schilddrüse, die bei Überfettung nicht richtig funktioniert. Die Verfettung ist demnach nicht Ursache der Sterilität, sondern, wie diese selber, ein Zeichen des gestörten Hormonhaushaltes. Das Schilddrüsenhormon kontrolliert den gesamten Stoffwechsel des Körpers. Ist die Funktion der Schilddrüsen gestört, so laufen alle Stoffwechselvorgänge verlangsamt ab, unter anderem auch die Reifungsprozesse in den Keimdrüsen der Hündin und des Rüden.

Sehr häufig sind auch Gebärmutterentzündungen und Vereiterungen Ursache der Unfruchtbarkeit. Sie treten häufig im Anschluss an Hormonbehandlungen zur Unterdrückung einer ungewollten Trächtigkeit (bei Fehldeckungen) auf. Oft sind lange Zeit keine äusseren Zeichen sichtbar, manchmal macht eitrig weisslicher Ausfluss den Züchter auf das Vorliegen einer solchen Gebärmuttererkrankung aufmerksam. Ihre Behandlung ist unbedingt Sache des Tierarztes.

Es kommt auch vor, dass befruchtete Eier sich in der Gebärmutterschleimhaut nicht ansetzen können und absterben. Bei Fleischfressern, also auch beim Hund, rechnet man mit einem Absterben von bis zu zwölf Prozent der befruchteten Eier im Uterus.

Wir haben es auch schon mehrmals erlebt, dass Hündinnen anfänglich alle Zeichen einer Trächtigkeit aufwiesen, sogar an Leibesumfang von der vierten Woche an leicht zunahmen, und dann in der Mitte der Trächtigkeit, so zwischen der vierten und fünften Woche, alle Trächtigkeitszeichen wiederum verschwanden. Man nimmt zwar an, es würden auch normalerweise mehr Eier befruchtet als dann Welpen zur Welt kommen. Das frühe Absterben der Föten wird für den Züchter erst dann von praktischer Bedeutung, wenn die Zahl der geworfenen Welpen regelmässig weit unter dem Durchschnitt liegt oder wenn überhaupt sämliche Föten in der Mitte der Trächtigkeit absterben und resorbiert werden. Über die Gründe dieses Absterbens weiss man zur Zeit noch sehr wenig.

Ein Grund liegt, nach Laarmann, darin, dass die Ablösung der Funktionen des Gelbkörperhormons durch ein in der Plazenta (Mutterkuchen) gebildetes Hormon nicht zur richtigen Zeit erfolgt, wodurch es zu Muskelkontraktionen in der Gebärmutter, verbunden mit Ablösung der Föten, kommt.

Auf Rat des verstorbenen, bekannten Dackelzüchters Dr. med. Hans Pfosi geben wir Hündinnen, die regelmässig zur Resorption der Föten neigen, mit Beginn der Läufigkeit eine Tablette «Rovigon», ein Vitamin A- und -E-Präparat, das degenerative Veränderungen der Blutgefässe, des Bindegewebes und der Fortpflanzungsorgane beheben soll.

Der Erfolg scheint dieser Behandlung recht zu geben. Die Hündin Pia, die leicht zu Fettleibigkeit neigt, brachte nach einem ersten Sechserwurf nur noch drei, dann nur noch zwei Welpen. Nach der Rovigon-Behandlung warf sie wiederum sieben und im folgenden Wurf fünf Welpen. Ich glaube kaum, dass das nur Zufall war.

Ältere Hündinnen neigen oft zu Unfruchtbarkeit, obschon die Hitze regelmässig eintritt und durchaus normal verläuft. Offenbar sind hormonale Störungen die Ursache.

Auf den Rat des Betreuers einer «Hundefarm» der chemischen Industrie behandelte ich eine unserer Hündinnen, die zweimal ohne Erfolg gedeckt worden war, bei der nächsten Hitze mit «Anti-Baby-Pillen». Unmittelbar mit dem Eintritt der Hitze verabreichte ich ihr am ersten, zweiten und dritten Tag je eine Pille. Darauf setzte die Hitze aus, um jedoch zehn Tage später erneut, und zwar ziemlich stark einzusetzen. Sechzehn Tage später zeigte sich die Hündin deckreif und wurde gedeckt. Sie brachte einen guten Wurf. Die «Anti-Baby-Pillen»-Behandlung soll in den Beagle-Farmen der chemischen Industrie seit langem mit Erfolg angewendet werden. Hier steht ja Fruchtbarkeit an erster Stelle, jede Hündin muss pro Jahr zwei Würfe produzieren. Warum sollen wir nicht aus den Erfahrungen dieser «industriellen» Hundezucht unseren Nutzen ziehen? Die Anwendung der «Anti-Baby-Pille» ist einfach und höchst billig und für die Hündin unschädlich und bringt offensichtlich Erfolg! Die Gründe für das Leerbleiben können natürlich auch beim Deckrüden liegen. W. Koch hat die Samenflüssigkeit eines Rüden über Wochen hin täglich untersucht und dabei die interessante Feststellung gemacht, dass der Rüde ab und zu an einem Tag Samenflüssigkeit ohne lebende Spermien lieferte, am andern Tag aber durchaus wieder befruchtungsfähig war. Ob dies sogar der Normalfall ist, wissen wir nicht. Das weiter vorne empfohlene zweimalige Decken in Abständen von 24 bis 36 oder gar 48 Stunden würde auch in solchen Fällen das Risiko des Leerbleibens stark herabmindern. Es gibt auch Rüden mit fehlgeformten Spermien oder solche, bei denen diese überhaupt fehlen. Hier gibt die mikroskopische Untersuchung der Samenflüssigkeit eindeutigen Aufschluss. Im übrigen habe ich schon darauf hingewiesen, dass auch der verfettete Rüde steril sein kann; der Deckrüde muss deshalb, genau wie die Hündin, in bester Kondition sein. Es scheint, wenn auch selten, Fälle zu geben, wo eine bestimmte Paarung regelmässig erfolglos bleibt, obschon der Rüde mit anderen Hündinnen, wie auch die Hündin mit anderen Rüden, Welpen bringen. Hier liegt offenbar eine Eiweissunverträglichkeit der Keimzellen vor, die zu einem raschen Absterben der befruchteten Eier führt.

Künstliche Besamung

Historisch gesehen, begann die künstliche Besamung mit Hunden.

Im Jahre 1780 hat der italienische Gelehrte Spallanzani in Pavia eine Hündin künstlich besamt. Die Hündin wurde trächtig und hat zwei Welpen geworfen. Das Experiment wurde zwei Jahre später von seinem Landsmann Rossi mit Erfolg wiederholt.

Der künstlichen Besamung – in der Rinderzucht heute fast die Regel –stehen die Hundezüchter hierzulande grösstenteils noch recht skeptisch gegenüber, und das mit einigem Recht. Wir wollen ja nicht Hundestämme züchten, die nur noch mittels künstlicher Besamung erhalten werden können. Als Regel gilt deshalb, dass eine Hündin vorerst einmal nach einem normalen Deckakt trächtig geworden ist, bevor sie künstlich besamt werden darf, und ein Rüde kommt als Samenspender nur in Frage, wenn er normal deckt. Die künstliche Besamung kann also nicht das Mittel sein, deckunwilligen Hündinnen und Rüden zu Nachkommen zu verhelfen. Sinnvoll kann sie sein, wenn es darum geht, einer kleinen Population neue Impulse durch einen, in einem anderen Land stehenden Rüden zu geben oder auch, um Quarantänebestimmungen zu umgehen.

Sinnvoll kann sie auch sein, wenn eine besonders gutbewährte alte Zuchtlinie erhalten werden kann, indem man den Samen der besten Rüden einfriert.

Während bei einer künstlichen Besamung mit Frischsamen die Ergebnisse ungefähr derjenigen einer natürlichen Kopulation entsprechen, liegt die Erfolgsrate bei tiefgekühltem Samen nur zwischen 67 und 74 Prozent.

Die Welpen aus einer Besamung mit tiefgekühltem Samen unterscheiden sich in bezug auf ihre Vitalität nicht von denen aus einer normalen Paarung. Sollten wir jedoch in Zukunft auch in der Hundezucht Samenbanken einrichten, so müssen diese seriös kontrolliert werden, so dass Samenverwechslungen unmöglich werden.

Neues Leben

Die Befruchtung

Der Transport der Samenzellen zum Befruchtungsort in den Eileiterampullen geht sehr rasch vor sich. Die ersten Spermien sollen bereits 25 Sekunden nach der Ejakulation bei der Eileitermündung in den Gebärmutterhörnern eintreffen. An diesem raschen Transport beteiligten sich einmal die relativ grosse Flüssigkeitsmenge und dann die rhythmischen Kontraktionen der Gebärmuttermuskulatur. Wie weit hier eine Eigenbewegung der Spermien mitspielt, ist ungewiss. Der Weitertransport der Spermien durch die Eileiter hinauf erfolgt nun durch Eigenbewegung der Spermien mit ihrem langen Geisselschwanz. Der Flimmerstrom des Eileiterepithels ist uteruswärts, das heisst der Spermienbewegung entgegengerichtet. In der Eileiterampulle, also sehr nahe an den Eierstökken, treffen die Spermien im allgemeinen auf die zur Gebärmutter absteigenden Eier. Offenbar angezogen durch chemische Reize stürzen sich die Spermien auf die reifen Eier und bohren sich in die Eihülle ein. Nur der Kopf der Samenzelle gelangt in die Eizelle, der nur der Fortbewegung dienende Schwanz wird ausserhalb der Eihülle abgeworfen. Über diese sehr komplizierten Vorgänge können wir uns hier nicht weiter befassen. Wesentlich für den Züchter ist zu wissen, dass, obschon mehrere Samenzellen sich um ein Ei bemühen, es nur einer einzigen gelingt, bis zu dessen Zellkern vorzudringen. Sobald eine Samenzelle den Kern einer Eizelle erreicht hat, bildet sich um das Ei die Befruchtungsmembran, die das Eindringen weiterer Samenzellen verhindert.

Trotz der Verschmelzung der männlichen Samenzelle mit der Eizelle verändert sich diese äusserlich vorerst kaum. In ihrem Innern aber werden nun schöpferische Urkräfte frei. Die winzige, nur etwa 180 Tausendstel Millimeter im Durchmesser messende Eizelle furcht sich in der Mitte ein. Gleichzeitig bilden sich die Chromosomenschleifen (siehe *S. 60*), die sich mit denen des männlichen Kerns vereinigen, sich dann der Länge nach spalten und neu anordnen. Das mütterliche Erbgut hat sich nun mit dem väterlichen Erbgut gemischt, das heisst, die für die betreffende Art

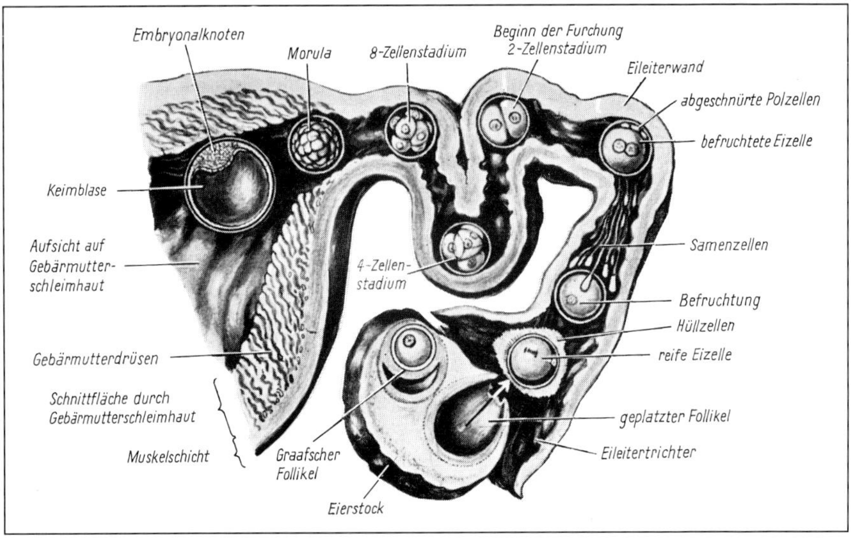

Abbildung 24

Schematische Darstellung der Befruchtung und Furchung (nach Krölling): Beim Hund sind zur Zeit der Brunst (Läufigkeit) eine grössere Anzahl Eizellen im Eileiter vorhanden. Ei- und Samenzellen sind hier im Verhältnis zur Umgebung viel zu gross gezeichnet.

typische Chromosomenzahl (beim Hund 78) ist wiederhergestellt, und damit ist die eigentliche Befruchtung vollzogen. Aus der befruchteten Eizelle entstehen jetzt zwei Furchungskugeln, dann vier, acht, sechzehn, und am Ende der etwa acht Tage dauernden Wanderung des Keimes durch den Eileiter zur Gebärmutter hinunter hat er die Form einer winzigen Brombeere oder Maulbeere, lateinsch Morula, angenommen. Der Umfang dieser Morula ist immer noch nicht wesentlich grösser als derjenige des unbefruchteten Eies. Kurz vor dem Eintritt der Morula in die Gebäurmutter verwandelt sie sich in eine Blase, die Blastula oder Keimblase, die dann den Eileiter verlässt und sich während der folgenden Tage in der Gebärmutterschleimhaut festsetzt. Die endgültige Verankerung erfolgt ungefähr am 18. Tag nach der Befruchtung. Die Schleimhaut muss jetzt zur Aufnahme der Keimlinge vorbereitet sein, sonst sterben diese rasch ab. Mit dem Festsetzen der Keime in der Gebärmutter beginnt jetzt die eigentliche Trächtigkeit (*Abbildungen 24, 25 und 26*).

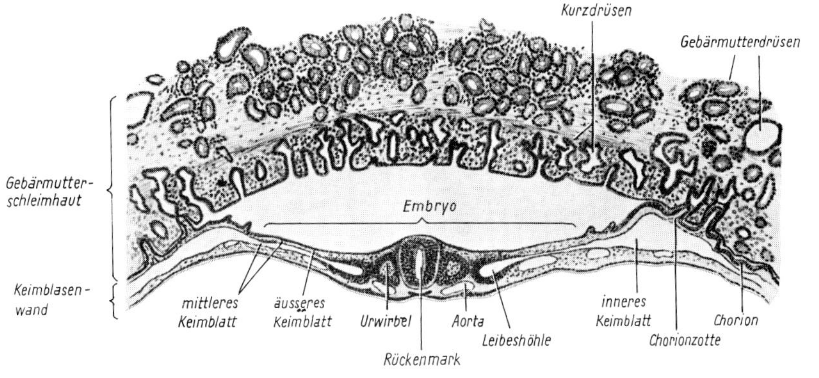

Abbildung 25

Mikroskopisches Bild eines Querschnittes durch den Embryo der Katze zu Beginn der Implantation in der Gebärmutterschleimhaut. Alter etwa 20 Tage (nach Krölling). Der Embryo liegt noch als scheibenförmiges Gebilde an der Oberfläche der Keimblase. Er ist noch nicht vom Amnion umschlossen. Von den Primitivorganen sind hier nur Rückenmark, Urwirbel, Aorta und Leibeshöhle zu erkennen. Die Chorionzotten der Keimblasenwand haben jedoch schon in die Gebärmutterschleimhaut einzuwachsen begonnen.

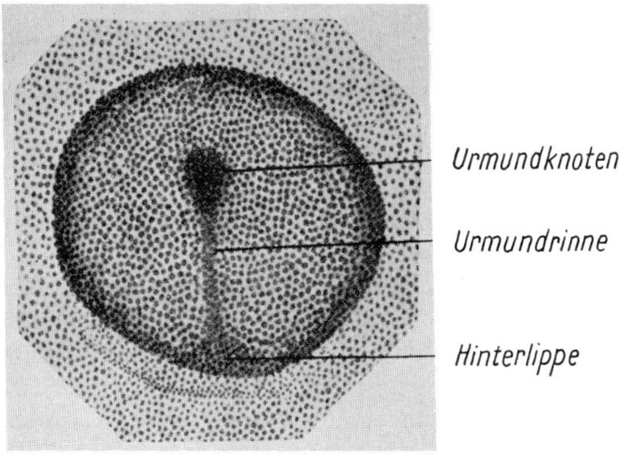

Abbildung 26

Aufsicht auf den runden Embryonalschild vom Hund mit Primitivstreifen, beziehungsweise Urmundbildung. Beginn der Gastrulation (nach Bonnet). Die Punkte sind Zellkerne. Die Urmundrinne gibt die Mittelebene des späteren Körpers an, der sich im Gebiete vor dem Urmundknoten entwickeln wird. Alter etwa zwölf Tage.

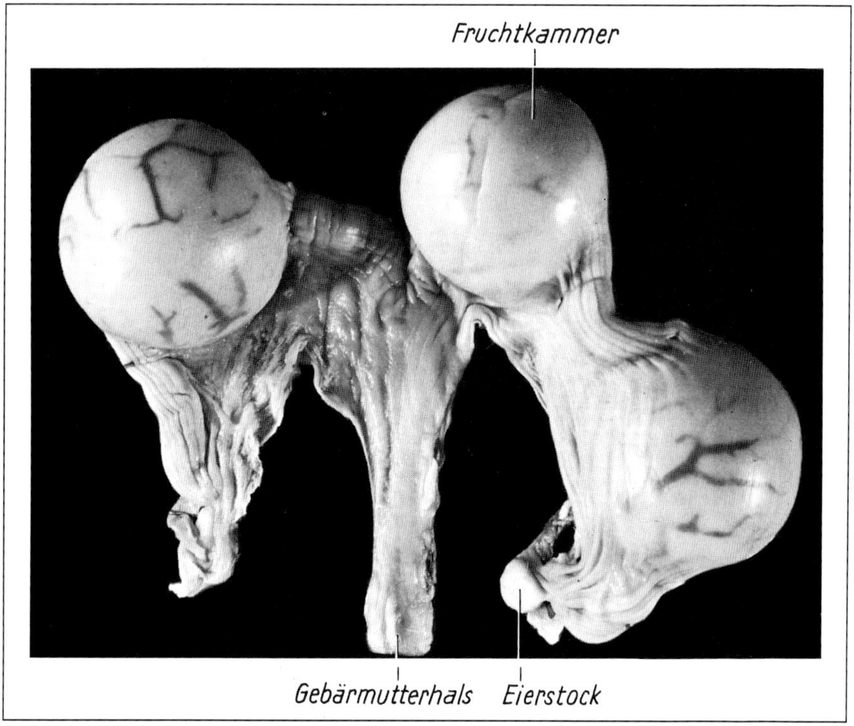

Abbildung 27

Uneröffnete, trächtige Gebärmutter des Hundes mit drei gut markierten Fruchtkammern. Vierte Trächtigkeitswoche.

Die Trächtigkeit

Bevor wir uns mit den für den Züchter wesentlichen Seiten der Trächtigkeit befassen, wollen wir kurz und einfach die weitere Entwicklung des Keimlings (Embryo oder Fötus) bis zur Geburt verfolgen.

Bis zum Eintritt in die Gebärmutter ernährte sich die Morula aus eigenen Vorräten, die beim Säugetier sehr gering sind und von Sekreten des Eileiterepithels gebildet werden. In der Gebärmutter übernehmen zunächst die Uterusdrüsen und ihre Sekrete die Versorgung mit Nähr- und Aufbaustoffen. Die Gebärmutter des Hundes besteht aus zwei lan-

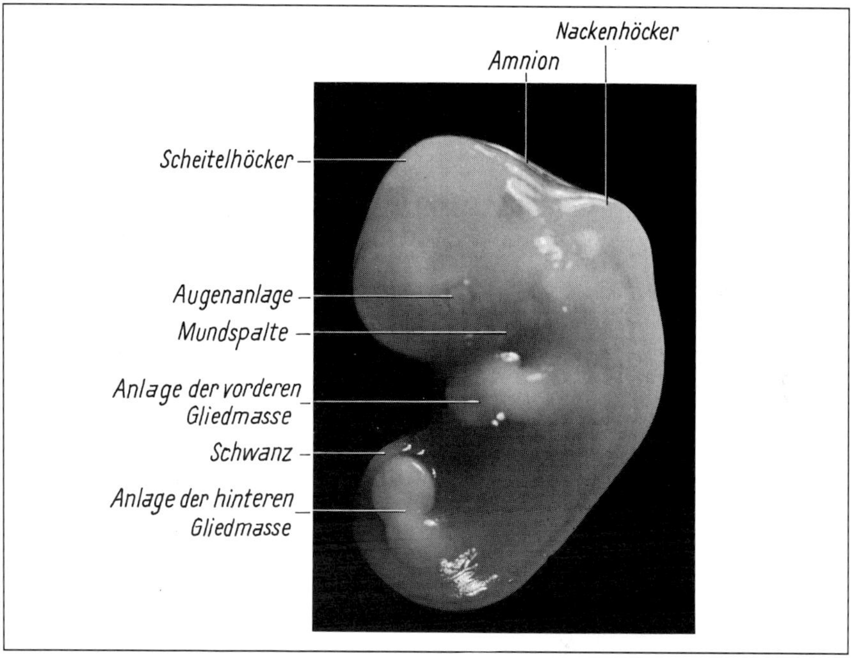

Abbildung 28

Seitenansicht eines Hundeembryos von 17 mm Scheitelsteisslänge im enganliegenden Amnion. Alter vier Wochen. Auffallend ist das Missverhältnis zwischen Kopf und übrigem Körper.

gen Röhren, den Gebärmutterhörnern und einem gemeinsamen Stück, dem Gebärmutterhals, mit Ausgang in die Scheide. Die Embryonen liegen nun gleichmässig verteilt in den Gebärmutterhörnern, zunächst noch fast völlig voneinander abgeschnürt, jeder in seiner Fruchtkammer, so dass die Gebärmutter in diesem Frühstadium der Trächtigkeit wie eine Perlenschnur aussieht (*Abbildung 27*).

Mit zunehmender Grösse der Föten verschwinden die Einschnürungen immer mehr, und gegen Ende der Trächtigkeit können sich die einzelnen Fruchtblasen schliesslich berühren. Von Verwachsungen habe ich freilich noch nie etwas gehört; oberflächliche Verklebungen kommen jedoch vor.

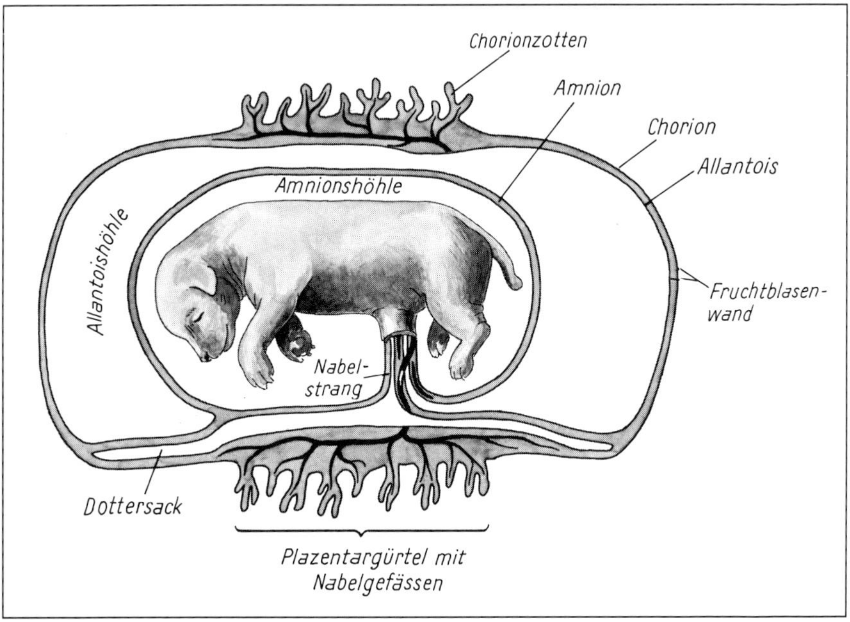

Abbildung 29

Schematische Darstellung der Embryonalhüllen des Hundes: Die Fruchtblase ist im Längsschnitt wiedergegeben.

Die Vorgänge, die von der etwa 0,7 bis 0,8 mm messenden Keimblase zur Ausbildung eines hochentwickelten Säugetierkörpers führen, sind sehr kompliziert und im Rahmen dieses einfachen Büchleins nicht darzustellen.

Wir wollen uns lediglich auf das Wesentlichste beschränken. Während der zweiten und dritten Woche wird nun der gesamte Bauplan des Körperchens allmählich sichtbar: Es bilden sich die Anlagen des Rükkenmarks, des Gehirns, der Wirbelsäule, des Darmes, des Herzens und der Blutgefässe, des Auges und des Ohres; Kopf und Rumpf und Gliedmassen werden am etwa 7 bis 10 mm langen Embryo sichtbar (*Abbildung 28*).

Jeder Fötus ist, das wird der Züchter später bei der Geburt selber feststellen können, in einem dünnhäutigen Sack verpackt. Die innere,

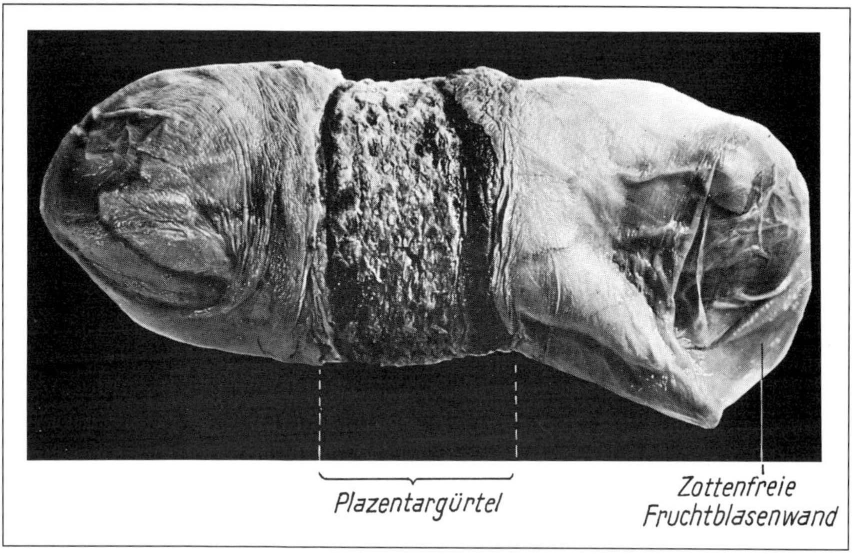

Abbildung 30

Geburtsreife Fruchtblase des Hundes aus der Gebärmutter herausgelöst. Der Randwulst des Plazentargürtels ist gut sichtbar. Durch die Embryonalhüllen schimmern die Umrisse des Welpen deutlich durch. Wir erkennen links Fersengelenk und Schwanz, rechts einen Vorderlauf und die Umrisse des Kopfes mit dem noch sehr kleinen Ohr.

sehr dünne Hülle, Amnion genannt, füllt sich nun allmählich mit Flüssigkeit, in welcher der Embryo «schwimmt», die äussere, zähere Hülle heisst Chorion. Zwischen beide hinein schiebt sich eine aus dem Enddarm herauswachsende Blase, die Allantois, die während der Trächtigkeit die Ausscheidungen (Harn) des Embryos aufnimmt. Da sie beim Hund das ganze Amnion umwächst, ist der Fötus durch einen zweiten Flüssigkeitsmantel gegen äussere mechanische Einflüsse sehr gut geschützt (*Abbildung 29*).

Die Ernährung und die Versorgung der Föten mit Sauerstoff übernimmt die Gebärmutterschleimhaut; Verbindungsstück zwischen ihr und dem Fötus ist die Nabelschnur, die beim Hund relativ kurz ist. Die Blutgefässe der Nabelschnur verästeln sich in der Gürtelzone der äusseren Fruchthülle (Chorion). Kleine Zotten, Villi genannt, wachsen aus dem Chorion in die Gebärmutterschleimhaut hinein. Sie bilden schliesslich

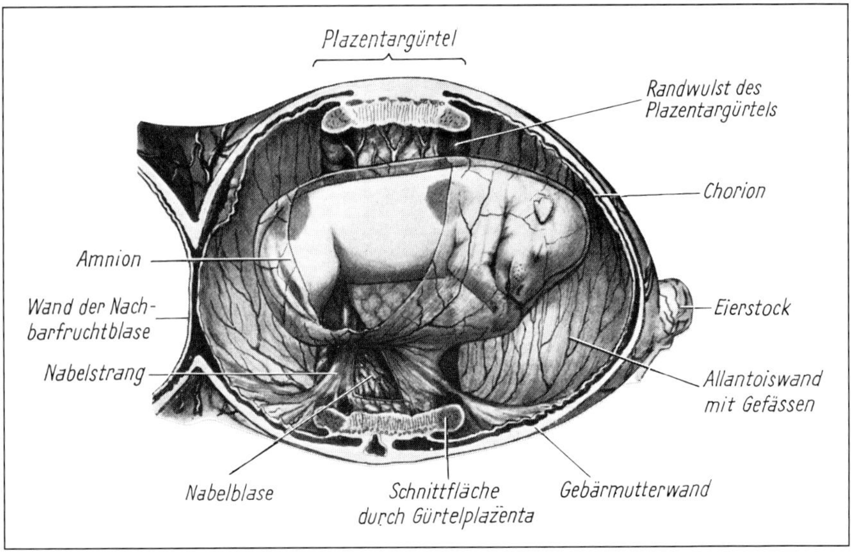

Abbildung 31

Eröffnete Fruchtkammer des Hundes im vorgerückten Trächtigkeitsstadium (nach Krölling). Amnions- und Allantoishöhle sind geöffnet. Bei der Geburt ist der Welpe nur eng von seinem Amnion umhüllt; die kurz vor dem Ausstossen der Frucht geplatzten Fruchthüllen (Allantois und Chorion) werden zusammen mit dem Plazentargürtel unmittelbar nach dem Fötus als Nachgeburt ausgestossen.

mit dieser ein schwammiges, sehr stark durchblutetes Gewebe, die Plazenta oder den Mutterkuchen, wobei die Chorionzotten direkt von den mütterlichen Kapillaren umsponnen werden. Beim Hund beschränkt sich die Ausbildung der Villi nur auf eine gürtelförmige Zone rund um die Mitte des Fötus, man spricht deshalb hier von einer Gürtelplazenta (*Abbildung 30*). Durch die Plazenta erfolgt der Austausch der Nährstoffe, des Sauerstoffes und der Kohlensäure, jedoch ohne dass sich das Blut der Embryonen mit dem Blut der Mutter mischt. Durch die Plazenta erfolgt aber auch, darüber kann kein Zweifel bestehen, bereits ein Übertritt von Krankheitserregern und Giftstoffen (zum Beispiel Wurmtoxinen) von der Mutter zum Embryo. Die Plazenta produziert ferner ein Hormon, das nun an Stelle des mit der Zeit ausfallenden Gelbkörperhormons die Vorgänge der Trächtigkeit überwacht und die Trächtigkeit sicherstellt.

So entwickeln sich, kurz und stark vereinfacht geschildert, im Verlaufe von etwa neun Wochen aus den befruchteten Eiern lebensfähige Hundewelpen (*Abbildung 31*).

Doch kehren wir jetzt zurück zur züchterischen Praxis: Da stellt sich vorerst einmal die Frage nach den sichtbaren Zeichen der Trächtigkeit. Der Züchter wird sich bald einmal fragen:

Ist die Hündin trächtig?

Die ersten zwei Wochen nach Schluss der Läufigkeit wird man bei der Hündin kaum Veränderungen wahrnehmen.

Die Läufigkeitsblutung ging nach dem Decken weiter, aus ihrem Ausbleiben oder Stärkerwerden nach dem Deckakt können keine Schlüsse auf eine erfolgte oder nicht erfolgte Befruchtung gezogen werden.

Mit der dritten Woche aber wird der aufmerksame Züchter bereits mit einiger Sicherheit aufgrund von Verhaltensänderungen der Hündin auf eine Trächtigkeit schliessen können. Die Hündin zeigt jetzt ein auffallendes Schlafbedürfnis und sucht, namentlich in der sonnenarmen Zeit, zum Liegen mit Vorliebe eine besonnte Stelle auf. In der dritten Woche, also dann, wenn die Gebärmutter die Ernährung der Embryonen übernehmen muss, wird die Hündin mindestens einmal, wenn nicht während kurzer Zeit sogar täglich, morgens Galle und Schleim erbrechen, ein Zeichen, dass sich ihr Stoffwechsel den veränderten Bedingungen anpasst. Sehr viele Hündinnen verlieren jetzt jeglichen Appetit, es gibt solche, die nun während zwei bis drei Wochen fast jede Nahrung verweigern und mit einem Minimum auskommen. Das ist keineswegs beunruhigend, die Hündin wird das Manko in den letzten vier Wochen der Trächtigkeit mehr als nur wieder aufholen. Anfänger suchen jetzt sorgenvoll nach einer Zunahme der Leibesfülle und sind enttäuscht zu sehen, dass ihre Hündin statt zuzunehmen nun abnimmt!

Das hat weiter nichts zu bedeuten, und die fehlende Leibesfülle zu diesem Zeitpunkt sagt gar nichts über die Stärke des kommenden Wurfes aus. Übrigens erfolgt die erste sichtbare Weitung des Körpers nicht am Bauch, sondern unmittelbar hinter den Rippen; die trächtige Hündin wird jetzt hier merkwürdig breit. Viele Hündinnen zeigen jetzt auch seltsame, für uns vielleicht eher abstossende Gelüste. Sie beginnen Pferdemist zu verschlingen und noch schlimmere Dinge. Von der vierten/fünften Woche an beginnen sich die Milchzitzen an der Basis leicht zu röten, eventuell lässt sich schon jetzt aus ihnen ein wässeriges Sekret herausdrücken.

Alle diese Zeichen können aber bei einzelnen Hündinnen völlig ausbleiben, bei anderen sind sie nur Zeichen einer Scheinträchtigkeit. Wir haben deshalb immer und immer wieder nach absolut sicheren Zeichen einer Trächtigkeit gesucht und dabei herausgefunden, dass bei allen unseren Hündinnen ein zäher, glasiger Ausfluss aus der Scheide ein absolut sicheres Zeichen ist. Scheinträchtige Hündinnen hatten diesen Ausfluss, der etwa von der dritten Woche weg beobachtet werden kann, nie.

Geübte Züchter können um die fünfte Woche herum beim vorsichtigen Betasten der Bauchwand die einzelnen Fruchtblasen fühlen.

Wer seine Neugier nicht bezähmen kann, hat die Möglichkeit, mittels Ultraschall eine Trächtigkeit und – mehr oder weniger genau – auch die Anzahl Welpen feststellen zu lassen.

Ultraschall schädigt weder die Hündin noch die Welpen und ist deshalb dem Röntgen vorzuziehen.

Doch warum sollen wir die Hündin diesem Stress unterziehen?

Ist sie trächtig, ist's gut, ist sie nicht trächtig, so können wir ohnehin nichts ändern und müssen uns bis zur nächsten Hitze gedulden.

Erst von der fünften/sechsten Woche an, manchmal sogar erst in der siebten Woche, erfolgt jetzt, je nach Zahl der Föten, eine rasche Zunahme der Leibesfülle, und von der achten Woche an spürt man bei Handauflegen die Bewegungen der Föten. Der Umfang der Mutterhündin sagt jedoch oft wenig aus über die Zahl der Welpen. Fettansatz bei zu reichlicher Ernährung und relativ viel Fruchtwasser können einen grossen Wurf erwarten lassen, und dann kommen nur zwei oder drei Welpen.* Dagegen können, namentlich junge Hündinnen, bei denen die Muskeln noch sehr straff sind, relativ geringen Körperumfang zeigen und trotzdem viele Welpen werfen.

* Normalerweise besitzen die Fleischfresser nur sehr geringe Mengen Fruchtwasser. 50 bis 70 cm^3 Amnionsflüssigkeit und 30 bis 120 g Allantoisflüssigkeit bei mittelgrossen Rassen.

Die Trächtigkeit dauert durchschnittlich 63 Tage. Es ist aber mit ziemlich grossen Abweichungen nach oben und nach unten zu rechnen. Unsere Griffon-Hündinnen warfen in der Regel vor dem 60. Tag; sie brachten auch am 58. Tag durchaus kräftige, lebenstüchtige Welpen. Eine Trächtigkeitsdauer von weniger als 60 Tagen ist bei Zwerghunden sehr häufig, vielleicht fast üblich. Es sind Geburten von lebensfähigen Welpen am 51. Tag bekanntgeworden. Als längste, bisher festgestellte Tragzeiten sind diejenigen einer Dobermann-Hündin mit 75 Tagen und einer Collie-Hündin mit 77 Tagen.

In der Regel ist bei einer übermässig langen Tragzeit mit einem kleinen Wurf, vielfach gar nur mit einem einzigen Welpen zu rechnen; es gibt aber auch immer wieder Ausnahmen von dieser Regel! So warf zum Beispiel die Collie-Hündin neun Welpen! Immerhin ist gerade das Beispiel der soeben erwähnten Dobermann-Hündin sehr aufschlussreich. Sie warf (nach Naaktgeboren) nach einer Tragzeit von 61 Tagen sieben Welpen, nach 64 Tagen sechs Welpen, nach 66 Tagen drei Welpen und am 75. Tag nur einen Welpen. Trotz dieser sehr grossen Variationsbreite der Tragzeit beim Hund sind Würfe, die vor dem 57. Tag geboren werden, als Frühgeburten – mit der ihnen eigenen geringen Lebenstüchtigkeit – zu betrachten. Trägt eine Hündin länger als 66 Tage, so ist der Tierarzt zu konsultieren, möglicherweise liegt dann eine Komplikation vor, die bei raschem Handeln (Kaiserschnitt) weder für Hündin noch Welpen nachteilige Folgen haben muss.

Nach Erfahrungen, die ich und andere Züchter seit Erscheinen der ersten Auflage dieses Büchleins machen mussten, rate ich dringend zum Kaiserschnitt, wenn die Tragzeit 66 Tage überschreitet, und zwar auch dann, wenn die Hündin nicht die geringsten Anzeichen einer Störung zeigt. Mit jedem Tag, der noch weiter zugewartet wird, steigt die Gefahr, dass die Welpen sterben, und es ist kein erfreulicher Anblick, wenn der operierende Arzt einen toten Welpen nach dem andern herausnimmt und man sich bei jedem vorwerfen muss: Einen Tag früher, und er würde leben! Darum: Nach 66 Tagen Kaiserschnitt! Handelt es sich um eine ältere Hündin, dann empfehle ich, bei gleicher Gelegenheit die Gebärmutter zu entfernen. Ältere Hündinnen, die bereits einen Kaiserschnitt hinter sich haben, sollte man ohnehin nicht mehr decken, die Gefahr von Verwachsungen, die eine Geburt erschweren oder gar verhindern, ist zu gross. Zudem schalten wir die Gefahr einer späteren Erkrankung (Pyometra, Krebs) radikal aus und verlängern damit vielleicht der Hündin das Leben um etliche Jahre.

Unter 108 von Naaktgeboren kontrollierten Geburten fielen 24,5 Prozent auf den 63. Tag, 73,5 Prozent fielen zwischen dem 60. und 65. Tag. Der Rest verteilte sich auf Würfe vor dem 60. und nach dem 65. Tag. Dagegen lässt sich eine direkte Abhängigkeit der Tragzeit von der Wurfgrösse aus den Angaben Naaktgeborens nicht unbedingt herauslesen. Es ist zwar schon so, dass die grösste Anzahl der grossen Würfe um den 63. Tag herum fallen, aber es können auch grosse Würfe bis über den 65. Tag hinaus getragen werden, auch fallen sehr oft kleine Würfe vor dem 60. Tag. Wie die Angaben über die Tragzeiten der oben erwähnten Dobermann-Hündin zeigen, kann die gleiche Hündin oft recht verschiedene Tragzeiten aufweisen. Wir haben solche Verschiebungen sowohl nach oben als auch nach unten auch an unseren eigenen Hündinnen beobachtet.

Neben Hündinnen, die diesbezüglich fast wie eine Uhr genau waren, hatten wir solche mit starken Abweichungen von der Norm. Es ist jedenfalls nicht leicht, eine allgemeingültige Regel aufstellen zu wollen!

Nicht ganz unnötige Ernährungstheorie

Der Hund braucht für die vitalen Funktionen seines Körpers (Atmung, Kreislauf, Aufrechterhaltung der Körpertemperatur, Verdauung, Ausscheidung) eine regelmässige Zufuhr von *Energieträgern*. Ihr Wert wird heute in Joule (früher Kalorien) gemessen. Energie spendende Nahrungsstoffe sind Fette, Kohlehydrate und auch Eiweiss, dem freilich eine Doppelfunktion als Energieträger und als Aufbaustoff zukommt. Die Energieträger bezeichnen wir auch als Brennstoffe, sie werden im Körper unter Zufuhr von Sauerstoff verbrannt.

Den höchsten Brennwert haben die Fette. Überschüsse, die nicht verbrannt werden, speichert der Körper in Form von Fettreserven. Gute Energiespender sind ebenfalls die Kohlehydrate, die der Hund vor allem in Form von Getreideprodukten zu sich nimmt. Im Handel sind heute gute, abgewogen zusammengesetzte Flockenmischungen erhältlich.

Wer sich selber ein Flockengemisch herstellen will, der denke daran, dass Hafer bei vielen Hunden Ekzeme verursacht, viele Hunde reagieren auf zu viel Hafer mit Durchfall. Getreideflocken können ohne Vorbehandlung vom Hund nicht verdaut werden. Die im Handel erhältlichen Futterflocken für Hunde sind bereits vorbehandelt.

Ein Überschuss an Kohlehydraten in der Nahrung wird vom Hund in Fett umgesetzt und gespeichert. Ist der Hund zu fett, muss in erster Linie der Kohlehydratanteil im Futter reduziert werden. Ideal ist, wenn Energiezufuhr und Verbrauch im Gleichgewicht stehen, der Hund weder Körpersubstanz verliert noch Fett ansetzt.

Die *Nährstoffe* dienen der Erhaltung und dem Aufbau der Körpersubstanz. Wichtige Bauelemente des Körpers sind die Eiweisse (Proteine). Der Körper des Hundes besteht, bezogen auf die fettfreie Substanz, zwischen 20 und 22 Prozent aus Protein.

Eiweiss wird aus verschiedenen Aminosäuren aufgebaut. Der Hund kann nicht alle für den Aufbau seines Körpers notwendigen Aminosäuren selber synthetisieren, er ist auf die Zufuhr dieser Stoffe angewiesen. Man nennt diese, für ihn absolut notwendigen Nährstoffe, «essentielle» (lebensnotwendige) Nährstoffe. Die nichtessentiellen Aminosäuren kann der Körper selber aus einfachen Vorstufen aufbauen. Es ist hier nicht der Ort, die rund 50 essentiellen Aminosäuren aufzuzählen, wichtig ist für uns nur, dass sie dem Hund zugeführt werden müssen. Die Verdaulichkeit der verfütterten Eiweissfuttermittel ist sehr unterschiedlich gross, Frischfleisch und Milchprodukte werden bis zu 95 Prozent verdaut, die Verdaulichkeit der Eier liegt bedeutend tiefer (50 bis 70 Prozent); am schlechtesten verdaut werden pflanzliche Eiweisse. Je stärker ein Eiweiss dem zu bildenden oder zu ersetzenden Körpereiweiss gleicht, desto grösser ist sein Wert für den Hund. Daraus folgt, dass für den wachsenden jungen Hund Frischfleisch die beste Eiweissquelle bildet.

Zum Aufbau und zur Erhaltung des Skeletts brauchen der heranwachsende und der erwachsene Hund *Mineralstoffe*, vor allem Kalzium und Phosphor. Kalbsknochen liefern im allgemeinen genügend Kalzium, Phosphor und Spurenelemente, aber wenn der Hund Knochen nicht verträgt, so müssen diese Bestandteile dem Futter beigefügt werden.

Ein erwachsener Hund benötigt pro Tag rund 100 mg Kalzium und 85 mg Phosphor pro Kilogramm Körpergewicht; wachsende Hunde brauchen wesentlich mehr (240 bis 440 mg bzw. 140 bis 240 mg im Alter von vier Monaten). Fleisch und Getreideprodukte sind relativ arm an Kalzium, aber reich an Phosphor. Phosphor muss deshalb kaum ergänzt werden, wohl aber Kalzium. Es ist in Apotheken und Drogerien in Form von Futterkalk oder Kalzium-Tabletten erhältlich; eine Überdosierung ist kaum möglich, was der Körper nicht verwerten kann, scheidet er wieder aus.

Spurenelemente sind, wie der Name sagt, nur in kleinsten Mengen lebensnotwendig. Sie kommen praktisch in allen Futtermitteln in genügenden Mengen vor; eventuelle Mängel können nur anhand von Blut- und Serum-Analysen festgestellt werden.

Vitamine sind, wie die Spurenelemente, in kleinen Mengen lebensnotwendig. Sie können vom Körper nur zum Teil selber synthetisiert werden.

Wir unterscheiden zwischen wasser- und fettlöslichen Vitaminen. Bei einem Vitaminmangel treten Mangelkrankheiten und eine erhöhte Krankheitsanfälligkeit auf. Wasserlösliche Vitamine können nicht überdosiert werden, weil sie vom Körper nicht gespeichert, sondern ausgeschieden werden; dagegen werden fettlösliche Vitamine in der Leber, im Fett und in den Nieren gespeichert. Bei einem Überangebot kann es zu Intoxikationen (akute Ernährungsstörungen) kommen.

Fehlt das fettlösliche *Vitamin A*, kommt es zu einer Austrocknung und Verhornung der Schleimhäute; Vitamin A ist ebenfalls für die Leistungsfähigkeit der Augen von Bedeutung.

Enthalten ist Vitamin A in Karotten, Äpfeln, Leber, Milch und Eigelb.

Das fettlösliche *Vitamin D* fördert die Kalziumabsorbierung im Darm und den Aufbau des Skeletts. Sein Fehlen bewirkt Veränderungen am Skelett (Rachitis) und ungenügende Zahnschmelzbildung. Bei einer Überdosierung kommt es zu Gefässverkalkungen, blutigem Durchfall und Polyurie (krankhafte Vermehrung der Harnabgabe).

Praktisch alle Futtermittel enthalten heute genügende Mengen von Vitamin D.

Das fettlösliche *Vitamin E* ist an der Zellatmung beteiligt. Es wird nur in geringem Masse in der Leber gespeichert. Ein Vitaimin E-Mangel kann zu Wachstums- und Bewegungsstörungen und zu einer Degeneration der Herzmuskulatur führen. Bei trächtigen Hündinnen führt ein Vitamin E-Mangel zu Totgeburten. Enthalten ist es in Getreideprodukten und in Getreidekeimlingen.

Unter den *wasserlöslichen Vitaminen* spielen diejenigen der B-Reihe eine gewisse Rolle.

Anzeichen eines Vitamin B_1-Mangels sind Kotfressen, allgemeine Fressunlust, Krämpfe und Kreislaufstörungen, in schweren Fällen kommt es zu Schädigungen des Gehirns.

Vitamin B_1-Träger ist vor allem die frische Bäkerhefe. Sie kann den Hunden unter das Futter gemischt werden, eine Überdosierung ist kaum möglich, weil Überschüsse durch die Nieren ausgeschieden werden.

Vitamin B_2 ist vor allem in Milch, Hefe, Leber, Lunge und Pansen vorhanden. Ein Mangel führt zu Wachstumsstörungen, Muskelschwäche und Trübung der Hornhaut. Unter normalen Fütterungsverhältnissen sind Vitamin B_2-Mängel nicht zu befürchten.

Vitamin B_6 ist für den Stoffwechsel der Aminosäuren und Eiweisse wichtig. Ein Mangel fördert die Bildung von Harnsteinen. Es können zudem epileptiforme Krämpfe auftreten.

Vitamin B_6 ist praktisch in allen gängigen Futtermitteln in genügender Menge enthalten, besonders reich an Vitamin B_6 sind frische Bäckerhefe und Rindsleber.

Vitamin B_{12} kommt in allen Körperzellen vor. Seine Funktionen sind teilweise noch nicht völlig bekannt. Mangel an Vitamin B_{12} kann Blutarmut und Leberverfettung fördern. Es ist in allen Futtermitteln tierischer Herkunft, vor allem in Rindsleber, enthalten.

Die Vitamine Folsäure, Biotin, Pantothensäure und Nikotinsäure kann der Hund selber synthetisieren, Zugaben sind deshalb unnötig.

Wie füttern wir den jungen und den erwachsenen Hund?

Immer wieder wird eine «natürliche Ernährung» propagiert. Da müssen wir schlicht und einfach feststellen, dass dies heute gar nicht mehr möglich ist. Kein Mensch kann seinen Hund so ernähren, wie Urvater Wolf sich ernährt hat. Er frass und frisst ja seine Beutetiere buchstäblich mit Haut und Haaren, vor allem auch samt Magen- und Darminhalt. Nichts bleibt übrig, kein Fetzen Haut, kein Stückchen Darm und kein Blut. Wer könnte das seinen Hunden schon bieten? Und wenn er es könnte, so bleibt immer noch die Frage offen, ob der Hund diese Nahrung annehmen würde, denn auch er ist kein «natürliches» Wesen mehr, sondern, wie wir schon einmal festgestellt haben, ein Geschöpf des Menschen.

Junge Hunde wachsen rasch, kleine Rassen rascher als grosse Rassen. Das genetisch vorprogrammierte Wachstum kann durch eine ungünstige Haltung verzögert, durch eine optimale Haltung beschleunigt werden. Eine Wachstumsforcierung sollten wir jedoch unterlassen, sie kann gerade bei den beiden grossen Rassen zu schweren Skelettschäden führen (Ellbogen-, Schultergelenk- und Hüftgelenksdysplasie). Entsprechend dem raschen Wachstum ist beim Junghund der Nährstoffbedarf grösser als beim alten Hund. Als Faustregel kann folgende Aufteilung befolgt werden:

Zwei Dirttel der Tagesration besteht aus tierischem Eiweiss (Fleisch, Innereien, Fisch) und ein Drittel aus Cerealien (Flockenmischung). Dazu kommen die notwendigen Mineralien, Vitamine und Spurenelemente. Die meisten im Handel erhältlichen «Fertigfutter» enthalten den notwendigen Bedarf an Mineralien und Vitaminen, so dass besondere Zusätze nicht nötig sind (*Abbildung 32*).

Der Rohfaseranteil im Hundefutter sollte jedenfalls nicht mehr als zehn Prozent betragen. Gemüse und Kartoffeln sind deshalb kein vollwertiges Hundefutter, sie geben ihm jedoch Ballaststoffe, die er ebenfalls für eine geregelte Verdauung braucht. Der *erwachsene Hund* braucht weniger Nährstoffe. Für ihn kann der Fleischanteil auf ein Drittel der Futtermenge herabgesetzt, der Anteil der Cerealien auf zwei Drittel heraufgesetzt werden. Fleisch kann roh oder gekocht verfüttert werden. Rohes Fleisch darf ruhig bereits etwas «riechen», dem Hund, der ja von Natur aus auch ein Aasfresser ist, schadet das kaum. Dagegen sollte gekochtes Fleisch nicht verdorben sein. Verwesendes gekochtes Fleisch kann Giftstoffe enthalten, die dem Hund schaden.

Schweinefleisch sollte man möglichst nicht verfüttern, und wenn schon, dann wegen der Gefahr der Übertragung der Aujeszkyschen Krankheit nur gut durchgekocht.

Gewicht des Welpen in kg	Alter					
	2 Monate	3 Monate	5 Monate	10 Monate	12 Monate	18 Monate
1,0	250	228	171			
3,0	760	570	456			
5,0	950	760	646			
10,0	1710	1710	1216	798	703	
15,0	2660	2280	1900	1064	953	
20,0		3040	2356	1634	1406	
25,0		3500	3382	1710	1596	
30,0			4408	2242	1900	1602
40,0			4970	3306	2660	1988

Abbildung 32

Viele Hunde, vor allem die langhaarigen «Berner», reagieren auf zuviel Schweinefleisch mit Ekzemen.

Frischfleisch muss nicht unbedingt Filet- oder Entrecôte-Qualität haben. Herz, Nieren, Gurgel, Pansen von Wiederkäuern und sonstige Fleischabfälle genügen auch. Lunge ist minderwertig, sie kann als Diät bei übergewichtigen Hunden verfüttert werden, sie füllt den Magen und hat wenig Nährwert. Zuviel Leber und Milz verursachen bei vielen Hunden Durchfall. Roher Pansen, dem noch Reste der Pflanzennahrung des Wiederkäuers anhaften, ist ein vorzügliches Futter, aber er stinkt erbärmlich. Es gibt ihn aber heute in gedörrter Form. Unsere Hunde lieben getrockneten Pansen und getrocknetes Rindfleisch heiss!

Zu Unrecht verpönt ist bei vielen Hundehaltern Pferdefleisch. Wir haben jahrelang unsere Junghunde mit Pferdefleisch aufgezogen und damit nur beste Erfahrungen gemacht.

Eier sind ein hochwertiger Fleischersatz, sie werden aber nicht von allen Hunden problemlos vertragen. Fett ist ein hochwertiger Energielieferant und enthält, roh verfüttert, fettlösliche Vitamine, aber zuviel Fett macht den Hund fett!

Rohes Gemüse gibt dem Hund Ballaststoffe, wird aber nicht verdaut. Auch gekocht bildet es hauptsächlich Ballast mit geringem Nährwert.

Die Meinung, rohes Gemüse und rohe Karotten bekämpfen Eingeweidewürmer, ist falsch.

Heute gibt es viele sogenannte «Fertigfutter». Viele sind auf streng wissenschaftlicher Basis zusammengestellt und bilden das Ergebnis langjähriger Forschung auf dem Gebiet der Tierernährung. Der Konkurrenzkampf unter den Herstellern ist unerbittlich, schlechtes Futter hält sich nicht lange auf dem Markt. Fertigfutter, ob in Dosen oder als Trokkenfutter, bieten viele Vorteile. Sie sind einfach in der Zubereitung und über längere Zeit als Vorrat haltbar. Als Mindestanforderungen an ein Fertigfutter legte die amerikanische National Academy of Sciences folgende Werte fest: 22 Prozent Rohprotein, 5 Prozent Fett, 1,1 Prozent Kalzium, 0,9 Prozent Phosphor und 50 Prozent Kohlehydrate, der Rest ist Wasser.

Wenn wir Fertigfutter füttern, so müssen wir uns genau an die Anweisungen des Herstellers halten, dies gilt vor allem bei Trockenfutter.

Knochen sind kein Fleischersatz.

Es gibt Hunde, die keine Knochen vertragen, sie erbrechen sie regelmässig wieder. Das ist besonders bei älteren Hunden der Fall. Zuviel Knochen geben hartnäckige Verstopfungen, aber jeden Tag einen Kalbsknochen zum Benagen hält die Zähne sauber und verhindert weitgehend eine frühzeitige lästige Zahnsteinbildung.

Die Röhrenknochen von Geflügel und Kaninchen splittern beim Zerbeissen auf. Oft bleiben derartige Splitter dem Hund zwischen den Zähnen oder im Rachen stecken. Sie sollten deshalb nicht verfüttert werden. Dagegen kann die Rückenpartie samt den Halswirbeln eines Brathuhnes dem Hund ohne Bedenken verfüttert werden.

Haltung und Fütterung der trächtigen Hündin

Viele Hündinnen zeigen namentlich zu Beginn der Tragzeit ein grosses Schlafbedürfnis. Es wäre aber durchaus falsch, die Hündin jetzt vor jeglicher körperlicher Anstrengung verschonen zu wollen. Sie soll und muss sich auch während dieser Zeit ausgiebig bewegen, das tut ihr nur gut! Auch soll sie auf Spaziergängen mitgenommen werden, und wer sie daran gewöhnt hat, neben dem Fahrrad herzulaufen, der darf dies während der ersten fünf Wochen ruhig so beibehalten. In der zweiten Hälfte der Tragzeit muss man aber dem sich rasch vergrössernden Leibesumfang der Hündin und der damit verbundenen vermehrten Belastung von Herz und Lunge Rechnung tragen. Viele Hündinnen knicken gegen Ende der Tragzeit in den Fersengelenken sehr stark ein, sie stehen und gehen jetzt ausgesprochen kuhhessig, was sich aber nach dem Werfen rasch wieder verliert. Sie sollen, obschon ihnen das Gehen jetzt offensichtlich Mühe macht, trotzdem noch auf kurze Spaziergänge, wenn möglich täglich mehrmals, mitgenommen werden.

In der berechtigten Sorge um die körperliche Entwicklung der Welpen möchten die meisten Züchter der Hündin jetzt möglichst viel und möglichst das beste Futter zukommen lassen. «Sie muss jetzt für viele fressen», hört man sie immer wieder sagen. Sie werden dabei oft arg enttäuscht, indem die Hündin, wie schon erwähnt, während Wochen auch das beste Futter verweigert oder es nur mit sichtbarem Widerwillen zu sich nimmt. Wir wollen uns deswegen nicht allzu viele Sorgen machen, jedenfalls ist es besser, die Hündin magere während der Trächtigkeit eher etwas ab als dass wir sie mästen. Eine leichte Abmagerung kann ihr kaum Schaden zufügen, eine Verfettung dagegen ist besonders jetzt, da alle Stoffwechselprozesse im Hinblick auf die heranwachsenden Föten keine Störung erleiden dürfen, besonders schädlich! Wenn die Hündin während der ersten Trächtigkeitswochen fastet, so ernährt sie den eigenen Körper und die Föten aus körpereigenen Reserven. Es leuchtet deshalb ein, dass eine Zuchthündin nicht nur während der Trächtigkeit, sondern das ganze Jahr hindurch richtig ernährt werden muss, damit im Bedarfsfall genügend Reserven an Aufbaustoffen verfügbar sind.

Grundfutter ist, auf jeden Fall besonders während der Trächtigkeit, Fleisch, welches das nötige Eiweiss zum Aufbau der heranwachsenden Körper der Welpen zu liefern hat. Dabei dürfen wir nicht in den Fehler verfallen, unserer Hündin jetzt in vermehrtem Masse das nach unseren Begriffen «gute» Fleisch zu füttern: Ausgeblutetes Muskelfleisch, und wäre es das schönste Filetstück, ist in diesem Fall schlechter als ein

Stück Milz, Leber oder als eine Niere, welche alle noch sehr viel mineralien- und vitaminreiches Blut enthalten. Dabei ist rohes Fleisch dem gekochten in jedem Fall vorzuziehen, weil Salze und Fette beim Kochen in die Brühe abgehen und hitzeempfindliche Vitamine zerstört werden. Nicht grossen Wert hat Lunge, immerhin ist sie noch besser als gar kein Fleisch. Unappetitlich ist die Sucht vieler trächtiger Hündinnen, allerhand Aas und Kot zu fressen. Dies ist jedoch sicherlich eine Mangelerscheinung: Die Hündin sucht in diesen, für uns höchst widerlichen Dingen Stoffe, die in ihrer Nahrung fehlen und die sie jetzt offensichtlich benötigt. Durch das Verfüttern roher Mägen von Wiederkäuern (Rind, Schaf, Ziege), denen oft noch viele pflanzliche Futterreste anhaften, dämmen wir die Sucht nach Aas und Kot oft weitgehend ein. Bisweilen hilft auch ein Stücklein sehr reifen Käses.

Fruchtwasserbildung und gesteigerte Ausscheidungstätigkeit der Nieren bedingen bei der Hündin einen höheren Flüssigkeitsbedarf. Es ist nicht unbedingt nötig, dass wir ihr nun mit speziellen Getränken, zum Beispiel mit allerhand Tee aufwarten: Gutes, sauberes Leitungswasser genügt vollauf, enthält es doch in der Regel noch in kleinsten Spuren wertvolle Mineralien. Ob Absud aus Brombeer- und Himbeerblättern – der etwa empfohlen wird – wirklich einen Einfluss auf die Geburt hat, konnten wir kaum jemals mit Sicherheit sagen. Unsere Hündinnen werfen in der Regel leicht, Komplikationen gab es etwa bei der Aga, die regelmässig zu schwache Wehen hatte und der deswegen mit einer Hormonspritze nachgeholfen werden musste, oder bei der Mirsa, die ihren ersten Wurf erst mit vier Jahren hatte und die zudem etwas zu fett war. Wir lassen unsere Hündinnen auf Spaziergängen aus Bächen und Pfützen Wasser schlappern, und zu Hause kriegen sie frisches Leitungswasser, oder, falls sie es wünschen, frische rohe Milch. Auf Tee verzichten wir bei einer gesunden Hündin.

Bei reichlicher Fleischnahrung ist jedoch das Flüssigkeitsbedürfnis recht gering, enthält doch das Fleisch selbst bereits sehr viel Wasser. Füttert man aber reichlich Flocken oder gar ein sogenanntes trockenes Fertigfutter, so wird die tragende Hündin sehr viel Flüssigkeit verlangen. Diese Fertigfutter ergeben oft ein recht grosses Darmvolumen, da sie viele Rohfaser enthalten, und weil die Hündin in den letzten Wochen vor der Geburt ohnehin ihren Bauchraum ordentlich ausfüllt, muss sie dann auch oft nachts mehrmals ins Freie. Ich bin deshalb eher für eine Ernährung mit Fleisch als Hauptfutter und etwas Zerealienflocken und Gemüse als Beifutter. Das ergibt wenig Abfall und belastet den Darm der Hündin nicht allzu sehr.

Ob wir nun noch spezielle Futterzusätze mitgeben sollen oder nicht, hängt wohl vom Hauptfutter ab. Bluthaltige Milz, Leber und Niere dekken vermutlich weitgehend den Bedarf an Salzen und Spurenelementen, die ebenfalls in den Flocken (Zerealien) enthalten sind. Kalzium und Phosphor, welche die Baustoffe für die Knochen liefern, erhält die Hündin ausreichend und erst noch in natürlicher Form und Verbindung durch Kalbsknochen; vor allem die mit blutbildendem rotem Knochenmark ausgefüllten Gelenkköpfe und Rippen von Kälbern dürfen ruhig verfüttert werden. Allerdings ergeben auch diese wiederum einen recht voluminösen Darminhalt. Wollen oder können wir keine Knochen füttern, so geben wir als Ersatz ein Kalziumpräparat, wie sie in Drogerien und Apotheken käuflich sind. Vor einem Zuviel an solchen Präparaten ist aber eher abzuraten.

Eine ewig strittige Frage ist die nach dem Nutzen oder Schaden des Kochsalzes. Das darin enthaltene Chlor bedarf der Hund zur Bildung von Magensäure. Fleisch enthält zudem viele Kaliumverbindungen, die nur durch leichte Gaben von Kochsalz abgebaut werden können. Kochsalz in kleinen Mengen ist deshalb auch für die trächtige Hündin nicht nur zuträglich, sondern durchaus nötig, Gewürze dagegen gehören nicht ins Futter.

Ob mit Vitaminpräparaten nachgeholfen werden soll oder nicht, hängt von den Umständen ab. Im Winter, also in der sonnenarmen Zeit (Faustregel: während der Monate, deren Namen ein R enthält), geben wir trächtigen Hündinnen täglich einen Teelöffel voll Lebertran. Im Sommer ersetzt die intensive Sonnenbestrahlung diese zusätzliche Vitamingabe vollauf, ebenso wird die Hündin im Sommer ihren weiteren Vitaminbedarf mit grünen Gräsern und Blättern, zum Beispiel Topinamburblättern, vollständig decken können. Fehlen im Winter namentlich Vitamin D-haltige Gemüse, so geben wir in Ermangelung von solchen ein künstliches Vitamin D-Präparat.

Eine Tablette Calcium-D-Redoxon (Roche), während der Trächtigkeit jeden zweiten Tag gegeben, wird den Kalziumbedarf einer mittelgrossen Hündin vollauf decken. In der zweiten Hälfte der Tragzeit wächst die Belastung des Herzens und der Lunge immer mehr und immer rascher. Wir sollten jetzt deshalb die Hündin mehrmals am Tag und dafür in kleineren Portionen füttern; gegen den Schluss sind Futterstoffe, die ein grosses Darmvolumen geben, wie zum Beispiel Knochen, am besten wegzulassen.

Ich weiss, man stösst mit solchen Futteranweisungen bei einer bestimmten Kategorie von Züchtern auf taube Ohren! Sie berufen sich darauf, dass die Welpen ihrer schlechtgenährten Hündinnen (sie drükken sich freilich nicht so aus!) genauso gross und kräftig seien wie diejenigen der mit teurem Fleisch genährten Hündinnen der «reichen» Leute. Sie haben damit nicht in allen Teilen Unrecht. Unter der schlechten Ernährung der tragenden Hündinnen leiden nämlich die Föten in allerletzter Linie: Was diese benötigen, wird dem mütterlichen Organismus entzogen; die Natur will dem neuen Leben mit allen zur Verfügung stehenden Mitteln die besten Startbedingungen geben. Deshalb können die Welpen schlecht ernährter Hündinnen bei der Geburt tatsächlich fast ebenso kräftig sein wie diejenigen gut ernährter. Dies jedoch nur bei der Geburt! Die Schwächung des mütterlichen Organismus wirkt sich in der kommenden Säugezeit sehr bald zuungusten der Welpen aus, und beim zweiten, spätestens aber beim dritten Wurf werden dermassen «ausgelaugte» Hündinnen unweigerlich auch geschwächte Welpen gebären!

Machen wir aus der Fütterung der trächtigen Hündin keine komplizierte Krankendiät und keine Geheimwissenschaft, aber Sparen ist hier wirklich ganz fehl am Platz!

Heute stehen dem Züchter mehrere sogenannte «Fertigfutter» in guter Qualität zur Verfügung. Sie sind zum Teil das Ergebnis langjähriger Forschung auf dem Gebiet der Tierernährung und enthalten alles, was eine trächtige Hündin benötigt.

Sie verursachen dem Züchter keine grosse Arbeit, und ihre Vorratshaltung bietet keine Probleme. Doch nicht alles, was da angepriesen wird, ist auch gut. Man lese deshalb genau, was sie enthalten und befolge auch die Anweisung über die Zubereitung.

Ihr Nachteil: Sie sind relativ teuer.

Wie gross wird der Wurf sein?

Anfänger, aber zuweilen auch ältere Züchter, mögen es oft nicht erwarten zu wissen, wieviele Welpen ihnen ihre Hündin bescheren wird. Neugier ist eben ein urmenschlicher Charakterzug. Ich habe soeben gesagt, dass die Leibesfülle der trächtigen Hündin über die zu erwartende Wurfgrösse nicht viel aussagt. Auch das Abtasten der Bauchdecke bringt keine Klarheit. Aussagekräftiger ist natürlich eine Röntgenaufnahme, aber auch die ist nicht immer gültig. Zwei oder drei Welpen wird sie zuverlässig zeigen, aber bei grösseren Würfen versagt sie. Die Noa wurde zwei Wochen vor dem Werfen geröntgt und die Aufnahme im Tierspital ausgewertet. Das Bild zeigte fünf Welpen, geworfen hat die Noa aber deren sieben! Wozu also röntgen, wenn nur Neugier der Grund ist? Lieber abwarten!

Trumler will Hündinnen, die mehr als acht und weniger als drei Welpen werfen, samt ihren Nachkommen von der Zucht ausschliessen, weil grosse und kleine Würfe unbiologisch sind. Da hätten wir binnen kurzem keine Riesen- und keine Zwergrassen mehr! Es bestehen nämlich offensichtlich sehr feste, erblich bedingte Korrelationen zwischen Körpergrösse der Mutter und der Wurfgrösse. G. Kaiser ist diesen Zusammenhängen in seiner ausgezeichneten Arbeit über die Reproduktionsleistung der Haushunde gründlich nachgegangen. Er hat dazu 2875 Würfe mit total 17106 Welpen untersucht. Dabei zeigte sich nun eindeutig, dass die durchschnittliche Welpenzahl pro Wurf mit abnehmender Körpergrösse der Rassen sinkt. Sie liegt am höchsten bei den Riesen (St. Bernhardshunde) mit 8,03. Über 21 Prozent der Hündinnen dieser Rasse werfen im Durchschnitt mehr als zehn Welpen pro Wurf (im Maximum 20). Die kleinsten Würfe produziert die kleinste Rasse, nämlich der Chihuahua, bei dem der Mittelwert 2,4 Welpen pro Wurf beträgt und ein Viererwurf bereits als eine Sensation gilt. Der mittlere Wert aller Rassen entspricht mit 5,95 Welpen der von Trumler verlangten Norm, er manifestiert sich jedoch nur bei den mittelgrossen Rassen.

Eine Ausnahme von der Regel macht der Appenzeller Sennenhund. Dieser mittelgrosse Hund müsste eigentlich eine mittlere Wurfgrösse von ungefähr sechs Welpen aufweisen, tatsächlich liegt aber der Mittelwert bei 8,04, also noch höher als beim Bernhardiner. Das weist darauf hin, dass neben der eindeutig bestehenden Korrelation von Körpergrösse und Wurfgrösse noch eine erbliche Disposition zu grossen Welpenzahlen innerhalb einer ganzen Rasse vorhanden sein kann. Nach Trumler müssten rund 65 Prozent der Appenzeller Hündinnen samt ihren Nachkommen von der Zucht ausgeschlossen werden! Es ist unsinnig, Rassenhundezucht mit den Massstäben des Fortpflanzungsverhaltens wilder Caniden messen zu wollen, damit negieren wir 10000 Jahre Haustiergeschichte.

Eine erbliche Disposition zu grösseren Würfen kann auch innerhalb einer Rasse unter verschiedenen Zuchtlinien bestehen, und zwar scheint mir heute, sie werde in der mütterlichen Linie vererbt. Alle meine Hündinnen aus der «Aga-Linie» sind deutlich fruchtbarer als die Hündinnen aus der «Pia-Linie». Als Züchter ziehe ich die fruchtbaren Hündinnen vor, und zwar keineswegs aus kommerziellen Gründen. Ein Achterwurf sagt mehr aus über den Zuchtwert einer Hündin und eines Rüden als ein Fünferwurf. Gerade bei Rassen, bei denen die Zeichnung eine grosse Rolle spielt, ist eine grosse Reproduktionsleistung der Hündinnen Vorbedingung zu einer zielstrebigen Zucht. Die Feststellung der korrelativen Beziehungen zwischen Körpergrösse und Reproduktionsleistung wirft natürlich die Frage nach deren Regulierungsmechanismen auf. Zwei Faktoren dürfen als gesichert gelten:

Werden Hündinnen in jeder aufeinanderfolgenden Hitze gedeckt, so nimmt die Wurfgrösse vom dritten Wurf weg ganz deutlich ab. Kaiser fand bei seinen Untersuchungen an 132 Berner Sennen-Hündinnen folgende bemerkenswerte Zahlen:

- Bei drei aufeinanderfolgenden Würfen letzter Wurf noch 92,4 Prozent des ersten Wurfes.
- Bei vier aufeinanderfolgenden Würfen letzter Wurf noch 88,4 Prozent des ersten Wurfes.
- Bei fünf aufeinanderfolgenden Würfen letzter Wurf noch 71,9 Prozent des ersten Wurfes.

Mit der sinkenden Welpenzahl steigt zudem der prozentuale Anteil der Totgeburten.

46 Hündinnen, die bei vier aufeinanderfolgenden Hitzen gedeckt worden waren, gebaren beim ersten Wurf insgesamt 328 Welpen, davon waren 28 (8,5 Prozent) tot; die gleichen Hündinnen warfen im vierten Wurf noch insgesamt 129 Welpen, darunter 46 (36 Prozent) tote.

Diese gesicherten Zahlen sollen dem Züchter wegleitend sein. Nach zwei aufeinanderfolgenden Würfen muss der Hündin eine Ruhepause von mindestens einem Jahr zugebilligt werden.

Mit Sicherheit nimmt auch die Wurfgrösse mit zunehmendem Alter der Hündin ab. Von 15 Hündinnen konnte die Reproduktionsleistung über mehrere Jahre verfolgt werden. Die durchschnittliche Welpenzahl pro Wurf sank bei diesen Hündinnen von anfänglich 8 auf 4,5 im Alter von acht bis zehn Jahren ab. Die relative Zahl der Totgeburten blieb jedoch bei den jungen und den alten Hündinnen gleich hoch.

Es ist so weit!

Dem aufmerksamen Züchter können die Zeichen der herannahenden Geburt nicht entgehen. Bereits zwei Tage vorher beginnt die Hündin in den Flanken einzufallen, die Hüftknochen werden plötzlich deutlich sichtbar und die Hündin scheint abgemagert zu haben. Dieses Einfallen ist die Folge der Erschlaffung der Beckenbänder am Kreuz. Ursache ist das Wirken des Hormons Relaxin. Das gleiche Hormon fördert eine Erschlaffung der Cervix (Gebärmutterhals), was mitunter vermehrte Schleimabsonderung zur Folge hat. Verliert die Hündin plötzlich viel Schleim, so kann mit einer unmittelbar bevorstehenden Geburt gerechnet werden. Viele Hündinnen entwickeln jetzt einen starken Drang zum Nestbauen, sie scharren Gruben, mit Vorliebe irgendwo an einer ungestörten Stelle unter Sträuchern im Garten, mitunter auch im Keller. Aber auch wenn man sie im Zimmer hält, scharren und kratzen sie auf den Teppichen herum, und viele zerreissen in dieser Zeit die Matratze ihres Lagers. Rund 24 Stunden vor der Geburt verweigern sie die Nahrung, haben aber jetzt einen starken Drang, sich zu lösen, auch wenn sie längstens keinen Kot und kaum mehr Harn absetzen können. Sie wollen alle Stunden ins Freie geführt werden, sind sie draussen, so zerren sie sofort an der Leine und wollen wieder nach Hause. Bewegung in diesem Stadium kann ihnen aber nur gut tun. Dem aufmerksamen Züchter wird jetzt ein feines Muskelzittern nicht entgehen, und aus der Scheide der Hündin tritt ein zähflüssiger, manchmal etwas blutig gefärbter Schleim. Die ganze Haltung, der Gesichtsausdruck der Hündin sind verändert und streichen wir ihr mit der Hand über die Bauchdecke und die Brust, so fallen die Haare büschelweise aus. Die Geburt hat mit diesen Zeichen praktisch begonnen; es kann aber immer noch gute 24 Stunden dauern, bis der erste Welpe kommt. Vorläufig ist also noch kein Grund zur Beunruhigung vorhanden und es erübrigt sich, schon nach sechs Stunden mit Spritzen nachhelfen zu wollen. Man muss der Hündin Zeit lassen. Ein sicheres Zeichen für die bevorstehende Geburt ist auch das Sinken der Körpertemperatur. Das bedingt jedoch, dass wir vom 58. Trächtigkeitstag an regelmässig mindestens zweimal pro Tag der Hündin die Temperatur rektal messen. Zu diesem Zweck ölen wir das Thermometer leicht mit Salatöl oder auch mit Vaseline ein und führen es der Hündin vorsichtig in den Enddarm ein. Das Quecksilber steigt sehr rasch an, und die ganze Prozedur dauert kaum mehr als eine bis zwei Minuten. Die Normaltemperatur liegt bei 38°C, kann auch einige Zehntelgrade höher oder tiefer sein. Schon eine Woche vor der Geburt, sicher aber zwei bis drei Tage vorher, sinkt die Körpertemperatur der Hündin um 1,5 bis 2,0 Grad unter die physiologische Norm, wobei die Temperaturkurve einen ziemlich unregelmässigen Verlauf aufweisen kann.

Rund 48 bis 24 Stunden vor der Geburt wird ein deutlicher Tiefstand erreicht, unsere Olette zeigte zum Beispiel einmal nur noch 35,6°C. Nach diesem Tiefstand, der manchmal nur wenige Stunden anhält, erfolgt ein nicht zu übersehender kontinuierlicher Anstieg auf die Normaltemperatur von 38°C. Dieser Anstieg darf als zuverlässiges Anzeichen für die unmittelbar bevorstehende Geburt betrachtet werden. Wenn nach Erreichen der Normaltemperatur innert der nächsten sechs Stunden keine Geburtswehen einsetzen, dann ist der Tierarzt zu konsultieren. Sollte schon vor der Geburt eines Welpen die Hündin grüngefärbten Ausfluss haben, so ist das ein sicheres Zeichen dafür, dass sich bereits eine oder mehrere Nachgeburten abzulösen beginnen und weiteres Zuwarten für die Welpen lebensgefährlich wird, wenn nicht alsbald eine Geburt oder ein Kaiserschnitt erfolgt.

Anfänger machen sich manchmal Sorgen, wenn die Hündin unmittelbar vor der Geburt immer noch keine Milch in den Zitzen hat. Diese Sorgen sind meistens unbegründet. Wir haben oft festgestellt, dass sich die Zitzen erst während der Geburt, manchmal erst dann, wenn der erste Welpe schon da war, mit Milch füllten. Das hat keinen Einfluss auf die spätere Milchleistung der Hündin. Unsere Hündin Pia verlor schon Tage vor der Geburt Milch, weil ihr Gesäuge prallvoll war; sie war aber eine relativ schlechte Säugerin, die stets schon nach ungefähr drei Wochen die Milchproduktion fast gänzlich einstellte.

Ihre Tochter Noa dagegen zeigte erst dann ein wenig Milch, als der zweite Welpe schon da war; sie hat aber ihren Wurf bis zum Alter von fast sechs Wochen ausschliesslich selbst ernährt und säugte auch nach acht Wochen noch.

Nach unseren Erfahrungen säugen Zwerghunde im Durchschnitt länger als mittelgrosse und grosse Hunde.

Unsere Zwergschnauzer und Griffons säugten regelmässig ihre Welpen bis zur achten oder neunten Lebenswoche, die Mittelschnauzer jedoch kaum jemals über die sechste Woche hinaus.

Die Geburt

Man hört oft die Ansicht, Raubtiere würden ihre Jungen hauptsächlich in der Nacht gebären, die Welpen seien deshalb auf die Nacht zu erwarten. Das stimmt bei genauerem Zusehen nicht. Grob gesehen, lässt sich ein Zusammenhang zwischen der Haupt-Aktivitätszeit und der Geburt festlegen, indem zum Beispiel zwei bekannte Haustiere, das Kaninchen und der Goldhamster, ihre Jungen fast immer in den Vormittagsstunden zur Welt bringen. Kaninchen und Goldhamster sind aber ausgesprochene Nachttiere. Es scheint so zu sein, dass Tiere ihre Jungen meistens während ihrer normalen Ruhezeit gebären: Nachttiere also am Tage und Tagtiere in der Nacht. Die Geburten unserer eigenen Hündinnen streuen sich über sämtliche Stunden des Tages, die grösste Zahl der Welpen ist aber bis jetzt in den frühen Morgenstunden bis gegen Mittag zur Welt gekommen. Oft hofften wir schon, eine Geburt sei um Mitternacht zu Ende und es sei uns noch etwas Nachtruhe vergönnt, aber es wurde fast regelmässig Morgen um zwei oder drei Uhr, bis sich der erste Welpe meldete; bis dann der Wurf vollständig war, wurde es Mittag, wenn nicht gar Nachmittag. Durch ein besonderes Geburtshormon (Relaxine) gesteuert, erschlaffen mit Beginn der Geburt die Bindegewebe und die Beckenbänder. Ebenfalls der Gebärmutterhals erschlafft; Stunden später setzen die sogenannten Eröffnungswehen ein, welche die Geburtswege erweitern. In einem bestimmten Rhythmus folgen sich nun die Kontraktionen der Gebärmuttermuskeln. Sobald der Gebärmutterhals offen ist, werden die Intervalle zwischen den einzelnen Wehen kürzer und die Wehen selber heftiger. Die Hündin spricht jetzt auf eine leichte Massage der Bauchdeke sofort mit Einsetzen der Wehen an. Sobald sich die Wehen in Intervallen von etwa zehn Minuten folgen, ist mit einem baldigen Austreiben des ersten Welpen zu rechnen. Zuerst wird die Fruchtblase in der Vulva sichtbar, und die Hündin leckt sich intensiv, sofern sie nicht dermassen dick ist, dass sie gar nicht mehr lecken kann. Viele Hündinnen beginnen jetzt plötzlich wieder emsig zu scharren und zu kratzen und zerreissen auch – lässt man sie gewähren – die Tücher; man muss sie unbedingt daran hindern und sie beruhigen. Mit dem Einsetzen der Presswehen pflegen die äussere Fruchthülle und die Allantois zu platzen und ein Schwall von Fruchtwasser macht die Geburtswege schlüpfrig. Normalerweise wird kurz nach dem Abgehen des Fruchtwassers die innere Fruchtblase – der Welpe wird normalerweise im Amnion geboren – aus der Vulva austreten. Wir stellen jetzt fest, ob es sich um eine Kopf- oder Steissgeburt handelt. Selbst erfahrene Züchter betrachten eine Steisslage des Welpen als anormal, dem ist aber durchaus nicht so! Von den 600 Welpen, die wir bis jetzt aufgezogen haben, kamen wenig mehr als die Hälfte kopfvoran zur Welt (*Abbildung 33* Steissgeburt).

Naaktgeboren gibt von 768 Welpen 511 Geburten in Kopflage an, das sind 66,5 Prozent (in seiner früheren Arbeit, in der er die Angaben über 555 Welpen verarbeitet hatte, lautete der entsprechende Prozentsatz auf 57,24 Prozent). Nach seinen Angaben verzeichneten die Gruppe der Zwerghunde und der Riesen (über 70 cm) je 52 Prozent Geburten in Kopflage, die «Grossrassen» (Schäferhunde) dagegen wiesen deren 74,7 Prozent auf. Möglicherweise sind das aber Zufallswerte.

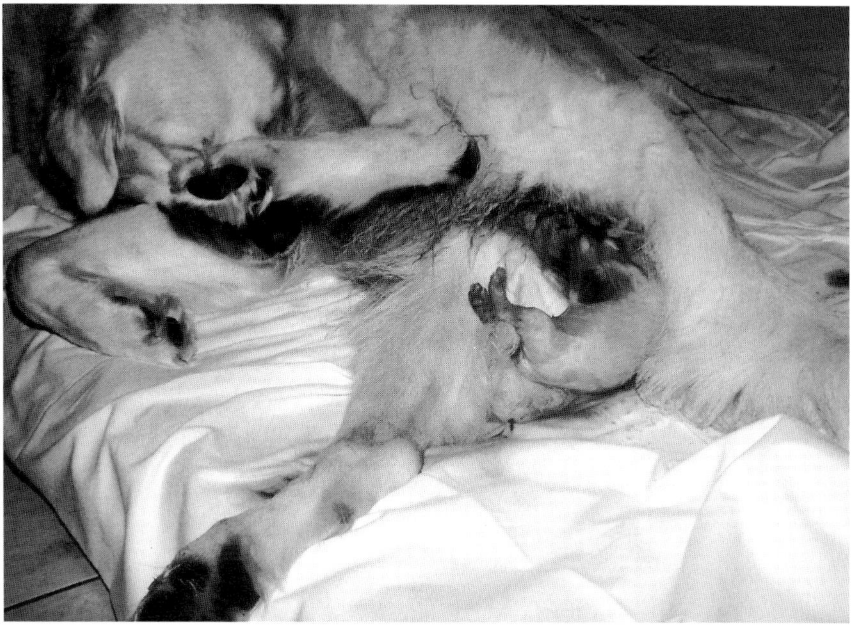

Abbildung 33
Steissgeburt. Nach C. Naaktgeboren werden bei Hunden rund 66 Prozent der Welpen in Steisslage geboren. Bei normalköpfigen Rassen ist es belanglos, ob ein Welpe in Kopf- oder Steisslage geboren wird. Bei grossköpfigen Zwergrassen kann jedoch eine Steisslage problematisch sein. Foto: E.-M. Krämer

Naaktgeborens Angaben über die kleinen und mittelgrossen Rassen deken sich weitgehend mit unseren eigenen Erfahrungen. Es können ab und zu sämtliche Welpen eines Wurfes in Kopflage geboren werden, es kommt aber auch – zwar sehr selten – vor, dass sie alle in Steisslage kommen. Sechs Stunden vor der Niederschrift dieser Zeilen hat unsere Zwergschnauzer-Hündin Orissa vier Welpen in Steisslage geboren. Die Geburten folgten sich ziemlich rasch und ohne jegliche Komplikationen; die vier Welpen weisen Normalgewicht auf. Im allgemeinen überwiegt die Kopflage leicht, aber auch die Steisslage ist bei Hunden durchaus normal. Das hat bei normalgebauten Rassen überhaupt nichts zu bedeuten. Die Austreibung der Welpen geht so rasch vor sich, dass kaum jemals ein Welpe seiner Steisslage wegen ersticken müsste. Dagegen spielt die Lage der Welpen bei den grossköpfigen Zwergrassen eine sehr wichtige Rolle. Steissgeburten waren bei unseren Brüsseler Griffons stets ein grosses Problem. Weil bei diesen der Kopf der Welpen, wie auch der übrige Körper, an sich sehr gross sind, bleiben die Köpfe bei Steisslage sehr oft im Becken stecken, das Amnion reisst (oft auch schon die Nabelschnur), bevor der Kopf des Welpen durch das Becken hindurch ist, und der Welpe muss ersticken.

Als prädestiniert für Geburtsschwierigkeiten gibt Naaktgeboren Pekingesen, Boston Terrier, Scottish Terrier, Französische und Englische Bulldoggen und Chihuahua an, weil bei diesen Rassen das Becken eine abnorme Form aufweist oder die Welpen relativ breit sind. Für Französische Buldoggen gibt Hauck zum Beispiel Schädelbreiten der Welpen zwischen 30,3 und 38,6 mm an, während der Beckendurchgang einer erwachsenen Hündin zwischen 28,8 und 43,6 mm herum liegt. In etlichen Fällen ist hier eine Normalgeburt also gar nicht möglich.

Bei kurzbeinigen Rassen, und dazu gehört zum Beispiel der Scottish Terrier, hat das Becken einen quer-ovalen statt einen längs-ovalen Querschnitt, das macht ihn in bezug auf Geburten zur Problemrasse. Schwierigkeiten bietet oft die Geburt eines toten Welpen. Der lebende Welpe rotiert im Geburtsweg, der tote nicht. Er kann in Querlage kommen und bleibt dann stecken. Hier kann nur der Tierarzt Hilfe bringen. Vorsichtiges Ziehen an den Hinterbeinen kann manchmal helfen, jedoch nicht immer. Wir haben ab und zu einen Welpen wegen seiner Steisslage verloren. Bei Kopflage gab es auch bei den Griffons nie Schwierigkeiten. Diese Schwierigkeiten bei Steisslagen sind bedingt durch die starke Abweichung dieser Rassen vom ursprünglichen Bauplan der Caniden, deswegen berechtigt diese grundsätzlich nicht dazu, die Steisslage als anormal zu bezeichnen. Gefährlicher als Steisslage ist bei allen Rassen vielmehr die verkehrte Lage der Welpen. Normalerweise soll der Rücken des Welpen gegen den Rücken der Mutter gerichtet sein, damit der Welpe beim Durchgang durch das Becken mühelos die Biegung des Geburtskanals mitmachen kann. Ist er jedoch falsch gelagert, also mit dem Bauch nach oben, so ergeben sich Schwierigkeiten. Es kommt zu einem Unterbruch im Geburtsablauf und solche Welpen sind, wenn sie dann endlich geboren werden können,

Abbildung 34
Die instinktsichere Hündin leckt sofort nach dem Austreiben des Welpen die Fruchthüllen weg, durchbeisst die Nabelschnur und verschlingt die Nachgeburt, die normalerweise gleichzeitig mit dem Welpen ausgestossen wird. Foto: E.-M. Krämer

tot! Ein rechtzeitig zugezogener Tierarzt kann einen solchen Welpen eventuell umdrehen, dann geht die Geburt normal weiter.

Den unmittelbar bevorstehenden Austritt eines Welpen zeigt uns die Schwanzhaltung der Hündin während der Presswehen an. Sie richtet jetzt den Schwanz steil nach oben, dadurch wird offenbar der Beckenraum etwas vergrössert.

Es gibt Hündinnen, die gebären liegend, andere sitzend, wieder andere nehmen die gleiche Stellung ein wie beim Kotabsetzen und wieder andere stehen gar auf.

Immer aber zeigt der krampfhaft aufgerichtete Schwanz den Durchtritt eines Welpen durch das Becken an. Die Austreibung dauert normalerweise nur wenige Minuten. Junge Hündinnen, die erstmals gebären, schreien oft beim Austritt des ersten Welpen, beruhigen sich aber dann sofort wieder.

Ist der erste Welpe geboren, so braucht es zur Austreibung der nachfolgenden meistens nur noch zwei bis drei Presswehen. Bei den Schnauzern haben wir manchmal den Eindruck, sie liessen die Welpen regelrecht herausfallen, so mühelos geht es. Bei Brüsseler Griffons braucht es aber auch beim zweiten und beim dritten Welpen oft noch mehr als ein Dutzend kräftige Presswehen, die Hündinnen sind denn meistens auch nach einer normalen Geburt regelrecht erschöpft und mögen sich kaum um die Welpen kümmern. Ist dieser Erschöpfungszustand aber einmal vorbei, sind sie ausgezeichnete Mütter.

Normalerweise wird der Welpe im Amnion geboren. Die instinktsichere Hündin reisst die Hülle sofort auf und beginnt den Welpen von der Nase her kräftig abzulecken. Die Eihüllen frisst sie sofort auf (*Abbildungen 34 und 35*). Schon während der Presswehen hat sich die Plazenta von der Gebärmutterwand gelöst. Sie hängt meistens an der Nabelschnur des Welpen und wird fast gleichzeitig mit diesem ausgestossen; manche Hündinnen reissen sie an der Nabelschnur heraus. Die Nabelschnur beisst die Hündin mit den Prämolaren durch. Durch die kauenden Bewegungen werden die Blutgefässe gequetscht und eine Nabelblutung gibt es in diesem Fall so gut wie nie. Ein einziges Mal hat bei uns eine Hündin mit normalem Kieferschluss die Nabelschnur zu nahe am Bauch abgebissen: Die Bauchwunde war zu gross und wir mussten den Welpen abtun. Anders lag der Fall bei unserer Hündin Pia. Durch einen Aufzuchtfehler war bei ihr der rechte Kieferast verschoben, so dass zwischen dem oberen und dem unteren Reisszahn eine etwa zwei Millimeter breite Lücke klaffte. Die Hündin konnte mit dieser Kieferhälfte eine Nabelschnur nicht abquetschen und so ist es einmal vorgekommen, dass sie einem Welpen die ganze Bauchdecke aufriss. Die nährstoff- und hormonreiche Plazenta wird von der Hündin normalerweise sofort verschlungen. Die darin gespeicherten Hormone sollen einen Einfluss auf die Milchsekretion haben; wir haben aber in dieser Hinsicht nie einen Unterschied bemerkt zwischen Hündinnen, die die Plazenta auffrassen und solchen, die sie liegenliessen. Das Beseitigen der Nachgeburt, so ekelerregend es vielleicht für uns Menschen aussehen mag, ist biologisch wichtig. Diese blutgefüllten Gewebe würden sofort in Fäul-

Abbildung 35
Die holländische Schäfer-Hündin massiert ihrem soeben geborenen Sprössling das Bäuchlein, bis er sein Häuflein «Kindspech» absetzt. Foto: C. Naaktgeboren

nis übergehen und das Wurflager zu einem üblen Infektionsherd machen. Zwei unserer Hündinnen, die Aga und die Amiga, haben auch totgeborene Welpen sofort samt der Plazenta vertilgt. Es ist dies sicher ein, bei den wilden Caniden übliches, instinktmässiges Verhalten.

Auch Pflanzenfresser beseitigen nach der Geburt die Plazenta auf dieselbe Weise. Ich habe dies einmal bei einem Hirsch, ein anderes Mal bei einem Reh gesehen; übrigens ein sehr merkwürdiger Anblick!

Die Abstände, in denen die Welpen geboren werden, sind sehr ungleich. Unsere Ria warf so ziemlich genau in Abständen von 30 Minuten einen Welpen; bei anderen folgen sich oft zwei Welpen in relativ kurzen Abständen von zehn bis fünfzehn Minuten, dann wird eine längere Ruhepause von ein bis zwei Stunden eingeschaltet. Die längste Pause machte die Sabina, die vier Welpen in Abständen von etwa 30 Minuten warf, zwischen dem vierten und dem fünften Welpen aber eine Pause von mehr als sechs Stunden einlegte.

Die schon erwähnte, etwas zu dicke Mirsa benötigte, von den ersten Eröffnungswehen an gerechnet, für die Geburt ihrer vier Welpen annähernd 40 Stunden. Dabei war sie selber auffallend munter und zeigte keine Anzeichen von Schwäche, von Müdigkeit oder Schmerzen; die zwei letztgeborenen Welpen lebten jedoch nur einige Stunden.

Von einer Collie-Hündin weiss ich, dass sie 24 Stunden nach einer anscheinend fertigen Geburt noch einen letzten, lebenstüchtigen Welpen warf!

Während der ganzen Geburt und auch noch Tage später hat die Hündin einen dunkelgrünen Ausfluss. Das ist normal und durchaus nicht Anzeichen einer Infektion, wie etwa angenommen wird.

Der Züchter und die werfende Hündin

Es gibt Leute, die sich etwas auf ihre kynologische Erfahrung einbilden und Anfängern den Rat geben, die werfende Hündin möglichst sich selber zu überlassen und «die Natur walten zu lassen». Das ist Unsinn! Denn gerade hier waltet die «Natur» anders. Bei Wildhunden ist der Vater während der Geburt seiner Nachkommen in der Nähe, und beide Eltern beteiligen sich an der Aufzucht der Welpen. Nach Zimen sollen sogar andere Rudelgenossen mithelfen.

Es ist deshalb uralter Instinkt, wenn die Hündin vor dem Werfen die Nähe vertrauter Menschen sucht. Ich habe auf diesen Seiten schon mehrmals darauf hingewiesen, dass unsere Hunde, genau wie wir selbst, keine natürlichen Wesen mehr sind: Es muss bei ihnen mit domestikationsbedingten Instinktausfällen gerechnet werden. Will man das diesen Leuten begreiflich machen, so wird verächtlich von Degene-

Abbildung 36
Die Wurfkiste muss so bemessen sein, dass sich die Mutterhündin darin ausgestreckt hinlegen kann und Mutter und Welpen genügend Platz haben. Foto: Schmid-Friebel

ration geredet. Ich sehe nicht ein, wie und wann und warum ein Instinktausfall im Sexual- oder Brutpflegebereich den Wert einer Hündin als Gebrauchshund, als Wächter, als Begleiter und als Kamerad herabsetzen sollte. Wir halten Hunde doch nicht einfach als Nutzvieh!

Wem würde es zudem einfallen – man darf den Vergleich ganz ruhig ziehen –, seine Frau zur Geburt eines Kindes in den Keller hinunter oder in den Wald hinaus, statt in die Klinik zu schicken? Man würde einen solchen Barbaren mit Recht als nicht mehr zurechnungsfähig betrachten! Und überhaupt, wer kann genau sagen, wieviele schwere Geburtstragödien in der freien Wildbahn Mutter und Kind das Leben kosten, weil die vielgerühmte Natur mitunter eben versagt?

Ich glaube, damit ist der Platz des Züchters bezeichnet: Er gehört zu der werfenden Hündin, um im Notfall helfend eingreifen zu können!

Diese Hilfe beginnt schon beim Bereitstellen der Wurfkiste. Natürlich gehört diese nicht mitten ins Wohnzimmer. Die Hündin schätzt grossen Betrieb während ihrer schweren Stunde nicht, ja manche verhalten die Geburt, solange sich jemand im Raum aufhält, den sie nicht dabeihaben wollen. Diese Verhaltensweise haben wir einmal bei der Hündin Ulla eindeutig feststellen können. Doch schätzt die Hündin die Anwesenheit einer oder zweier, ihr gut vertrauter Personen; auch davon konnten wir uns immer und immer wieder überzeugen. Das Wurflager stellen wir also in einen, zur Zeit der zu erwartenden Geburt nicht von andern, der Hündin unvertrauten Menschen, benützten Raum. Bei kleinen Rassen ist es gar nicht abwegig, die Wurfkiste neben sein Bett ins Schlafzimmer zu stellen, so geniesst man selbst noch ein wenig Nachtruhe, kann aber doch bei Bedarf sofort eingreifen.

Doch ist alles den jeweiligen Umständen anzupassen; wir müssen uns einfach klar darüber sein, dass es ein langes Warten geben kann, somit sollte der Raum einigermassen wohnlich eingerichtet sein. Zumindest sollte man darin die Temperatur regeln können, und da die Welpen vermutlich in den frühen Morgenstunden kommen, ist auch eine gute Beleuchtung notwendig. Mit einer Taschenlampe in der Hand oder beim Schein von Urgrossvaters Stallaterne kann man keine Geburtshelferdienste leisten.

Manchmal behagt die Wurfkiste einer Hündin nicht, vielfach deshalb, weil sie ihr zu gross ist! Hündinnen wollen in der Kiste geschützt sein, sie wollen mit den Kistenwänden Kontakt haben, unter Umständen beim Auspressen der Welpen die Läufe dagegen stemmen können. In einer zu grossen Kiste kommen sie sich regelrecht verloren vor (*Abbildung 36*).

Als Wurflager haben wir für unsere Mittelschnauzer oben offene Kisten, Innenmasse 90 x 70 cm und etwa 50 cm tief. Die Tiefe ist so bemessen, dass die Welpen während der ersten drei Wochen nicht von selber hinaussteigen können. Da Blut- und grüne Fruchtwasserflecken an den Wänden unvermeidlich sind, kleiden wir diese vorsorglich mit Tücher aus, die man nachher auswechseln kann. Als Wurflager dient ein mit Spreue gefüllter Sack, denn die Hündinnen lieben es, eine Mulde hineinzutreten.

Diesen Spreuesack überdecken wir mit einem alten Teppichstück und dieses wiederum mit einem Leintuch. Blosses Stroh, wie man es oft noch sieht, halte ich nicht für zweckdienlich. Erstens ist es nicht hygienisch und zweitens können sich die Welpen an den scharfen Strohhalmen lebensgefährliche Verletzungen zuziehen. Zudem muss das ganze Strohlager nach der Geburt vollständig erneuert werden. Bei unserem System müssen wir nur das Leintuch, eventuell noch die Teppichunterlage auswechseln.

Bereitzuhalten sind ferner sauberes Wasser, um darin die Hände zu waschen, ein Handtuch, etwas Watte und eine Schere.

Die Hilfe des Züchters beschränkt sich vorerst im geduldigen Warten auf die Dinge, die da kommen sollen. Ab und zu wird er die Hündin am Zerkratzen und Zerreissen des Lagers hindern müssen; vermutlich will sie auch jetzt noch mehrmals ins Freie, obschon ihr Darm schon längstens vollkommen leer ist.

Hat sich die Hündin Tage vorher irgendwo im Garten ein Loch gekratzt, so nehmen wir sie bei diesen nächtlichen Ausgängen an die Leine, denn sie wird nun danach trachten, ihr selbstgebautes Wurflager aufzusuchen und wird sich dann – einmal dort – beharrlich weigern, es wieder zu verlassen. Dem wollen wir von Anfang an zuvorkommen.

Lassen nach Stunden die Eröffnungswehen sichtbar an Intensität nach, so können eine leichte Massage der Bauchdecke oder ein kurzer Spaziergang sehr anregend wirken. Wir verspüren dann sofort, wie sich die Gebärmuttermuskulatur von neuem kräftig zusammenzieht.

Sobald der erste Welpe da ist, wird der Züchter sehen, ob seine Hilfe nötig ist oder nicht.

Instinktsichere Hündinnen reissen sofort die Amnionshülle bei der Nase des Welpen auf und beginnen den Welpen sauberzulecken. Rassen mit starkem Vorbiss – Boxer bilden hier gerade die Grenze – können aber die Fruchthaut nicht mit den Schneidezähnen fassen, und durch blosses Leken bringen sie die Amnionshülle nicht weg. Hier muss der Züchter unbedingt sofort eingreifen und den Welpen befreien, bevor er erstickt. Bei Brüsseler Griffons und Englischen Bulldoggen ist das regelmässig der Fall; dagegen habe ich von Pekingesen gehört, die ihre Welpen richtig auspacken und abnabeln, obschon doch diese Rasse einen sehr starken Vorbiss hat. Es scheint eben auch in dieser Hinsicht individuelle Unterschiede zu geben.

Namentlich erstgebärende Hündinnen sind oft recht ungeschickt und unbeholfen. Es gibt solche, die sich überhaupt nicht um einen soeben geborenen Welpen kümmern, sondern sich selbst intensiv belecken; andere – wie zum Beispiel unsere Finette – springen bei der Geburt des ersten Welpen aus der Kiste und laufen davon; wieder andere befassen sich mit der Nachgeburt und bis sie diese vertilgt haben, ist der Welpe erstickt. In allen diesen Fällen – und das merkt der Züchter sofort – müssen die Amnionshüllen bei der Nasenspitze des Welpen von Hand aufgerissen werden, damit dieser vorerst einmal atmen kann. Oft genügt es jetzt, der Hündin den Welpen hinzuhalten, damit sie beginnt, ihn eifrig zu belecken; tut sie das auch jetzt noch nicht, so streift der Züchter die Eihüllen vollends vom Welpen, reinigt ihm vorsichtig mit Watte Nase und Mäulchen und massiert ihn dann mit einem Wattebausch, bis er kräftig quiekt. Oft erwachen auf diesen ersten Kinderschrei hin in der Hündin blitzartig die mütterlichen Instinkte und sie besorgt das weitere Geburtsgeschäft absolut richtig. Kümmert sie sich aber gar nicht um den Welpen, so muss der Züchter nun auch noch die Nabelschnur durchtrennen. Er wartet damit zu, bis die Schnur völlig blutleer, das heisst ganz weiss, geworden ist. Vorsichtshalber unterbinden wir sie trotzdem noch bauchseits, etwa 1 cm von der Bauchdecke entfernt, mit Nähseide und durchtrennen sie dann, je nach Rasse, etwa 2 bis 3 cm vom Bauch entfernt mit der Schere durch. Die Gefahr, dass so ein Welpe verblutet, besteht kaum. Frisst die Hündin die Plazenta nicht auf, so entfernen wir auch diese. Mir ist es sogar recht, wenn Hündinnen nicht sämtliche Mutterkuchen verschlingen, denn manche haben daraufhin an den nächsten zwei Tagen furchtbaren Durchfall; verschmähen sie aber die Nachgeburten, so bleibt auch meistens der Durchfall aus.

Es gibt auch Hündinnen, die in ihrem Eifer den Welpen an der Nabelschnur hochheben, heftig daran kauen und den Welpen dabei wie ein Stück Fleisch herumbaumeln lassen. Daran muss man sie unbedingt hindern, denn auf diese Weise kann dem Welpen die Bauchhaut aufgerissen werden.

Es gibt sogar Hündinnen, die gesunde Welpen samt der Plazenta auffressen. Das habe ich übrigens mit erstgebärenden Kaninchenmüttern öfters ebenfalls erlebt.

Ich glaube, mit diesen Ausführungen genügend dargetan zu haben, dass die Anwesenheit des Züchters bei der Geburt absolut notwendig ist. muss er selbst nicht einschreiten, weil die Hündin instinktmässig richtig handelt, so ist er mindestens um ein schönes Erlebnis reicher geworden, und gerade das zählt in der Hundezucht mehr als gelegentliche Einnahmen.

Ist der Geburtsakt endgültig abgeschlossen – geübte Züchter können durch Betasten der Hündin genau feststellen, ob sich noch ein Welpe in der Gebärmutter befindet oder nicht –, so wechseln wir die verschmutzten Tücher aus und lassen Mutter und Kinder in Ruhe. Vorläufig braucht die Hündin noch kein Futter, dies vor allem dann nicht, wenn sie sämtliche Nachgeburten vertilgt hat.

Sie braucht jetzt nur einige Stunden Ruhe, um sich ungestört ihren Kindern widmen zu können.

Über schwierige Geburten wollen wir uns hier nicht unterhalten: Der Züchter tut gut, gegebenenfalls nicht den Kurpfuscher spielen zu wollen, sondern rechtzeitig einen in der Kleintierpraxis bewanderten Tierarzt beizuziehen, dies vor allem bei kurznasigen Rassen. Ein Kaiserschnitt bei Hunden ist heute eine alltägliche Sache und lässt sich in den weitaus meisten Fällen für Mutter und Welpen ohne nachteilige Folgen praktizieren. Man sollte deshalb bei auftretenden Schwierigkeiten nicht zu lange warten, bis man sich zum entsprechenden operativen Eingriff entschliesst!

Erste kritische Begutachtung des Wurfes

Spätestens 24 Stunden nach der Geburt sind die Welpen einer gründlichen Kontrolle zu unterziehen.

Der unerfreulichen Pficht, «überzählige» Welpen zu töten, ist der Züchter heute enthoben; die Welpenbeschränkung auf acht oder sogar auf nur sechs pro Wurf, ist heute aus den Zuchtreglementen der meisten Rasseklubs verschwunden.

Das schweizerische Tierschutzgesetz aus dem Jahre 1978 enthält zwar kein ausdrückliches Verbot, gesunde Welpen zu töten, nur weil deren Zeichnung oder Farbe nicht dem Standard entspricht oder weil der Wurf so gross ist, dass die Hündin nicht alle Welpen ausreichend ernähren kann. Das Gesetz sagt lediglich, «Das Töten von Tieren aus Mutwillen ist verboten», und die dazugehörenden Ausführungsbestimmungen geben keinen Aufschluss darüber, ob unter «Mutwillen» auch das Töten eines Welpen mit nicht standardkonformer Zeichnung oder Farbe zu verstehen ist.

Man könnte das Gesetz sogar so auslegen, dass das Töten von Welpen in zu grossen Würfen aus tierschützerischen Gründen nicht nur erlaubt, sondern sogar sinnvoll ist, weil sie sonst mangelhaft ernährt werden und sich nicht zu vollwertigen Tieren auswachsen können.

Etwas konkreter ist in dieser Beziehung «Das Reglement über die Eintragung von Hunden in das Schweizerische Hundestammbuch». Es sagt zwar, dass in der Regel von einem Wurf nur acht Welpen aufgezogen werden dürfen, gibt jedoch den Rasseklubs die Kompetenz, die Aufzucht einer beliebigen Anzahl Welpen pro Wurf zu gestatten unter der Bedingung, dass entweder eine Amme zugezogen wird oder dass der Züchter die Welpen mit einer geeigneten Welpennahrung füttert.

Auf dem Papier liest sich das leicht, doch die Praxis ist dann freilich anders.

Die Erfahrung lehrt, dass im konkreten Fall meistens keine Amme zur Verfügung steht; denn

1. sollen ihre Welpen ungefähr gleich alt sein wie die zu adoptierenden Welpen, und

2. sollte sie grössenmässig der Rasse der fremden Welpen entsprechen.

Diese Bedingungen, die für das Gelingen der Ammenaufzucht von entscheidender Bedeutung sind, schränken die Auswahl bereits wesentlich ein, und es ist stets ein seltener Glücksfall, wenn innert nützlicher Frist eine passende Amme gefunden werden kann. Ist dies der Fall, so rate ich dringend dazu, Rechte und Pflichten, vor allem allfällige Entschädigungen, zwischen Ammen- und Welpenbesitzer schriftlich festzuhalten. Ist keine Amme vorhanden, so bleibt nur die Zufütterung sämtlicher Welpen des Wurfes mit einer geeigneten Welpennahrung. Kuh- oder Ziegenmilch sind kein geeigneter Ersatz. Der Eiweissgehalt der Kuhmilch beträgt im Durchschnitt 3,5 Prozent, derjenige der Ziegenmilch 3,8 Prozent und derjenige der Hundemilch 7,3 Prozent. Mit Kuh- oder Ziegenmilch gefüttert, sind die Welpen auch bei vollen Bäuchlein unterernährt. Richtig zusammengesetzte Welpennahrung ist heute im Handel erhältlich, man frage den Tierarzt oder einen erfahrenen Züchter.

Das Problem der Zufütterung liegt nicht im Ersatzfutter, sondern im Zeitaufwand.

Im Forschungszentrum Waltham in England hat man mit Hilfe von Infrarotkameras und Video die Aktivitäten von säugenden Labrador-Hündinnen während 24 Stunden aufgezeichnet.

Die gesamte Säugezeit betrug am 17. Tag nach der Geburt, also zu einer Zeit, da die Welpen noch kaum feste Nahrung zu sich nahmen, zwischen 2,5 und 2,7 Stunden. Gesäugt wurden die Welpen während 24 Stunden zwölfmal. In den ersten zwei Lebenswochen sind die Intervalle noch kürzer, und die Welpen unterscheiden nicht zwischen Tag und Nacht! Da bleibt einem Züchter nicht mehr viel Nachtruhe! Er wird beim Zufüttern eines Wurfes mit 14 oder 16 Welpen hauptberuflich Hundemutter.

Der Züchter, der sich diesen Zeitaufwand nicht leisten kann, wird sich deshalb bei aller Tierliebe überlegen, ob er einen schlecht gezeichneten oder missfarbigen Welpen während drei Wochen täglich mehr als ein Dutzend mal zufüttern will.

Kann sein, dass er in einem solchen Fall das Töten eines Welpen nicht als «Mutwillen» im Sinne des Gesetzes auffasst. Doch auch der Züchter, der grundsätzlich keinen gesunden und wohlgestalteten Welpen wegen eines Farbfehlers oder weil das Klubreglement das wo will, tötet, kommt mitunter nicht um die unangenehme Pflicht herum, eine Auswahl treffen zu müssen. Nach welchen Gesichtspunkten hat nun eine solche erste Auswahl zu erfolgen?

Der Zürcher Gelehrte Conrad Gesner (1516–1565) gibt dazu folgende Anweisung: «Man macht ein ziemlichen weyten ring mit kleinem dürrem holtz, legt die jungen mitzen / zündt das holtz an / lasst dann die hündin laufen / so tregt sy ye den edelsten zu ersten auss dem fheür / den geringsten aber zu letst.»

Ich denke aber, wir gehen diesbezüglich anders vor: Zuallererst untersuchen wir sämtliche Welpen sehr genau auf etwa vorhandene anatomische Fehler. Selbstverständlich sind Welpen mit Hasenscharten, Gaumenspalten und Spaltnasen fraglos Todeskandidaten, und zwar auch dann, wenn die Welpenzahl kleiner als sechs ist. Skelettfehler, die man ebenfalls nicht dulden sollte, sind eine fehlende oder eine geknickte Rute, es sei denn, die verkrüpptelte Rute sei als Rassenmerkmal erwünscht. Zu kontrollieren sind auch alle vier Gliedmassen, dies schon deshalb, weil Afterkrallen gleich nach der Geburt mit einer scharfen Schere entfernt werden müssen. Ich bin in Sachen Kleintierzucht gewiss kein Neuling, und doch ist es mir einmal bei einer jungen Katze entgangen, dass ihr ein Hinterfuss vom Sprunggelenk weg völlig fehlte.

Es ist hier wohl am Platz, sehr nachdrücklich auf den, bei einfarbigen Rassen häufigen, vorgeburtlichen *Pigmentstop* hinzuweisen.

Schwarze Spitze, schwarze Schnauzer, rote Dackel, Neufundländer und andere haben bei der Geburt sehr oft weisse Zehenspitzen und mehr oder weniger grosse weisse Brustflecken. Die weissen Zehenspitzen verschwinden sozusagen immer, es kann aber bis zur fertigen Pigmenteinlagerung noch acht bis zehn Wochen dauern. Die Brustflecken verschwinden meistens nicht völlig, aber sie reduzieren sich häufig auf einen kleinen weissen Streifen, der den Wert des Hundes als Zucht- und Ausstellungstier in keiner Weise herabmindert. Es ist also kein Grund vorhanden, solche Welpen abzutun. Leider kommt das immer wieder vor, zumal wenn unwissende Zuchtwarte einen Anfänger falsch beraten.

Ein wesentlicher Faktor bei der Auslese sind die *Geburtsgewichte.*

Dabei ist nicht das absolute, sondern das relative Geburtsgewicht massgebend, denn die absoluten Zahlen variieren von Wurf zu Wurf sehr stark.

Zwerghunde werfen relativ grosse Welpen, Riesenrassen relativ kleine. Eine unserer Zwerggriffon-Hündinnen mit einem Erwachsenengewicht von etwa 4,5 kg warf Welpen bis zu 270 g Geburtsgewicht, Schnauzer-Hündinnen mit 18 bis 20 kg Erwachsenengewicht warfen nicht viel schwerere. Die leichtesten Mittelschnauzer, die wir jemals hatten, wogen bei der Geburt nur 145 g, 165 und 180 g; die leichtesten Griffons aber immer noch 130 bis 150 g.

Das Geburtsgewicht des leichtesten Schnauzers betrug ein Prozent des mütterlichen Gewichtes, dasjenige des leichtesten Griffons jedoch 3,3 Prozent.

Der schwerste Schnauzer, den wir jemals hatten, wog zwei Prozent des mütterlichen Gewichtes, der schwerste Griffon jedoch 5,4 Prozent.

Schon diese wenigen Zahlen zeigen die grosse Variabilität der Geburtsgewichte. Nach Kaiser wiegen Welpen der grossen Rassen im Mittel etwa ein Prozent des mütterlichen Gewichtes, bei Zwergrassen kann es jedoch auf sechs Prozent ansteigen (Pyrenäenhund 0,97 Prozent, Chihuahua 6,42 Prozent).

Als «normal» muss man deshalb bei jedem Wurf das Durchschnittsgewicht der Welpen etwa zehn Prozent annehmen. So lagen zum Beispiel in einem Wurf sechs Welpen, wovon deren fünf Geburtsgewichte zwischen 275 und 360 g aufwiesen, während einer nur 220 g wog. Den kleinsten aufzuziehen, lohnte sich nicht, er würde den Rückstand nie völlig aufgeholt haben.

Ein Jahr später warf die gleiche Hündin sieben Welpen, darunter sechs mit Gewichten zwischen 355 und 370 g, der siebte aber war nur 280 g schwer. Aus Interesse liessen wir ihn vorläufig im Wurf. Er erwies sich jedoch als ein Schwächling, obschon sein absolutes Geburtsgewicht durchaus im Rahmen der Gewichte des letztjährigen Wurfes lag. Er ging am zehnten Tag an einer Darmstörung ein. Sein Gewicht betrug damals 460 g, während sein schwerster Bruder damals bereits 810 g wog. Beim Grossen war somit das Gewicht am zehnten Lebenstag das 2,3fache des Geburtsgewichtes, beim Kleinen aber nur das 1,8fache.

Unsere Pia hatte einmal in einem Wurf einen Welpen von 510 g und einen solchen von 370 g.

Weil 370 g für einen Mittelschnauzer eigentlich ein sehr gutes Geburtsgewicht ist, liessen wir den Welpen selbstverständlich am Leben. Es lohnte sich nicht. Am 21. Tag hatte der grosse Welpe ein Gewicht von 2250 g, der kleine von 1630 g, die relative Zunahme betrug demnach bei beiden genau gleich viel, nämlich 4,4mal das Geburtsgewicht; mit zehn Wochen jedoch wog der Grosse rund 7 kg, der kleine aber erst 2,5 kg, obschon beide unter den genau gleichen Bedingungen aufwuchsen.

Zum Vergleich mögen die beiden Welpen der Mirsa erwähnt werden. Der eine wog bei der Geburt 310 g, der andere 370 g. Am 21. Tag war der leichtere 2120 g, der schwerere 2370 g und mit zehn Wochen waren beide fast auf das Gramm genau gleich schwer.

Welpen mit ausgeglichenen Geburtsgewichten entwickeln sich – keine Komplikationen vorausgesetzt – meistens auch sehr gleichmässig.

Als Beispiel mögen hier ein Fünferwurf der Hündin Ria, ein Viererwurf der Hündin Pia und ein Fünferwurf der Hündin Noa dienen.

Der Fünferwurf der Ria zeigte folgende Gewichte:

bei der Geburt	310 g	300 g	300 g	320 g	310 g
nach 10 Tagen	900 g	850 g	810 g	850 g	790 g
nach 20 Tagen	1600 g	1330 g	1420 g	1450 g	1380 g
nach 30 Tagen	2160 g	1920 g	1850 g	1900 g	1750 g

Der Viererwurf der Hündin Pia

bei der Geburt	420 g	410 g	410 g	390 g
nach 10 Tagen	870 g	880 g	950 g	850 g
nach 20 Tagen	1360 g	1340 g	1440 g	1360 g
nach 30 Tagen	1750 g	1770 g	1920 g	1690 g

Noch fast eindücklicher sind die Zahlen für den Fünferwurf der Hündin Noa. Ihre Welpen wogen

bei der Geburt	315 g	345 g	370 g	290 g	320 g
nach vier Wochen	1870 g	1920 g	1970 g	1730 g	1740 g

Ich führe hier absichtlich die Zahlen nur bis zu dem Zeitpunkt auf, da wir mit der Zufütterung begannen. Sie zeigen demnach die Entwicklung der Welpen während der reinen Säugeperiode.

Diese Zahlen belegen übrigens bereits die Tatsache, dass bei derart ausgeglichenen Geburtsgewichten schon nach kurzer Zeit die leichteren Welpen ihren kleinen Rückstand aufholen und manchmal sogar bald einmal ihre Brüder und Schwester leicht überflügeln.

Die Beispiele zeigen aber auch, wie ausgeglichen Würfe bei der Geburt sein können. Was hier an einem Vierer- und zwei Fünferwürfen gezeigt worden ist, kann natürlich auch bei Achter-, Zehner- und Zwölferwürfen zutreffen. In solchen Fällen wird die Auslese sehr schwer. Manchmal zeigt sich bereits nach wenigen Tagen irgend etwas, das dem Züchter dann die Qual der Wahl erspart. Es kann eine Nabelinfektion auftreten; vielleicht nimmt einer der Welpen schlecht zu; bei schweren Rassen besteht zudem in den ersten Tagen immer die Gefahr, dass die Hündin einen Welpen erdrückt, auch können innere Organfehler vorliegen, die ein Züchter nicht feststellen kann. So verloren wir einmal einen Welpen wegen einer Darmeinstülpung, einen anderen wegen einer Leberdeformation.

Trumler sagt, der Welpe, der nicht in der ersten Lebensminute alles daran setze, eine mütterliche Zitze zu erreichen, sei erbgeschädigt. Das ist natürlich Unsinn! Gerade bei den kleinen Rassen mit ihren oft relativ grossen Welpen brauchen die Welpen nach der Geburt oft einige Minuten, bis sie sich so weit erholt haben, dass sie sich auf die Suche nach der mütterlichen Milchquelle machen können. Das kann mitunter bis zu einer Viertelstunde dauern. Wir haben das öfters erlebt, und in allen Fällen wuchsen sich die nach Trumler «erbgeschädigten» Welpen zu kräftigen Hunden aus, die zum Teil ein Alter von vierzehn und mehr Jahren erreichten. Nach Trumler hätte ich einen Käufer, der einen solchen Junghund kaufte, betrogen. Warum eigentlich? Was darf ich als Hundebesitzer denn mehr erwarten, als einen gesunden, langlebigen Hund zu erwerben? Spielt es wirklich eine derart eminente Rolle, ob er schon in der ersten Minute oder erst nach zehn Minuten seine erste Milch erhielt?

Ein gesunder Welpe fühlt sich nach 24 Stunden prall an, er führt mit den Hinterbeinen kräftige Stemmbewegungen aus und hat eine laute, energische Stimme. Sich schlaff anfühlende Welpen mit dünner Piepstimme sind Schwächlinge. Sehr häufig schiebt die Mutterhündin solche Welpen beiseite; wir haben es schon erlebt, dass sie sie in eine Ecke der Wurfkiste legte und mit der Nase Streue oder einen Tuchzipfel auf sie schob, als wären sie zu verlochende Knochen.

Hier ist der Ort, auf die oft gehörte Meinung, die männlichen Welpen seien stets stärker als die weiblichen, kurz einzutreten.

Unser stärkster Welpe war ein Rüde und der schwächste Welpe war eine Hündin, doch das mag Zufall sein; denn wenn ich wahllos die Geburtsgewichte von 20 Rüden und von 20 Hündinnen aus den Würfen von fünf verschiedenen Hündinnen zusammenzähle, so erhalte ich für die Rüden ein Durchschnittsgewicht von 366 g, für die Hündinnen ein solches von 353 g. Die Rüden haben demnach einen leichten Vorsprung inne, dieser ist aber so gering, dass deswegen auf keinen Fall auf eine minder grosse Vitalität der weiblichen Welpen geschlossen werden darf. Meistens ist es so, dass in einem Wurf die schwerste Hündin schwerer ist als der leichteste Rüde, und gar nicht immer ist der stärkste Welpe ein Rüde und der schwächste eine Hündin, es kann durchaus – und dies gar nicht selten – das Gegenteil der Fall sein.

Askariden – Die Geissel der Welpen

Trotz aller Aufklärung durch die Fachpresse gehen auch heute noch Jahr um Jahr viele, an sich durchaus lebenskräftige Welpen ein oder sie serbeln wochenlang dahin und leiden ihr Leben lang an den Folgen einer starken Frühverwurmung. Dabei ist die Bekämpfung der Spulwürmer heute wirklich kein Problem mehr. Ich warne jedoch ausdrücklich vor den «natürlichen» Methoden einiger Naturheilapostel. Mit Knoblauch und Zwiebeln befreit man niemals einen stark mit Würmern befallenen Welpen von seinen Plagegeistern.

Merkwürdigerweise ist der Spulwurmbefall bei Welpen, die unter genau den gleichen Bedingungen aufgezogen werden, sehr verschieden. Es gibt Hündinnen, deren Würfe regelmässig hochgradig mit Askariden befallen werden, während die Welpen einer anderen Hündin im gleichen Zwinger einen nur sehr geringen Befall aufweisen. Ganz offensichtlich ist die Anfälligkeit von Wurf zu Wurf, sicher aber auch von Rasse zu Rasse, sehr verschieden. Dr. H. Pfosi hat deshalb einmal zu Recht im «Schweizer Hundesport» geschrieben, dass gewisse Individuen stets verwurmt, andere aber anscheinend überhaupt nicht mit Spulwürmern anzustecken sind. Das stimmt! Es spielt dabei überhaupt keine Rolle, ob die Mutter selbst in ihrem Kot Spulwurmeier aufweist oder anscheinend wurmfrei ist. Sie kann während der Aufzuchtperiode mit dem Stuhl der Welpen, den sie ja aufleckt, solange die Welpen nur mit Muttermilch ernährt werden, Millionen von Spulwurmeiern aufnehmen, dessen ungeachtet zeigt sie nachher trotzdem keinen Wurmbefall, weil sie über eine individuelle Resistenz gegenüber Spulwürmern verfügt. Der eben zitierte Dr. Pfosi meint deshalb, dass der Spulwurmbefall nicht in erster Linie ein Infektions-, sondern ein Haftungsproblem sei.

Eine Hündin (deren Welpen stets sehr stark verwurmt waren) hatten wir während der Trächtigkeit mehrmals entwurmt. Unmittelbar vor der Geburt der Welpen rasierte ich ihr die Bauchhaare weg und dann wusch ich ihr Gesäuge und Hinterschenkel gründlich mit Desogen. Diese Prozedur wiederholte ich in den ersten Wochen nach jedem Ausgang ins Freie. Resultat: Die Welpen blieben so verwurmt wie eh und je! – Alle hygienischen Vorbeugungsmassnahmen scheinen hier nutzlos zu sein.

Wir müssen uns einfach mit der Tatsache abfinden, dass richtig gefütterte, erwachsene Hunde in der Regel askaridenfrei sind, während Askaridenbefall bei Welpen mehr oder weniger normal ist.

So unsympathisch diese Parasiten auch sein mögen, so raffiniert und faszinierend ist ihre Entwicklung und ihre Anpassung an die Wirtstiere. Die mit dem Kot ausgeschiedenen Spulwurmeier machen ausserhalb des Wirtstieres eine Entwicklung zu einer ansteckungsfähigen Larve durch. Diese Larven werden von Hunden durch die Atemwege oder auch oral aufgenommen. Im Darm werden diese Larven frei, sie durchbohren die Darmwand und gelangen von hier aus in die Blut- oder die Lymphbahnen. Irgendwo in der Muskulatur oder in den Organen, zum Beispiel der Leber, nisten sie sich ein und legen hier eine oft über Jahre dauernde Ruhe ein. Ein Teil aber wandert in die Lunge ein und wird ausgehustet. Sie gelangen in den Rachen, werden erneut verschluckt und kehren in den Darm zurück, wo sie sich zu geschlechtsreifen Würmern entwickeln.

Die im Gewebe einer Hündin eingelagerten Ruhestadien werden durch die Umstellung des Stoffwechsels der Hündin infolge Trächtigkeit aktiviert und wandern nun über die Plazenta in die Welpen ein, wo sie vorerst einmal in der Leber oder in der Muskulatur inaktiv bleiben. Gleich nach der Geburt beginnt dann aber die Einwanderung in den Darmtrakt, wo sie sich zu Spulwürmern entwickeln, die bereits nach 21 Tagen selbst wieder reife Eier produzieren. Wartet nun der Züchter mit der Entwurmung zu lange, so können die Welpen im Alter von drei Wochen massiv mit Spulwürmern verseucht sein und geschädigt werden.

Kennen wir nun den Entwicklungsvorgang, wie ihn uns die Parasitologen lehren, so müssen wir die richtigen Konsequenzen ziehen.

Entwurmen wir zu früh, so erfassen wir nur einen Teil der Parasiten, denn es ist damit zu rechnen, dass bis zum 15. Lebenstag immer noch Larven aus der Muskulatur und der Leber in den Darmtrakt einwandern, die wir bei einer zu frühen Entwurmung nicht erreichen. Entwurmen wir aber erst nach dem 21. Lebenstag, dann hat die massive Verseuchung des Zwingers durch Spulwurmeier bereits wieder begonnen und die Welpen selber können erheblich geschädigt sein. Als richtig erscheint somit die Forderung, die Welpen zwischen dem 5. und 10. und am 20. Lebenstag einer Wurmkur mit einem Piperazinpräparat zu unterziehen und diese Kur zu wiederholen, wenn auch später noch Verdacht auf Spulwurmbefall besteht; denn die Möglichkeit besteht während der ganzen Säugeperiode, dass die Welpen durch die Muttermilch erneute Spulwurmlarven aufnehmen.

Es muss in diesem Zusammenhang deutlich gesagt werden, dass es bis heute kein Medikament im Handel gibt, das die in der Muskulatur der Hündin ruhenden Spulwurmlarven mit Sicherheit erreicht.

Das vor einiger Zeit durch die Firma Bayer unter dem Namen «Citarin» hergestellte Wurmmittel, das subkutan gespritzt wird und das auch im Körpergewebe sitzende Askaridenlarven verlässlich töten soll, hat sich laut Angaben massgebender Parasitologen in der Praxis bis jetzt nicht bewährt.

Neuerdings wurden im Institut für Parasitologie der Universität Zürich Versuche mit dem Medikament «Fenbendacol» an trächtigen Hündinnen gemacht mit dem Ziel, die in der Muskulatur der Hündin ruhenden Toxocara-Larven abzutöten. Ein Erfolg wurde nur erreicht, wenn das Mittel vom 40. Trächtigkeitstag an bis zur Geburt in hohen Dosen verabreicht wurde. Die entsprechenden Kosten machen eine Behandlung einer trächtigen Hündin in der züchterischen Praxis illusorisch.

Das Mittel «Invermectin», das heute bei Huftieren mit gutem Erfolg angewendet wird, verursachte bei Hunden schwere Nebenwirkungen mit zum Teil tödlichem Ausgang.

Vorläufig müssen wir uns damit abfinden, dass es durch wandernde Spulwurmlarven in verschiedenen Organen (zum Beispiel Darm, Lunge) zu Entzündungen kommen kann, die oft tödlich verlaufen und die wahrscheinlich meistens auch nicht als solche erkannt werden. Viel häufiger als eine derart akute Entzündung sind aber chronische Schädigungen durch die Würmer und die Wurmtoxine (giftige Ausscheidungen der Würmer), die den Welpen erheblich schwächen und seine Widerstandskraft herabsetzen. Es braucht dann nur noch eine relativ harmlose Infektion von aussen her dazukommen zu müssen, und schon ist das Unheil da. Solche Infektionen sind aber praktisch vom Züchter gar nicht zu vermeiden.

Eine wenig beachtete Infektionsqeulle stellt schon allein die Mutter dar. Wir haben über längere Zeitspannen die Milch unserer Hündinnen im bakteriologischen Institut untersuchen lassen und mussten mit grosser Besorgnis feststellen, wie stark die Milch sämtlicher Hündinnen mit Pyokokken, Streptokokken und zum Teil auch mit Colibazillen verseucht war. Wir glaubten zuerst, dieser Befund sei pathologisch und behandelten die Hündinnen bereits vor der Geburt mit Antibiotika und Sulfonamiden. Freilich ohne Erfolg! Die Milch der behandelten Hündinnen wies deswegen kaum weniger Keime auf. Zu unserer Beruhigung zeigte es sich dann in der Folge, dass auch die Milch von Hündinnen anderer Rassen und aus anderen Zwingern das genau gleiche Bild aufwiesen: Ein mehr oder weniger starker Befall der Hündinnenmilch mit Krankheitserregern ist offenbar durchaus normal.

Die Tatsache, dass weder die Behandlung mit Antibiotika noch diejenige mit Sulfonamiden einen Einfluss auf die Zahl der pathogenen Keime in der Milch hatte, lässt wohl den Schluss zu, dass diese bei der Milchgewinnung von der Hautoberfläche sekundär in die Milch gelangt sind. Für den Welpen kommt das wohl praktisch auf dasselbe heraus, er wird beim Saugen eine grosse Zahl solcher Keime zu sich nehmen.

Ein gesunder Welpe wird durch die Krankheitserreger offensichtlich auch gar nicht geschädigt, ist er aber einmal geschwächt, so kommt es zu einer chronischen Darm- oder Leberentzündung, zu Hautausschlägen, Nabelentzündungen, schlechtverheilenden Wunden (die beim Kupieren der Schwänze und Afterkrallen gesetzt werden müssen): alles Infektionen, die kaum wirksam bekämpft werden können. Die Welpen serbeln dahin. Mit Antibiotika und Sulfonamiden kann man den Verlauf der Krankheiten zeitweilig etwas bremsen, aber richtig gesund sind solche Hunde nie, sie bleiben Zeit ihres Lebens gegen alle Infektionskrankheiten überaus anfällig.

Der Kampf gegen die Askariden muss deshalb so früh als möglich, das heisst schon am fünften oder sechsten Lebenstag der Welpen, aufgenommen werden.

Viele Züchter mit und ohne Erfahrung werden mitleidig lächeln, sollen sie! Ich schreibe und sage nichts, was mich nicht die Erfahrung gelehrt hat. Die frühzeitige Entwurmung bei Würfen, die erfahrungsgemäss eine starke Verwurmung zeigen, ist schon im Interesse der Mutterhündin dringend geboten. Die bei solchen Würfen öfters auftretende *Tetanie* der Hündin wird vielfach, völlig zu Unrecht, als Eklampsie bezeichnet.

Einen typischen Tetaniefall hatten wir einmal bei unserer Hündin Ria, und zwar bereits drei Tage nach der Geburt ihrer Welpen. Zuerst fiel uns die Steifheit ihrer Hinterhand auf, dann wurde der Gang der Hündin schwankend und schon wenige Stunden später konnte sie nicht mehr allein aus der Wurfkiste steigen. Ihr Blick wurde stier und interesselos, sie reagierte kaum mehr auf Anruf. War sie einmal im Freien, dann wälzte sie sich auf dem Rücken, rieb die Schnauze heftig am Erdboden und nieste dazu laut und anhaltend. Ihr Zustand verschlechterte sich von Stunde zu Stunde und ihr Interesse an ihren Kindern schwand immer mehr. Die Sache wurde bedrohlich.

Glücklicherweise war kein Tierarzt erreichbar.

Er hätte der Hündin eine Spritze Kalzium verabreicht, worauf sich ihr Zustand innert kurzer Zeit gebessert hätte. Er hätte wahrscheinlich auch zu einer Trennung der Hündin vom Wurf geraten, weil man in Tetaniefällen bei säugenden Hündinnen annimmt, die Milchproduktion sei die Ursache der Kalziumverarmung. Das hätte bedeutet, dass wir den Wurf mit der Flasche hätten aufziehen müssen, eine Arbeit, die nur der bewältigen kann, der sonst keine Pflichten hat.

Doch wie gesagt, es war kein Tierarzt erreichbar. So rief ich den in solchen Dingen erfahrenen Dr. H. Pfosi an. Dieser riet mir zu einem sofortigen Entwurmen der Welpen. Ungläubig schüttelte ich den Kopf: Am dritten Lebenstag entwurmen? Doch der Zustand der Hündin war schlimm, und es musste rasch gehandelt werden.

In einer Kaffeetasse zerstiessen wir mit einem Kaffeelöffel Piperazin-Adipat, und zwar etwa 100 mg pro kg Körpergewicht der Welpen, also eine Menge, welche etwa einem Drittel einer Tablette pro Welpe entspricht; darüber gossen wir etwa einen Kaffeelöffel voll mit Wasser verdünnte Milch (1:1) und versüssten dann die Lösung mit drei Messerspitzen voll Staubzucker. Die Tasse mit der Lösung stellten wir in ein warmes Wasserbad (Wassertemperatur etwa 40°C). Nun träufelten wir jedem Welpen mit der Tropfpipette die Lösung ins Mäulchen. Das geht sehr einfach. Eine Person hält den Welpen in den Händen, die andere öffnet ihm durch leichten Druck auf den Unterkiefer das Mäulchen und tropft ihm die Lösung ungefähr auf die Zungenmitte. Ist die Lösung süss genug, so schlucken die Welpen gierig, ist sie zu wenig gesüsst, so schütteln sie die Köpfchen und schäumen.

Jeder Welpe erhielt so der Reihe nach vorerst eine Pipette voll, dann begannen wir nochmals von vorne, bis die gesamte Lösung aufgebraucht war.

Der erkrankten Hündin gaben wir zwei Tabletten Kalzium-D-Redoxon. Der Erfolg entsprach vollständig der Prognose, die Dr. Pfosi mir gestellt hatte und war in zweifacher Hinsicht verblüffend:

Nach 24 Stunden stieg die Hündin wieder von selbst aus der Wurfkiste und nach 48 Stunden war sie vollständig wiederhergestellt. Sie erhielt noch während vier Tagen je zwei Tabletten Kalzium-D-Redoxon und nach sieben Tagen wiederholten wir das Entwurmen der Welpen.

Bisher entwurmten wir die Welpen von Ria erstmals im Alter von drei bis vier Wochen, sie waren dann jeweils sehr stark mit Spulwürmern befallen.

Im eben beschriebenen Fall entwurmten wir die Welpen noch einmal im Alter von vier Wochen. *Es gingen überhaupt keine Würmer ab*, die Welpen waren vollständig wurmfrei.

Seither wird bei uns jeder Wurf im Alter zwischen fünf und zehn Tagen entwurmt, nun wachsen unsere Welpen vollständig wurmfrei heran und eine Puerperaltetanie der Hündinnen ist bei uns nie mehr vorgekommen. Wir haben seither auch keine schlechtverheilenden Schwanzwunden mehr und Nabelinfektionen gibt es auch nicht mehr.

Die kleine Mühe der frühzeitigen Entwurmung der Welpen lohnt sich also unbedingt.

Obschon es so leicht ist, Welpen von dieser lebensgefährlichen Geissel zu befreien und Piperazinadipat für sie harmlos ist, leiden auch heute noch landauf, landab Hunderte von Welpen unter Spulwürmern.

Immer und immer wieder werden wir um Rat gefragt, wenn Welpen nicht gedeihen wollen. Man braucht kein Tierarzt zu sein, um auf den ersten Blick festzustellen, was da meistens los ist. Magere Welpen mit dick- und prall aufgetriebenen Bäuchen, wackeligem, schwankendem Gang der Hinterhand, glanzlosem, struppigem Fell, Appetitlosigkeit und graugelbem, dünnem Stuhl sind die sichersten Zeichen einer starken Verwurmung. Glücklicherweise sind die Welpen in den meisten Fällen auch jetzt noch zu retten, eine Tablette Piperazin pro vier kg Körpergewicht befreit sie hundertprozentig von ihren gefährlichen Plagegeistern. Nach zehn Tagen wiederholt, bringt die Kur zumeist dauernde Abhilfe.*

Übrigens ist starker Spulwurmbefall bei acht und mehr Wochen alten Welpen ein sicheres Zeichen falscher Ernährung. Sobald nämlich die Welpen keine Muttermilch mehr erhalten und ausreichend rohes Fleisch gefüttert bekommen, hört die Spulwurminfektion auf. Alte, richtig ernährte Hunde, sind fast immer frei von Askariden. Offenbar ist Milch, namentlich die Muttermilch der Hündinnen, ein ganz besonders günstiger Nährboden für Askariden; rohes Fleisch dagegen, in ausreichenden Mengen gefüttert, scheint die Entwicklung der Askariden sehr stark zu hemmen.

Die Bekämpfung der Spulwürmer ist nicht nur im Interesse des Hundes, sondern auch des Menschen. Die Larven von Toxocara, einer der Spulwurmarten, die den Hund befällt, können als sogenannte Wanderlarven (Larva migrans viszeralis) in die inneren Organe des Menschen eindringen und hier schwere Schäden verursachen. Gefährdet sind vor allem Kleinkinder bis ins Alter von vier Jahren, die in engem Kontakt mit Hunden leben. Ein starker Befall kann bei ihnen zum Tode führen.

In den Darm des Menschen gelangen die Toxocaralarven nicht, sie sterben mit der Zeit in den Organen ab.

Andere Darmparasiten wurden bei unseren Welpen bis jetzt nie festgestellt, obschon wir über längere Zeit den Stuhl der Welpen periodisch auf Wurmeier untersuchen liessen. Erst bei halbwüchsigen Hunden treten dann solche auf, namentlich auch schon Bandwürmer! Deren Bekämpfung ist Sache des Tierarztes; ich warne nachdrücklich vor unkontrollierten Bandwurmkuren.

Dem Züchter obliegt es, prophylaktisch einen Bandwurmbefall der Junghunde nach Möglichkeit zu vermeiden. Diese Prophylaxe besteht vor allem in der Bekämpfung des *Hundeflohs*.

* Neben den Piperazinen empfiehlt Professor Stoye bei Askaridenbefall Banminth-Paste (Pfizer Inc.) und Fenbendazole (Hoechst). Beide Präparate sind auch bei Üerdosierung verträglich.

Der Hundefloh ist der Zwischenwirt des Hundebandwurms; seine Hunde flohfrei halten, heisst deshalb, sie vor einer Bandwurminvasion bewahren.

Doch auch da hört man mitunter wahrhaft mittelalterliche Ansichten.

Weitverbreitet ist die Meinung, Flöhe seien ein sicheres Anzeichen für die Gesundheit ihres Wirtes, Flöhe würden nämlich kranke Hunde meiden.

Ein Züchter erklärte mir einmal in allem Ernst, er sehe es gerne, wenn seine Hunde einige Flöhe hätten, denn diese sorgten für eine dauernde Bluterneuerung des Hundes, und deswegen habe er nie kranke Hunde. Mag sein, dass er nie wirklich akutkranke Hunde hatte, aber fast ausnahmslos alle Hunde aus diesem Zwinger erwiesen sich, sobald sie einen Käufer gefunden hatten, als Bandwurmträger.

Solche Ansichten sind nicht nur dumm, sondern geradezu gefährlich, zumindest jedenfalls nicht tierfreundlich.

Gefährliche Gesellen sind ebenfalls die Hakenwürmer (Ancylostoma canium und Unicinaria stenocephala). Die Eier des Hakenwurms benötigen zu ihrer Entwicklung Wärme; in unseren Breiten erfolgt deshalb die Infektion vor allem in den Sommermonaten. Ein Hakenwurm entzieht seinem Wirt pro Woche einen halben Teelöffel voll Blut; da sie meist den Wirt zu Tausenden befallen, kann der Blutverlust in der Woche bis anderthalb Liter betragen.

Auch die Hakenwurminfektion der Welpen kann bereits intrauterin erfolgen, so dass die Welpen bereits mit einer massiven Verseuchung ins Leben treten.

Gegen Piperazinpräparate sind Hakenwürmer leider ziemlich resistent, die Bekämpfung erfolgt mit Ancylol (Cyanamid), Banminth, Telmin (Jansen Pharmaceutica) und Panacur (Hoechst). Ziel jeder Wurmbekämpfung muss sein, eine Reinfektion zu vermeiden. Das Reproduktionsvermögen dieser Parasiten ist enorm; ein einziger Wurm kann deshalb den ganzen Zwinger verseuchen, zudem ist die Resistenz der Askarideneier in der Aussenwelt recht gross.

Welpen und Mutterhündin sollten deshalb bis zur neunten Woche nach der Geburt regelmässig jede zweite Woche behandelt werden, so dass gar keine geschlechtsreifen Wurmstadien mehr entstehen können.

Echte Eklampsie hatten wir in all den vielen Jahren nur einmal bei einer Zwergschnauzer-Hündin, die sehr viel Milch produzierte.

Die Krampfanfälle traten bei ihr praktisch ohne Vorzeichen und mit grosser Heftigkeit auf, so zum Beispiel einmal während eines Spazierganges. Eine intravenöse Kalziumspritze brachte jeweils fast augenblickliche Heilung.

Dieses Bild der Eklampsie scheint jedoch nicht typisch zu sein. In der Fachliteratur werden übereinstimmend als Vorzeichen einer Eklampsie Unruhe, Angst, Winseln, stierer Blick, kurzer Atem und gestörter Gang erwähnt. All diese Vorzeichen blieben bei unserer Zwergschnauzer-Hündin aus.

Eklampsieanfälle unterscheiden sich von epileptiformen Anfällen immer dadurch, dass bei Eklampsie die Hündin bei Bewusstsein bleibt. Eklampsieanfälle können sich während einer Säugeperiode mehrmals wiederholen, rechtzeitig behandelt, bringen sie der Hündin jedoch keinen bleibenden Schaden.

Die tägliche Gewichtskontrolle der Welpen

Seit Beginn unserer züchterischen Tätigkeit haben wir, das heisst hauptsächlich meine Frau, eine genaue Gewichtskontrolle sämtlicher Welpen bis zu deren Entwöhnung durchgeführt. Es hat sich in dieser Zeit ein recht beträchtliches Zahlenmaterial angesammelt, das vielleicht einmal etwas genauer ausgewertet werden kann.

Unsere Aufzeichnungen erheben nun freilich keinen Anspruch auf wissenschaftliche Genauigkeit. Dazu müssten viel mehr Faktoren berücksichtigt werden, als wir es unter dem Druck der täglichen Arbeit hätten tun können. So müsste man zum Beispiel darauf achten, dass sich alle Welpen vor der Wägung entleeren, weil schon allein hier ganz beträchtliche Differenzen entstehen können. Weiter müsste man berücksichtigen, wann die Welpen zum letzten Mal gesäugt hatten. Die Erfassung solcher Faktoren kam, wie gesagt, für uns nicht in Betracht; wir hielten uns einfach an folgende Regel: «Ein Mittelschnauzer soll durchschnittlich pro Tag mindestens 35 g, ein Zwerggriffon mindestens 15 g zunehmen. Sinkt die Gewichtszunahme über mehr als zwei Tage unter diese Durchschnittswerte, so ist etwas nicht in Ordnung.»

Die zugegebenermassen etwas zeitraubende Tätigkeit des täglichen Wägens lohnt sich in mehr als einer Hinsicht.

Erstens stellt sich uns selten die Frage, welche Welpen «überzählig» sind. Es sind stets diejenigen, deren Geburtsgewicht wesentlich unter dem Durchschnittsgewicht liegt oder deren tägliche Zunahme ebenfalls hinter derjenigen der Geschwister zurückbleibt.

Zweitens nehmen wir Entwicklungsstörungen sofort wahr. Nimmt ein Welpe nicht normal zu, so liegt die Ursache bei ihm, nimmt jedoch *der ganze Wurf* nicht normal zu, so liegt die Ursache bei der Mutterhündin.

Drittens bemerken wir den Zeitpunkt, in dem zugefüttert werden muss, sofort. Dieser Augenblick ist immer dann gekommen, wenn während zweier Tage die Gewichtszunahme sämtlicher Welpen des Wurfes unter dem Durchschnitt liegt.

Viertens führt die vom ersten Tage an stetig durchgeführte Kontrolle der Welpen dazu, dass diese von Anfang an ein positives Verhältnis zum betreuenden Menschen bekommen, und gerade das werten wir als grossen Vorteil.

Die Geburtsgewichte der Welpen sind, wie weiter vorne gezeigt, von Hündin zu Hündin und von Wurf zu Wurf verschieden, ebenso die Durchschnittswerte der täglichen Gewichtszunahmen. Es können bei Mittelschnauzern Maximalwerte bis zu 100 g pro Tag vorkommen, als normal betrachten wir 40 bis 60 g, weniger als 35 g ist auf die Dauer zu wenig. Sinkt die Zunahme eines Welpen während mehr als zwei Tagen unter 30 g, so betrachten wir das als ernsthafte Entwicklungsstörung und forschen nach den Ursachen.

Als Beispiel seien hier vorerst einmal ein Wurf mit relativ hohen Geburtsgewichten (*Abbildung 37*) und ein Wurf mit eher kleinen Geburtsgewichten (*Abbildung 38*) dargestellt.

Die Kurven beider Würfe verlaufen trotz ungleichem Start ungefähr gleich. Die Welpen der Pia hatten am 12. Lebenstag ihr Geburtsgewicht verdoppelt, zwischen dem 17. und 18. Tag verdreifacht und am 24. Tag vervierfacht.

Die Welpen der Nora verdoppelten ihre Geburtsgewichte etwas früher, nämlich am 9. Tag, am 17. Tag hatten sie das dreifache und am 23. Tag das vierfache Geburtsgewicht erreicht.

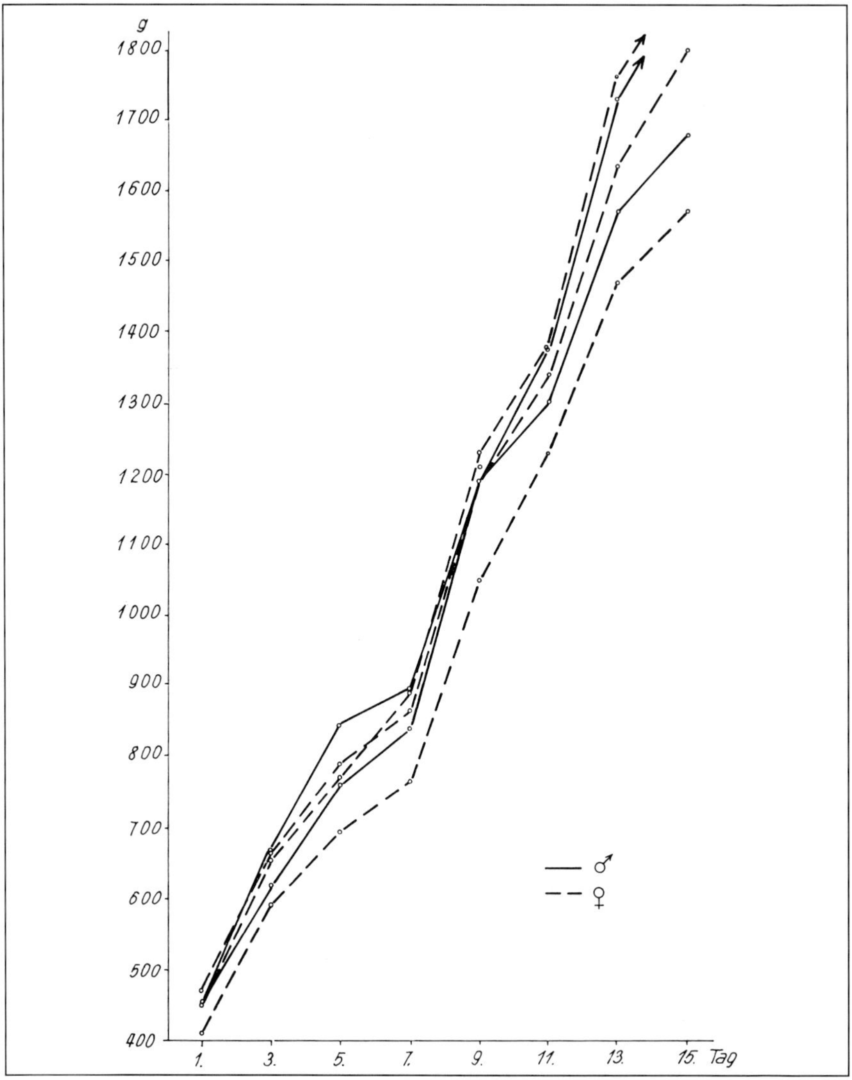

Abbildung 37

Fünferwurf der Hündin «Pia» mit hohen Geburtsgewichten. Der gleichmässige Verlauf der Kurve ist typisch für einen gesunden Wurf einer gut säugenden Hündin. Auch der bei der Geburt leichteste Welpe entwickelt sich durchaus normal. Durchschnittliche Tageszunahme eines Welpen 86,9 g oder 17 Prozent des Geburtsgewichtes. Gesamtgewicht des Wurfes nach 15 Tagen das 3,8fache Geburtsgewicht.

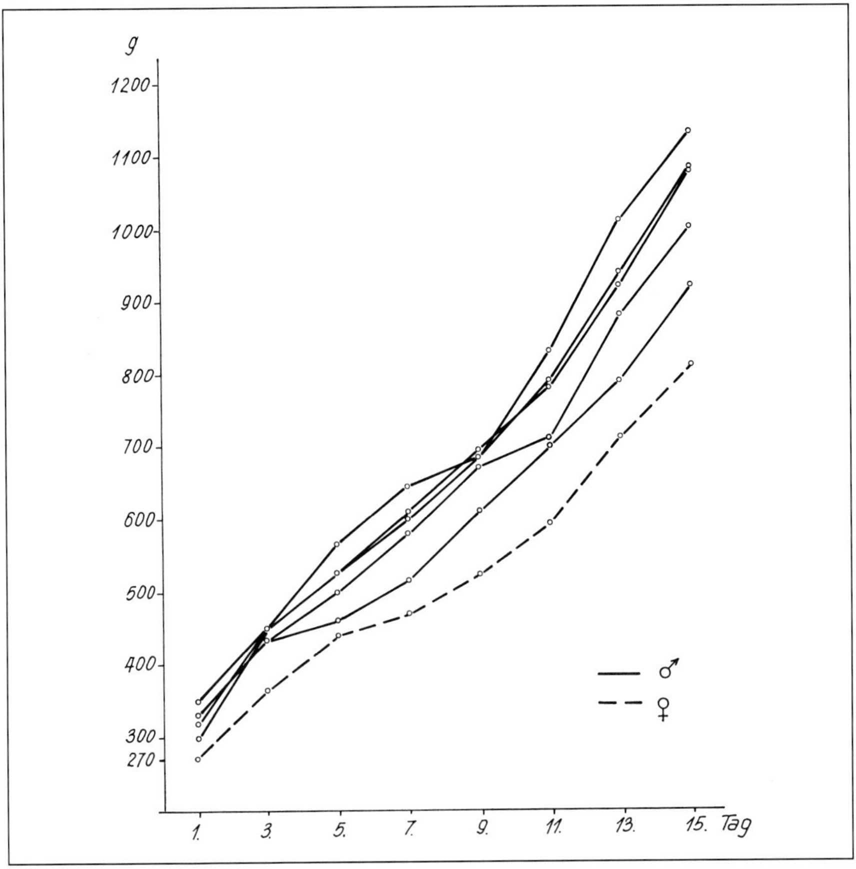

Abbildung 38

Sechserwurf der Hündin «Nora» mit kleinen Geburtsgewichten. Der gleichmässige Verlauf der Kurven beweist die gesunde Entwicklung der Welpen; kleinere Verschiebungen im parallelen Verlauf sind durchaus normal. Die Kurven steigen jedoch weniger steil als beim Wurf der Hündin «Pia». Durchschnittliche Tageszunahme eines Welpen 37,2 g oder elf Prozent des Geburtsgewichtes. Gesamtgewicht des Wurfes nach 15 Tagen das 2,8fache Geburtsgewicht.

Wir sehen daraus erneut, wie ich schon weiter vorne sagte, dass das absolute Geburtsgewicht nicht viel über die Lebenstüchtigkeit eines Welpen aussagt.

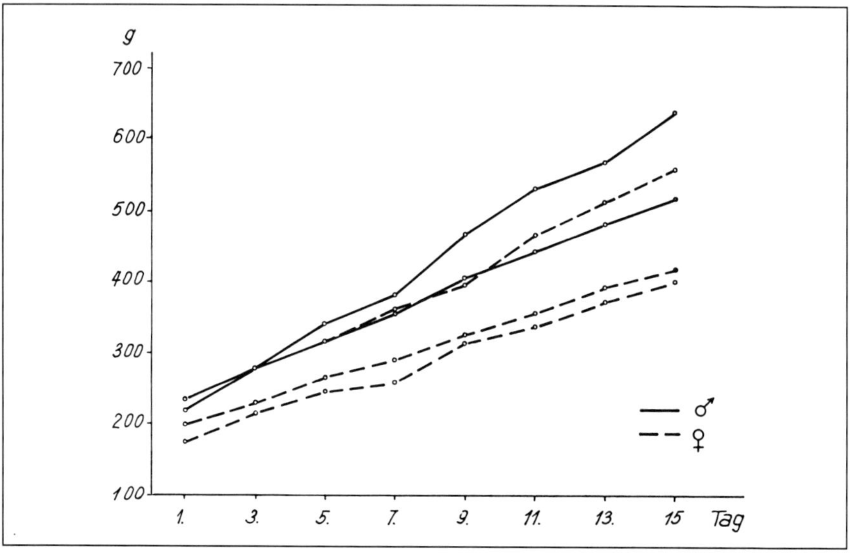

Abbildung 39

Fünferwurf des Zwerg-Griffons (Griffon belge). Gewicht der Mutterhündin etwa 5 kg. Der gleichmässige Verlauf der Kurven ist auffallend. Sowohl die absolute wie die relative Gewichtszunahme der Welpen ist kleiner als bei einer mittelgrossen Rasse. Durchschnittliche Tageszunahme eines Welpen 19,6 g oder 9,3 Prozent des Geburtsgewichtes. Gesamtgewicht des Wurfes nach 15 Tagen das 2,3fache des Geburtsgewichtes.
Den relativ hohen Geburtsgewichten dieser Zwergrasse entspricht in der Folge eine geringere Gewichtszunahme der heranwachsenden Welpen.

Nehmen wir nun noch zum Vergleich die Gewichtskurven eines zahlenmässig grossen Zwerghunde-Wurfes (*Abbildung 39*).

Die Kurven verlaufen hier, absolut und relativ gesehen, flacher als beim Mittelschnauzer. Dem relativ hohen Geburtsgewicht der Zwergrassen entspricht in der Folge eine geringere Gewichtszunahme während der Wachstumsperiode. Umgekehrt wachsen grosse Rassen mit ihren relativ kleinen Geburtsgewichten viel rascher als Zwergrassen.

Grosse Rassen müssen ihr Gewicht ja verhundertfachen, ein Chihuahua aber ist nach einer sechzehnfachen Gewichtszunahme meistens erwachsen.

Interessant sind Vergleiche über die Milchleistungen der Hündinnen bei ungleich grossen Würfen. Nun können wir freilich die produzierte Milch nicht messen, wohl aber die Gesamtgewichts-Zunahme des Wurfes. Die Milchleistungskurve muss – gesunde, sich normal entwickelnde Welpen vorausgesetzt – parallel zur Gewichtskurve der Welpen laufen. Betrachten wir vorerst die Verhältnisse bei einigen Würfen Mittelschnauzern.

Bei einem Fünferwurf der Pia nahmen die Welpen in den ersten drei Lebenswochen durchschnittlich 1072 g zu, gesamthaft also 5360 g. Bei einem Dreierwurf der gleichen Hündin war die durchschnittliche Zunahme pro Welpe 1256 g, die Gesamtzunahme des Wurfes 3770 g. Umgerechnet auf einen Fünferwurf hätte die Hündin, bei gleichbleibender Leistung, Milch für eine Gewichtszunahme von total 6280 g produzieren müssen, in Wirklichkeit betrug aber der Zuwachs bei fünf Welpen nur 5360 g.

Der Hündin Gina beliessen wir, im Rahmen einer wissenschaftlichen Untersuchung über die Rolle der Gammaglobulinämie als Todesursache bei Welpen, während drei Wochen acht Welpen im Wurf. Diese Welpen nahmen in dieser Zeit durchschnittlich 936 g, gesamthaft 7495 g zu.

Die praktische Auswertung dieses Zahlenmaterials lässt folgende, für den Züchter wesentliche Schlüsse zu:

Eine Reduktion des Wurfes kommt in erster Linie den übriggebliebenen Welpen zugut, schont aber auch die Mutterhündin. Es ist aber ein Irrtum zu glauben, drei Welpen kriegten nun genau gleich viel Milch wie vordem sechs oder acht. Vielmehr reduziert die Hündin mit der Welpenzahl auch die Milchleistung. Das zeigen die Zahlen über die Gesamtgewichts-Zunahmen ganz deutlich. Andererseits ist es ebenso ein Irrtum zu glauben, eine Hündin steigere bei grossen Würfen ihre Milchleistung entsprechend der Welpenzahl dergestalt, dass zum Beispiel bei einem Achterwurf der einzelne Welpe genau gleich viel Muttermilch konsumieren könnte wie bei einem Viererwurf. Wahrscheinlich ist es sogar so, dass die zwar tatsächlich festzustellende Steigerung nur in sehr engen Grenzen erfolgt. Vermutlich wird bereits bei zehn Welpen ungefähr gleich viel Muttermilch zur Verfügung stehen wie bei acht Welpen. Die Zahlen zeigen aber auch, dass man einer gesunden, gutgenährten Hündin durchaus acht Welpen im Wurf belassen darf, denn die durchschnittliche Tageszunahme der acht Welpen der Gina betrug immerhin noch 44,5 g, was als durchaus genügend für einen Mittelschnauzer erachtet werden kann.

Ähnlich wie beim Mittelschnauzer liegen die Verhältnisse bei den Zwerg-Griffons.

Bei einem Fünferwurf betrug der durchschnittliche Zuwachs eines Welpen in den ersten drei Lebenswochen 430 g, bei einem Dreierwurf nur wenig mehr, nämlich 458 g. Auch hier reduzierte die Hündin die Milchleistung gemäss der Welpenzahl. Als die gleiche Hündin gar nur einen einzigen Welpen (zwei kamen tot zur Welt) aufzog, nahm dieser durchschnittlich pro Tag 30 g zu; bei drei Welpen war die Zunahme 22,9 g und bei fünf Welpen 21,5 g. Die Unterschiede zwischen drei und fünf Welpen sind also recht minim.

Ich empfehle jedem Züchter, die festgestellten Gewichte gewissenhaft zu registrieren und die Tabellen über Jahre hinaus aufzubewahren, sie stellen mit der Zeit ein überaus wertvolles Kontrollmaterial dar.

Kennzeichen der Welpen

Eine genaue Gewichtskontrolle setzt eine genaue Unterscheidung der einzelnen Welpen voraus. Bei gefleckten Rassen dürfte dies in der Regel nicht sehr schwierig sein, anders aber bei ein- oder zweifarbigen (black and tan) Welpen. Freilich hilft uns hier oft der bereits erwähnte, an sich nicht sehr erwünschte pränatale Pigmentstop. So gibt es eigentlich selten einen einfarbigen Wurf, unter dem nicht mehrere Welpen irgendwo ein kleines, weisses Abzeichen, und wären es auch nur einzelne weisse Krallen, aufweisen.

Solche Kennzeichen sind genau zu registrieren, zum Beispiel:

- Rüde mit weissem Punkt
- Rüde mit weissem Büschel
- Rüde mit Streifen
- Hündin mit weissen Krallen usw.

Ist dies nicht möglich, so müssen wir die Welpen künstlich zeichnen. Farbzeichen sind untauglich, selbst Stempelfarbe ist bei dunklen Hunden schon am andern Tag kaum mehr sichtbar, weil die Mutter sie wegleckt. Haare wegschneiden geht bei langhaarigen; bei kurz- oder rauhhaarigen Rassen sind auch diese Zeichen schon nach wenigen Tagen kaum mehr sichtbar, da man das Haar nicht genügend stark kürzen kann.

Wir behelfen uns in solchen Fällen etwa mit dem Schneiden der Krallen. Stumpfe Krallen sind relativ lange von den ungekürzten zu unterscheiden; es dürfen aber wirklich nur die Krallenspitzen abgezwackt werden.

Wir zeichnen dann etwa so: Rüde, Krallen links hinten, Rüde, Krallen rechts vorne. Das gibt schon vier Möglichkeiten, und sind beide Geschlechter im Wurf vorhanden, so genügt das bereits. Wem diese Kennzeichnung zu wenig sicher ist, der schneidet etwa auch die Afterkrallen an den Vorderläufen, die man ohnehin entfernen sollte, nicht alle weg (Afterkrallenverletzungen sind später recht häufig). So haben wir dann eine Hündin ohne, eine mit beiden, eine mit einer Afterkralle links und eine mit einer solchen rechts. Das sind dann absolut sichere Kennzeichen, die nicht verschwinden können.

Afterkrallen und Schwänze

Der Hund hat bekanntlich hinten vier Zehen, denn alle Hundeartigen haben am Hinterlauf nur noch vier Mittelfussknochen. Beim Haushund aber tritt häufig die, bei seinen wilden Vettern völlig verschwundene, erste Zehe als rudimentäres (= verkümmertes), loses Gebilde, oft gar in doppelter Ausführung, auf der Innenseite der Pfoten als sogenannte Afterkralle oder Wolfskralle, im besonderen Fall eben sogar als sogenannte Doppelsporen wieder auf.

Einige Zeit wollte man diese nutzlosen Anhängsel bei einigen Rassen zu Rassenmerkmalen erheben: So galten beispielsweise St. Bernhardshunde mit Doppelsporen als ganz besonders arttypisch und rasserein. Vernünftigerweise ist man wieder davon abgekommen, denn diese losen Gebilde haben nicht nur keine Funktion mehr, sondern sie behindern den Hund und verursachen oft recht schmerzhafte Verletzungen. Man soll deshalb Afterkrallen, obwohl in vielen Standards noch verlangt, stets entfernen.

Der Vorderlauf des Hundes hat noch die ursprüngliche Zahl von fünf Mittelfussknochen, infolgedessen ist hier die fünfte Zehe, wenn auch nur noch rudimentär, stets vorhanden. Sie sitzt aber so hoch an der Innenseite des Vorderlaufes, dass ihre Krallen den Boden beim Gehen niemals berühren. Die Hornscheide der Krallen nutzt sich nicht ab, wächst aber trotzdem kontinuierlich weiter, wie die Hornscheiden der anderen Krallen auch. Sie wird deshalb übermässig lang und wächst bisweilen bogenförmig gegen den Zehenballen zu und verursacht hier eine schmerzhafte Entzündung. Sehr oft bleibt der Hund damit auch irgendwo hängen, reisst die Zehe los oder die Hornscheide splittert auf, was ihm wiederum starke und über lange Zeit andauernde Schmerzen verursacht. Namentlich bei den Schnauzern, die mit grosser Passion nach Mäusen graben, sind solche Afterkrallenverletzungen an der Tagesordnung.

Man sollte deshalb gerade bei diesen Rassen, aber auch bei Zwerghunden, die Afterkrallen an den Vorderpfoten unbedingt entfernen.

Im Alter von zwei bis drei Tagen ist das eine ganz harmlose Operation. Mit einer scharfen Schere schneiden wir die kleinen Zehenglieder direkt an der Basis ab. Vielleicht fliesst ein Tröpflein Blut, vielleicht nicht einmal das. Nach zwei Tagen sieht man von der Wunde kaum mehr etwas. Bei vielen Rassen schreibt der Standard eine kupierte Rute vor. Ich habe jahrelang unseren Welpen die Ruten selber kupiert, doch mit zunehmendem Alter überliess ich diese unangenehme Arbeit dem Tierarzt. Das hat verschiedene Vorteile, ich werde am Schluss des Kapitels noch darauf zurückkommen. Man kann dabei nicht einfach nach Schema F vorgehen und sagen, bei einem Schnauzer oder Boxer müsse der Stummel soundsoviele Millimeter betragen. Die Rute muss vielmehr nachher im richtigen, vom Standard vorgeschriebenen Verhältnis zur Rückenlänge stehen. Ein Abzählen der Wirbel, wie oft empfohlen wird, ist sinnlos. Der Laie wird bei einem zwei Tage alten Welpen niemals mit Sicherheit die Wirbelzwischenräume palpieren (= abtasten) können. Man schneidet deshalb nach Augenmass.

Der günstigste Zeitpunkt zum Kupieren der Ruten ist der zweite Lebenstag der Welpen.

Den Schnitt führen wir mit einer scharfen, gut desinfizierten Schere schräg von hinten oben nach vorn unten; auf diese Weise geschnitten, sieht man später auch bei kurzhaarigen Rassen keine Narbe mehr.

In vielen, selbst in neueren Büchern über Hundezucht, wird als günstigster Zeitpunkt für das Kupieren der Ruten das Alter von fünf bis sieben Tagen angegeben. Das ist entschieden viel zu spät. In diesem Alter ist das Schmerzempfinden der Welpen schon recht gut entwickelt, zudem ist der Blutverlust, es läuft ja eine Schlagader den Wirbeln nach bis zur Schwanzspitze hinaus, recht beträchtlich. Unmittelbar nach der Geburt ist jedoch das Schmerzempfinden offensichtlich ganz gering. Eine unserer Hündinnen hat auf der rechten Kieferhälfte einen schlechten Zahnschluss, das heisst, zwischen den beiden Reisszähnen (oben vierter Prämolar, unten erster Molar) klafft eine etwa zwei mm breite Lücke. Auf dieser Kieferhälfte ist es der Hündin nicht möglich, eine Nabelschnur abzuquetschen. Das weiss sie natürlich nicht. Es heisst deshalb, bei ihr diesbezüglich sehr scharf aufpassen.

Fasst sie nämlich zufällig die Nabelschnur eines soeben geborenen Welpen mit den rechtsseitigen Reisszähnen, so hebt sie im Eifer und im Unvermögen, die Nabelschnur zu durchbeissen, den Welpen hoch und schüttelt ihn heftig hin und her. Greifen wir da nicht sofort ein, so geschieht unter Umständen ein Unglück. Einmal riss sie auf diese Weise einem Welpen die ganze Bauchdecke auf, so dass die Eingeweide herausquollen. Der Welpe kroch nachher mit leerer Bauchhöhle an die Zitzen der Hündin und begann zu saugen. Ohne Zweifel verspürte er von seiner fürchterlichen Verletzung nicht viel. Diese Schmerzstumpfheit, ohne die ein zerebral hochorganisiertes Tier eine Geburt wohl kaum ohne grosse Schockwirkungen überstehen könnte, hält beim Hund etwa bis zum dritten Lebenstag an. Schneidet man deshalb den Welpen die Ruten am zweiten Tag, so quietschen sie beim Schnitt kurz auf, sind aber nachher wieder ruhig.

Der Leser wird sich jetzt wundern, warum man denn nicht gleich unmittelbar nach der Geburt die Ruten kupiere, da die Welpen, wie soeben dargestellt, zu diesem Zeitpunkt wahrscheinlich den Schnitt überhaupt nicht verspüren würden:

Eine uns bekannte Tierärztin hat im Laufe einer wissenschaftlichen Arbeit einem Wurf Bastarde unmittelbar nach der Geburt die Ruten kupiert. Das Blut gerann sehr schlecht, und unter anderen Umständen, nämlich dann, wenn ein Laie den Eingriff vorgenommen hätte, wären die Welpen mit grösster Wahrscheinlichkeit verblutet.

Ich weiss von zwei Würfen Boxern, die auf diese Weise verblutet sind. Vielleicht ist das Zufall, vielleicht ist es aber doch so, dass die Blutgerinnung am ersten Lebenstag noch sehr mangelhaft funktioniert.

Wenn wir am zweiten Lebenstag jeweils die Ruten der Welpen schneiden, so fällt uns immer wieder der sehr ungleiche Blutverlust auf.

Über eine lange Zeitspanne liessen wir das Blut sämtlicher neugeborener Welpen durch eine Doktorandin untersuchen. Es fiel dabei auf, dass von einzelnen Welpen eines Wurfes aus der Schwanzwunde fast kein Blut zu gewinnen war, während andere sofort mehrere Kubikmillimeter lieferten, ehe eine Gerinnung eintrat.

Beim Kupieren der Rute ist uns noch nie ein Welpe verblutet; nachher aber stellten wir regelmässig einen kleinen, von Welpe zu Welpe ungleichmässigen Gewichtsverlust fest, der höher war als das Gewicht des weggeschnittenen Schwanzes. Das beweist ebenfalls den sehr ungleichen Blutverlust, das heisst die sehr ungleiche Koagulation des Blutes.

Eine grosse Geschichte mit blutstillenden oder Desinfektionsmitteln zu machen, ist sinnlos, da die Hündin ohnehin alles wegleckt. Wir desinfizierten vielmehr unmittelbar nach dem Schnitt die Wunde, indem wir einen mit siebzigprozentigem Alkohol durchtränkten Wattebausch während ein bis zwei Minuten daraufdrücken und nachher die Wunde mit einem blutstillenden Wundpuder einpudern oder einen kleinen Bausch blutstillender Watte darauflegen. Das geschieht jedoch nur deshalb, damit sich die Welpen nicht gegenseitig mit Blut beschmieren; sobald die Hündin nämlich wieder zum Wurf kommt, allzulange kann man sie nicht entfernen, leckt sie die Wunden, wie gesagt, sehr intensiv.

Aus diesem Grund erübrigt sich auch eine spätere Wundbehandlung. Die Hündin wird jeden Fremdgeruch sofort wahrnehmen und die Wunden wieder sauberlecken. Sind die Welpen gesund, so kommt es ohnehin nie zu einer gefährlichen Wundinfektion, und bereits nach einer Woche ist die Schwanzwunde vernarbt.

Sind die Welpen jedoch geschädigt (siehe Kapitel über Welpensterben), so werden die Wundränder bald einmal schwärzlich, die Wunden fangen an, nach faulendem Fleisch zu stinken und unter den Wundrändern beginnt sich Eiter zu bilden.

Solche Welpen sind abzutun, jegliche Behandlung ist sinnlos, Antibiotika und Sulfonamide helfen nur vorübergehend.

Die durch das Schwanzkupieren gesetzte Wunde ist naturgemäss je nach der Grösse der Rasse und der Länge des Schwanzstummels recht verschieden.

Bei Zwerghunden mit ihren dünnen Ruten oder bei Rassen, bei denen nur die Hälfte oder gar nur ein Drittel der Rute weggeschnitten wird, ist die Wunde klein; bei grossen Rassen wie Dobermann, Riesenschnauzer und Rottweiler, die zudem noch recht kurz kupiert werden, ist sie recht gross und verheilt entsprechend langsam.

Wir sind im Laufe unserer züchterischen Tätigkeit dazu übergegangen, die Ruten der Welpen – auch bei den Zwergen – am zweiten oder dritten Lebenstag durch den Tierarzt kupieren und sofort vernähen zu lassen.

Dieses Verfahren hat grosse Vorteile. Die vernähte Wunde wird von der Hündin nicht dauernd beleckt, Hündin und Welpen sind deshalb viel ruhiger, die Wunde verheilt sehr rasch, und Infektionen sind fast ausgeschlossen. Das Amputieren der Schwänze durch den Tierarzt kostet etwas, aber die Ausgabe lohnt sich.

Wie lange wir übrigens unseren Hunden die Schwänze noch kupieren dürfen, steht nicht fest. Die «Europa-Konvention zum Schutze der Heimtiere» verbietet das Kupieren der Ohren und der Schwänze bei Hunden, und verschiedene Länder, darunter auch die Schweiz, haben diese Konvention gutgeheissen. Wir müssen also in absehbarer Zeit uns an langschwänzige Riesenschnauzer, Dobermänner, Boxer, Rottweiler und andere stummelschwänzige Rassen gewöhnen müssen. Das Problem lässt sich nicht damit lösen, indem wir versuchen, diese Rassen mit einem angeborenen Stummelschwanz zu züchten (wie er ehedem beim Entlebucher Sennenhund und beim Rottweiler relativ häufig vorkam), denn Stummelschwänzigkeit ist ein Letalfaktor, ein Ausrichten der Zucht auf dieses Rassenmerkmal würde den Untergang der betreffenden Rasse bedeuten.

Welpensterben

Es gibt für einen Züchter wohl kaum etwas Betrüblicheres als tatenlos zusehen zu müssen, wie scheinbar gesundgeborene Welpen nach Tagen wie die Fliegen wegsterben und kein Tierarzt dagegen etwas unternehmen kann.

Bei zwei Hündinnen ging uns in mehreren Würfen ein hoher Prozentsatz (25 bis 50 Prozent) der Welpen jeweils in den ersten Lebenstagen ein. Das Krankheitsbild war immer dasselbe: Die Welpen wurden durch-aus gewichtsmässig normal geboren und nahmen in den ersten zwei Lebenstagen auch normal an Körpergewicht zu, ein sicheres Zeichen, dass sie ausreichend mit Muttermilch versorgt wurden. Am dritten Lebenstag jedoch waren die Todeskandidaten unter ihnen jeweils bereits mit Sicherheit erkennbar. In schlimmen Fällen hatten sie aufgetriebene Bäuchlein, eine herabgesetzte Temperatur und zeigten stark verlangsamte Bewegungen. Meistens wimmerten sie auch andauernd und nahmen gegen den Schluss hin keine Nahrung mehr zu sich. Bei einer genauen Untersuchung zeigten sich, unregelmässig über den Körper hin verteilt, kleine, stecknadelkopfgrosse Pustelchen und recht häufig auch eine leichte Vereiterung des Nabelstumpfes. Der Kot dieser Welpen war breiig und gelbgrau und roch säuerlich. Fehlten diese Symptome oder waren sie nur schwach vorhanden, so gab dann die beim Schwanzkupieren gesetzte Wunde eindeutig Aufschluss. Bei gesunden Welpen bleiben die Wundränder bis zum Abheilen rot und es bildet sich nie Eiter auf der Wunde. Bei den kranken Welpen wurden die Wundränder schwärzlich, es bildete sich unter ihnen eine starke Vereiterung und die Wunde roch scheusslich nach fauligem Fleisch. Die Sektion der toten Welpen ergab dann jeweils eine massive Infektion durch verschiedene Bakterien, hauptsächlich in der Leber und in den Nieren. Dieses Krankheitsbild wird in der Fachliteratur als *Säuglingsseptikämie* beschrieben und kommt offenbar bei den verschiedensten Säugetieren, vor allem aber auch bei Ferkeln und Kälbern, häufig vor.

Wir haben begreiflicherweise alles versucht, um der Situation Herr zu werden. Eine Behandlung mit Antibiotika und Sulfonamiden schien anfänglich erfolgversprechend: Die Welpen nahmen wieder an Gewicht zu und die Eiterpusteln trockneten ab. Doch nach spätestens zehn Tagen kam ein neuer Schub. So schleppten wir einzelne Welpen wochenlang durch, immer in der trügerischen Hoffnung auf eine endgültige Heilung. Den Todesstoss gab ihnen dann jeweils der Zahnwechsel. Kaum waren die zweiten Zähne durchgebrochen, so trat eine starke Paradentose (Zahnfleischschwund) auf, die Hunde rochen widerlich aus dem Maul, die Lymphknoten am Hals schwollen baumnussgross an und oft entstanden auf den Innenseiten der Lippen nekrotische Geschwüre. Eine Hündin brachten wir bis zum Alter von zehn Monaten durch: Sie hatte die ganze Zeit über ab und zu Krankheitsschübe, die jedoch nie sehr schlimm waren. Auch den Zahnwechsel überstand sie relativ gut. Dann trat aber schlagartig eine Septikämie ein, die jede Heilung ausschloss. Natürlich forschten wir fieberhaft deren möglichen Verursachung nach und gaben zu diesem Zweck eine Menge Geld aus. Ein Tierarzt vermutete, die Infektionsquelle müsse bei den Mutterhündinnen liegen: Wir liessen diese deshalb während der ganzen Trächtigkeit regelmässig mit Antibiotika behandeln; jedoch ohne Erfolg. Hierauf wurde bei der nächsten Trächtigkeit eine Behandlung mit Sulfonamiden eingeleitet; auch ohne Erfolg.

Wir liessen sämtlichen Welpen unmittelbar nach der Geburt ein Depot Antibiotika injizieren, andere wieder wurden gleich nach der Geburt prophylaktisch über längere Zeit mit Sulfonamiden behandelt; der Erfolg blieb auch hier in beiden Fällen aus.

Ein Kleintierspezialist riet uns diesbezüglich, den Welpen die Schwänze nicht mehr zu kupieren, da möglicherweise deswegen die todbringende Infektion erfolgte.

Also beliessen wir den Welpen die Schwänze: Trotzdem ging der gewohnte Prozentsatz an Septikämie ein! Erfolg hatten wir erst, als Frau Dr. R. Trainin, damals Tierärztin an der Kleintierklinik der Universität Bern, heute praktizierende Tierärztin in Ramat-Chen (Israel), das Blut der erkrankten Welpen auf seinen Gammaglobulingehalt hin untersuchte und dabei herausfand, dass sämtliche kranken Welpen agammaglobulinämisch waren. Unter Agammaglobulinämie ist das völlige Fehlen der Gammaglobuline im Blutserum zu verstehen; ein zu geringer Gehalt wird als Hypogammaglobulinämie bezeichnet.

Gammaglobuline sind Eiweissstoffe (Proteine) mit relativ hohem Molekulargewicht, die als Schutzstoffe die Aufgabe haben, Krankheitskeime, die in den Körper eindringen, unschädlich zu machen.

Die gesunden Welpen waren ausnahmslos alle normogammaglobulinämisch, das heisst, sie hatten einen ausreichend hohen Gehalt an Schutzstoffen im Blutserum. Damit war wohl der direkte Zusammenhang der Welpenseptikämie mit einer Agammaglobulinämie oder Hypogammaglobulinämie erwiesen. Es fragte sich nur noch, warum die einen Welpen einen ausreichenden Gammaglobulingehalt aufwiesen, die anderen des gleichen Wurfes aber nicht. Die Vermutung war naheliegend, dass eventuell gleiche Verhältnisse, wie beispielsweise bei Kälbern, bei denen die Agammaglobulinämie seit längerer Zeit bekannt ist, vorliegen könnten.

Der neugeborene Welpe – wir folgen jetzt mehr oder weniger wörtlich den Ausführungen Dr. R. Trainins – ist ausserstande, selbst Schutzstoffe zu bilden, er ist darauf angewiesen, diese im Verlaufe der ersten Lebensstunden von auswärts zu beziehen. Die erworbenen Antikörper müssen dann so lange hinhalten, bis der Körper befähigt ist, zur Eigenproduktion überzugehen. Der Welpe kommt also fast *ohne* Gammaglobuline auf die Welt. Er ist deshalb im Moment der Geburt allen Infektionsmöglichkeiten schutzlos preisgegeben. Diese Infektionsmöglichkeiten lassen sich aber in der züchterischen Praxis niemals völlig ausschalten. Die unbedingt zwecks Überlebens erforderlichen Gammaglobuline muss der Welpe mittels der ersten Milch der Mutter, der sogenannten Kolostralmilch, erhalten.

Untersuchungen über den Gammaglobulingehalt der Kolostralmilch der Hündin liegen meines Wissens bis jetzt nicht vor, es scheint aber, dass dieser in den der Geburt folgenden Tagen sehr rasch absinkt. Seit den Untersuchungen von Möhlmann weiss man, dass Kolostralmilch der Kuh unmittelbar nach der Geburt zehn Prozent Eiweiss (ohne Kasein) enthält, davon drei Viertel Gammaglobuline. Schon am dritten Tag sinkt der Eiweissgehalt auf 3,6 Prozent, davon fallen nur noch rund 15 Prozent auf Gammaglobuline. Gleiche oder ähnliche Verhältnisse beim Hund vorausgesetzt, kommt dem ersten Saugen der Welpen eine grosse Bedeutung zu. Ein Welpe, der keine Kolostralmilch erhält, hat von vornherein nur eine sehr geringe Überlebenschance. Der Welpe muss sich in den ersten Lebensstunden mit einer genügenden Menge an

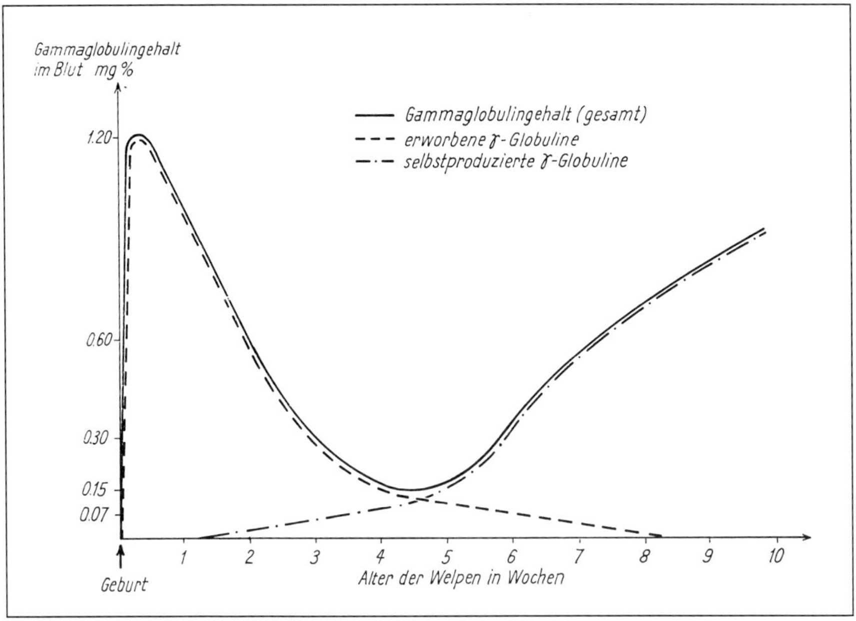

Abbildung 40

Schutzstoffen versorgen, einer Menge, die hinhalten muss, bis der Körper selbst Antikörper bilden kann, was von der zweiten Lebenswoche an der Fall ist. Während nun von da weg der Gehalt an fremden Gammaglobulinen im Serum ständig abnimmt, steigt der Anteil der körpereigenen dauernd an. Der Tiefpunkt der Gammaglobulinwerte des Blutserums ist in der dritten/vierten Lebenswoche erreicht. Die durch die Muttermilch erworbenen Antikörper werden allmählich abgebaut; in der zehnten Lebenswoche sind nur noch geringe Spuren nachweisbar (*Abbildung 40*). In diesem Alter produziert aber der Körper bereits selber in ausreichendem Masse Antikörper; deswegen ist jetzt auch der Zeitpunkt gegeben, da der Welpe gegen Staupe und Hepatitis geimpft werden soll! Die Gammaglobuline der Kolostralmilch resorbiert der Welpe durch die Dünndarmwand. Nach ein paar Tagen verliert er die Fähigkeit, diese hochmolekularen Proteine durch die Darmwand aufzunehmen. Normalerweise zeigen Welpen 12 bis 24 Stunden nach der Geburt einen normalen Gammaglobulingehalt im Blutserum. Warum ein bestimmter Prozentsatz Welpen agammaglobulinämisch bleibt, ist nicht geklärt. An einem Unterangebot an Gammaglobuline kann es jedenfalls nicht liegen, sonst wären die Wurfgeschwister nicht normogammaglobulinämisch. Es muss daher wohl angenommen werden, dass ihr Dünndarm aus irgendeinem Grunde nicht fähig ist, hochmolekulare Proteine zu resorbieren. Da es sich immer nur um ganz bestimmte Hündinnen handelt, die solche Welpen werfen, liegt die Vermutung nahe, diese Unfähigkeit könnte genetisch bedingt sein. Wie weit jedoch ebenfalls eine Frühinfektion mit Spulwürmern eine Rolle spielt, ist nicht geklärt; unsere Erfahrungen, die wir im Laufe der Zeit gemacht haben, schliessen diese Möglichkeit nicht aus.

Nachdem wir die betrübliche Erfahrung gemacht hatten, dass der Welpenseptikämie mit nichts beizukommen ist, erhob sich die Frage nach einer Rettung der agamma- oder hypogammaglobulinämischen Welpen. Nach Dr. R. Trainins Untersuchungen musste es sich in erster Linie darum handeln, die Zeitspanne von der Geburt bis zur Eigenproduktion von Gammaglobulinen zu überbrücken. In der Folge injizierte Dr. Trainin den gefährdeten Welpen unmittelbar nach der Geburt 100 mg eines selber gewonnenen Gammaglobulins in die Bauchhöhle. Der Erfolg war durchschlagend: Wir verloren seither keinen einzigen Welpen mehr der Septikämie wegen.

In der Praxis erwiesen sich dann ebenfalls die Hunde-Gammaglobulinpräparate von Pittmann-Moore und das «Gamathyne» der Burroughs-Welcome als wirksam. Allerdings zeigte es sich, dass bei stark gefährdeten Welpen diese im Handel erhältlichen Präparate mit Vorteil nach zehn Tagen nochmals injiziert werden sollten.

Nach einer brieflichen Mitteilung von Dr. F. Brunner soll das von den Behring-Werken auf den Markt gebrachte «Stagloban» dem «Gamathyne» der Welcome durchaus ebenbürtig, aber wesentlich billiger sein.

Die Untersuchungen von Dr. R. Trainin scheinen mir für die züchterische Praxis von eminenter Bedeutung zu sein, denn aus der Fachliteratur geht hervor, dass alljährlich eine grosse Zahl wertvoller Welpen an Welpenseptimänie zugrunde geht.

Ich möchte in diesem Zusammenhang noch auf eine Publikation hinweisen, die W. Dahn in der Zeitschrift «Der Hund» erscheinen liess. Er berichtet darin von Welpenabgängen an Septikämie von über 80 Prozent. Nachdem, genau wie vorerst bei uns, jede tierärztliche Hilfe erfolglos war, entschloss er sich zu einer Frühbehandlung der gefährdeten Welpen mit Chloramphenicol. Als sich in einem Wurf bereits nach 24 Stunden bei drei Welpen die untrüglichen Zeichen der Septikämie zeigten, behandelte er sie in Abständen von sechs Stunden mit 16 mg/kg Körpergewicht Chloramphenicol, das er den Welpen in flüssigem Bienenhonig einflösste. Die drei erkrankten Welpen, die bereits typische Untertemperaturen (36,5 bis 37,7°C) aufwiesen, erholten sich überraschend schnell und überlebten ohne sichtbare Schäden. Wie lange die Behandlung fortgesetzt wurde und ob der Erfolg ein dauernder war (wir erzielten mit Sulfonamiden auch Anfangserfolge), geht leider aus der Publikation nicht hervor. Wichtig war jedenfalls, dass die Behandlung bereits 24 Stunden nach der Geburt der Welpen einsetzte.

Die Behandlung mit Chloramphenicol ist aber ziemlich kompliziert und nicht ungefährlich, weil es Knochenmarkschäden verursachen kann, die erst viel später noch nachträglich zum Tode des Welpen führen können, während die Injektion von Gammaglobulin zwar nicht gerade billig, dafür aber einfach und vor allem wirksam ist.

In der einschlägigen Literatur ist in den vergangenen Jahren auf mehrere Ursachen der Welpensterblichkeit hingewiesen worden. Ich möchte hier vor allem auf eine etwas ausführlicher hinweisen, weil die Prophylaxe einfach ist und für die Hündin kaum schädlich sein kann.

Die Untersuchung von in den ersten Lebenstagen verendeten Welpen zeigte bei absolut gesunden Organen lediglich einen anormalen Zustand des Darminhaltes. Dieser ist bei gesunden Tieren niemals eine tote Masse, in ihm leben vielmehr eine grosse Zahl einzelliger Lebewesen, insbesondere verschiedene Arten von Bakterien. Man spricht deshalb zutreffend von der Darmflora. Dazu gehören auch die den Dickdarm bewohnenden Bact. coli.

Wenn nun das Gleichgewicht innerhalb der Darmflora aus irgendeinem Grund gestört wird, so führt das zu Verdauungsstörungen, die bei Welpen bald einmal tödlich verlaufen können. Im Darm der toten Welpen fehlten nun die Colibakterien fast vollständig, dagegen war Bact. aerogenes massenhaft vertreten. Bact. coli und Bact. aerogenes vertragen sich aber gegenseitig nicht, und weil Bact. aerogenes offensichtlich stärker ist, vertreibt es Bact. coli. Die Infektionsquelle der Welpen durch Bact. aerogenes schien in jedem Fall die Mutterhündin zu sein, die in ihrem Kot grosse Mengen dieser Bakterien ausschied. Offenbar vertragen ausgewachsene Hunde diesen unerwünschten Darmbewohner ohne gesundheitliche Störungen. Dies gilt jedoch nicht für Welpen. Um die Gefahr für die Welpen auszuschliessen, muss also die Mutterhündin als Infektionsquelle ausgeschaltet werden. Auf der Suche nach Mitteln zur Vertreibung dieser unerwünschten Bact. aerogenes stellte sich heraus, dass diese offensichtlich durch Milchzucker stark gefördert werden. Das Verfüttern von Milchquark, das etwa in Fällen von gestörter Darmflora empfohlen wurde, musste hier geradezu das Gegenteil bewirken. In der Tat konnte bei Verabreichung von Milchzucker an die Hunde Bact. coli vollständig vertrieben, Bact. aerogenes dagegen stark vermehrt werden. Das erklärt, warum vor allem Saugwelpen durch Bact. aerogenes sehr stark gefährdet werden.

Dagegen wurde mit dem Verfüttern von Bierhefe ein durchschlagender Erfolg erzielt. Bei Gaben von 50 bis 100 g pro Tag gesundete die Darmflora der Hündinnen sehr rasch und Bact. aerogenes verschwand endgültig.

Bierhefe kann also als guter und billiger Regulator der Darmflora in solchen Fällen zum Erfolg führen. Es kann deshalb empfohlen werden, Hündinnen, deren Welpen regelmässig kurz nach der Geburt Darmstörungen aufweisen, während der Trächtigkeit prophylaktisch jeden Tag, je nach Körpergewicht, 50 bis 100 g Bierhefe ins Futter zu geben; dadurch wird der Darm von allfällig zu zahlreich vorhandenen Bact. aerogenes gesäubert und für die Welpen diese Infektionsquelle ausgeschaltet.

Eine neue Geissel der Welpen tritt in letzter Zeit in Form von Herpes-Viren auf. Ganze Würfe gehen an Infektionen durch diese Viren zugrunde. Immerhin hat sich gezeigt, dass warmgehaltene Welpen weit weniger gefährdet sind als solche in kühlen Unterkunftsräumen, ein Grund mehr, dafür besorgt zu sein, dass auch im Winter in der Wurfkiste eine Temperatur von ungefähr 16°C herrscht. Abhärten im falschen Zeitpunkt kann leicht gegenteilige Folgen haben.

Im Rahmen einer Dissertation ist M. Suter im Institut für Veterinär-Pathologie der Universität Zürich in den Jahren 1975/76 dem Problem der Welpensterblichkeit nachgegangen. Untersucht wurden 392 verendete

Welpen aus 191 verschiedenen Zwingern. Bei 70,1 Prozent konnte die Todesursache sicher ermittelt werden, 16,6 Prozent wurden wegen morphologischer Veränderungen getötet oder gingen nach der Geburt von selbst ein, und bei 13,3 Prozent konnten lediglich Verdachtsdiagnosen gestellt werden.

Prozentual den grössten Anteil bilden die Abgänge wegen bakteriellen Infektionen. Dieser Anteil ist aber, wie M. Suter betont, sicher überbewertet, weil die Erreger, vor allem Coli-Bakterien, für sich allein kaum zu einer Erkrankung mit tödlichem Ausgang geführt hätten.

Es mussten dabei immer noch zusätzliche ungünstige Faktoren mitgewirkt haben, die den Organismus schwächten.

Ein relativ grosser Teil der untersuchten Welpen (13,3 Prozent) ging an Fruchtwasseraspiration zugrunde, zwei Drittel davon entstammten Schwergeburten. Eine Überwachung der Geburt ist deshalb immer angezeigt; der voreilige Gebrauch von Wehenmitteln begünstigt Geburtsstörungen, und diese sind ihrerseits häufig der Grund für das Einatmen von Fruchtwasser.

Ebenfalls hoch ist der Anteil an missgebildeten Welpen (14,3 Prozent). Die wichtigsten Missbildungen waren Wolfsrachen (20), Herzfehler (17), Defekte an der Wirbelsäule (16), Hasenscharte (11), Defekt der Bauchdecke (10) und Wasserkopf (9). Viele dieser Missbildungen sind erblich bedingt und könnten durch entsprechende Auswahl der Zuchtpartner vermieden werden.

Nach wie vor ist das Welpensterben ein brennendes Problem. Damit, dass der Züchter die toten Welpen einfach beseitigt, wird es nicht gelöst.

Die verendeten Welpen sollten zur Sektion an ein entsprechendes Untersuchungsinstitut eingesandt werden.

Parvovirose und Zwingerhusten

Bis 1980 war das Wort Parvovirose bei Hundezüchtern unbekannt, heute ist es in jedermanns Munde. Sicher gab es schon vor 1980 Fälle von Parvovirose. Ich erinnere mich da an eine Züchterin, in deren Zwinger Wurf um Wurf an einer unbekannten Infektion erkrankte und meistens nicht mehr zu retten war. Die Welpen hatten Durchfall, erbrachen kurz nach dem Saugen die Milch und starben meistens schon einen Tag nach dem Auftreten der ersten Symptome. Weder Antibiotika noch andere Medikamente halfen. Im nachhinein möchte ich fast behaupten, dass es sich damals um eine Parvovirose handelte, aber offensichtlich war die Krankheit beim Hund noch zu wenig bekannt. Als «Katzenseuche» (Panleukopenie) ist sie jedoch bei den Katzenzüchtern schon lange bekannt und gefürchtet. Heute weiss man nun, dass die Krankheit beim Hund durch ein arteigenes Virus verursacht wird, das zwar mit dem Erreger der Katzenseuche eng verwandt, aber nicht identisch ist. Anfänglich spritzte man den erkrankten Hunden Serum gegen die Katzensuche, später impfte man sie mit einem gegen die Panleukopenie der Katzen entwickelten Impfstoff – mit unterschiedlichem Erfolg!

Heute stehen spezifische Impfstoffe zur Verfügung.

Am meisten gefährdet sind Junghunde im Alter zwischen acht und zwölf Wochen. Sind die Junghunde einmal erkrankt, so wird die Behandlung schwierig. Vor allem wichtig ist dann der Ersatz des durch den Durchfall bedingten Flüssigkeitsverlustes. Da die erkrankten Hunde weder Futter noch Flüssigkeit zu sich nehmen, kann der Ersatz nur mittels Infusionen erfolgen, und das ist bei Junghunden ein aufwendiges Verfahren, das einige Anforderungen an die Nerven des Züchters stellt. Sehr oft treten dann bald einmal Kreislaufschwächen und schwere Herzmuskelentzündungen auf, die fast immer zum Tode des erkrankten Hundes führen. Grundsätzlich können Hunde jeden Alters an Parvovirose erkranken, aber ältere Hunde haben eine reelle Chance, die Krankheit zu überwinden. Da die Krankheitserreger von erkrankten Hunden massenhaft ausgeschieden werden, kann die Seuche sich sehr rasch weit ausbreiten, die Ansteckung erfolgt dann durch Kontakt mit infizierten Gegenständen, unter anderem auch Kleidern und Schuhen, nicht aber, wie man anfänglich glaubte, von der Katze auf den Hund, wie auch umgekehrt Hunde nicht Katzen anstecken können.

Die Krankheitsvorbeuge ist vor allem für Züchter wichtig. Zu empfehlen ist das Impfen der Mutterhündin vor oder zu Beginn der Trächtigkeit. Die immunisierte Hündin scheidet dann mit der Kolostralmilch (siehe auch *S. 213*) Immunstoffe aus, und die Welpen erhalten einen passiven Impfschutz, welcher zwischen der sechsten und zwölften Lebenswoche vollständig abgebaut wird (siehe auch *S. 213*). Impft man die Welpen zu früh, das heisst zu einem Zeitpunkt, da noch mütterliche Schutzstoffe aktiv sind, baut der Junghund keinen eigenen Impfschutz auf. Wenn also die Mutterhündin vor dem Belegen oder zu Beginn der Trächtigkeit gegen Parvovirose geimpft worden ist, dann sollte man mit dem Impfen der Junghunde bis zum Alter von 12 bis 16 Wochen zuwarten. Ist die Hündin nicht geimpft worden, dann empfiehlt sich eine Impfung der Welpen bereits sehr früh, also schon in der zweiten oder dritten Lebenswoche.

An Impfstoffen stehen heute heterologe Lebendimpfstoffe und inaktive, homologe Impfstoffe zur Verfügung. Die Lebendimpfstoffe enthalten lebende, also vermehrungsfähige Viren, die jedoch so abgeschwächt sind, dass sie dem geimpften Tier keinen Schaden mehr zufügen können.

Die inaktiven Impfstoffe enthalten abgetötete Viren, die aber trotzdem den Körper zum Aufbau von Schutzstoffen stimulieren.

Homologe Impfstoffe enthalten nur Viren der Hundeparvovirose, die heterologen dagegen Wirkstoffe verwandter Viren, zum Beispiel solche der Katzenseuche. Der Entscheid, welcher Impfstoff im Einzelfall verwendet werden soll, liegt beim Tierarzt.

Für Junghunde wird eine Zweitimpfung drei bis vier Wochen nach der Erstimpfung empfohlen, bei erwachsenen Tieren eine jährliche Wiederholung, bei Seuchezügen eine Wiederholung bereits nach sechs Monaten.

Im Gegensatz zur Parvovirose ist der *Zwingerhusten* den Züchtern seit langem bekannt. Es handelt sich dabei um einen ganzen Komplex infektiöser Erkrankungen der Atemwege. Der «echte» Zwingerhusten tritt in der Regel nur in der kalten Jahreszeit auf. Eine Erkältung schwächt das Tier, das nun den überall vorhandenen Krankheitserregern nicht mehr den nötigen Widerstand entgegensetzen kann. Weil am Zwingerhusten verschiedene Viren und Bakterien beteiligt sind, man spricht von einer «Mischinfektion», muss ein wirksamer Impfstoff eine relativ breitgefächerte Immunität erzeugen, um das Zusammenwirken der Erreger zu unterbrechen. Derartige Kombinationsvaccine sind heute auf dem Markt und werden mit gutem Erfolg angewendet. Sie wirken wegen ihres breiten Spektrums zusätzlich gegen andere Infektionskrankheiten, die sich in diesem engmaschigen «Abwehrnetz» verfangen.

Weil diese Kombinationsvaccinen inaktivierte Erreger enthalten, kann die Impfung bei bereits angesteckten Tieren die Krankheit auslösen, die Inkubationszeit wird durch die Impfung verkürzt und die Krankheit nicht abgeschwächt, sondern eher verstärkt.

Züchtern, die mit dem Zwingerhusten zu kämpfen haben, ist deshalb zu raten, die Hunde zu impfen, wenn kein Tier im Zwinger Anzeichen von Husten zeigt. Geimpft werden kann ab der sechsten Lebenswoche, um aber einen genügenden Impfschutz zu erzielen, sollte die Impfung nach drei bis vier Wochen wiederholt werden.

Die Hündin nach dem Werfen

Eine normal veranlagte Hündin wird in den ersten Tagen nach der Geburt weder Interesse noch Zeit für etwas anderes als für ihre Kinder haben. Hundert und aberhundertmal am Tag leckt und putzt sie die Kleinen. Das ist unbedingt nötig, denn Darm und Blase der Welpen funktionieren in den ersten Lebenstagen gleichsam nur auf «Anruf». Die Zungenmassage übernimmt die Funktion eines Auslösers für die Schliessmuskeln des Darms und der Blase, ohne diese Massage entleeren sich die Welpen unvollständig oder überhaupt nicht (*Abbildung 41*). Das würde unweigerlich zu Störungen führen.

Die Hündin ist deshalb fast dauernd derart beschäftigt, dass sie ihren eigenen, gewohnten Zeitplan völlig ausser acht lässt. Es gibt solche, die würden, um sich selbst zu entleeren, die Wurfkiste erst nach Tagen verlassen und während langer Zeit Harn und Kot verhalten. Das darf nicht sein! Der Züchter muss hier unbedingt die Hündin dazu anhalten, dass sie sich, wie gewohnt, täglich mindestens drei- bis viermal entleert. Während jemand die Hündin an der Leine ausführt, gibt sich Gelegenheit, die Welpen zu kontrollieren, sie zu wägen und deren Lagerüberzüge auszuwechseln. Dieses erste Auswechseln ist schon unmittelbar nach der Geburt fällig. Durch Fruchtwasser und Blut ist nämlich das Lager sehr stark verschmutzt worden.

Ist die Hündin bereits stark eingefallen und hat sie während vier Stunden keinen Welpen mehr geboren, so kann angenommen werden, dass die Geburt zu Ende sei. Vorsichtig stelle man nun die Hündin auf

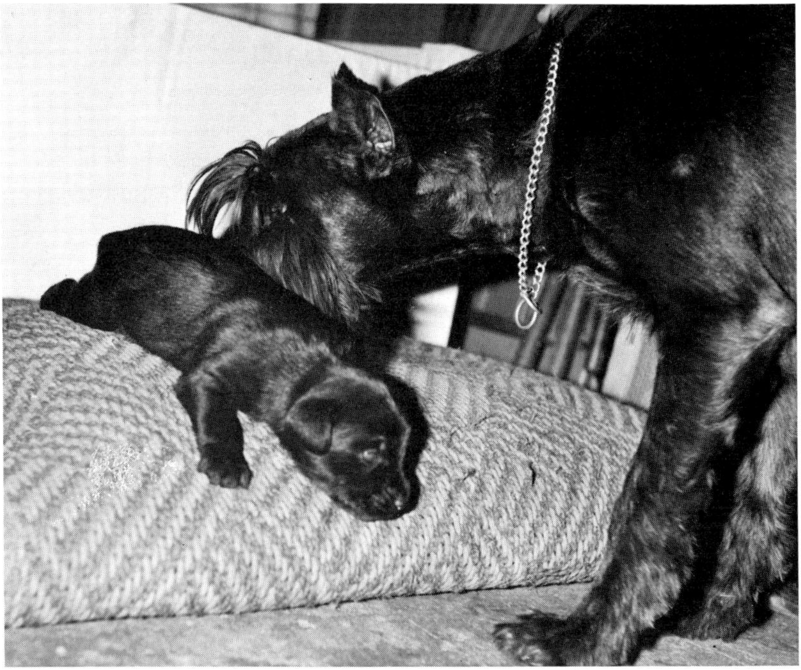

Abbildung 41

Die Zungenmassage der Mutter ist wichtig für ein regelmässiges Absetzen von Kot und Harn. Mutterlosen Welpen müssen in den ersten Lebenstagen die Bäuchlein nach jeder Mahlzeit mit einem feuchten Wattebausch massiert werden, sonst entleeren sie sich nur ungenügend. Foto: R. Trainin

ihre vier Beine, auch wenn sie dies durchaus nicht schätzt, und taste ihr den Bauch gründlich ab. Ist noch ein Welpe da, wird man dessen Kopf spüren, ist aber die Hündin leer, so erhält sie ihr Halsband übergestülpt, dann wird sie angeleint und anfänglichem Widerstand zum Trotz ins Freie geführt. Draussen wird sie dann bestimmt Harn lösen, vermutlich aber noch keinen Kot absetzen, da sie ja ihren Darm unmittelbar vor der Geburt entleert hat. Unterdessen wird drinnen der Wurf in aller Ruhe nochmals gründlich und eingehend geprüft; sichere Todeskandidaten entferne man gleich jetzt. Zuletzt wird das Wurflager erneuert.

Bei unserem System «Spreusack/Teppich/Leintuch» genügt es, jeweils das Leintuch, eventuell auch den Teppich, auszuwechseln; wer aber die Hündin auf einem Strohlager gebären liess, was ich ganz und gar nicht empfehlen kann, der muss das gesamte Material erneuern.

Dann überlassen wir die Hündin vorerst einmal ihren Mutterpflichten. Besteht Gewissheit, dass eine Nachgeburt zurückgeblieben ist, was allerdings recht selten vorkommt, so ist der Tierarzt zu rufen.

Zurückbehaltene Fruchthüllen gehen sofort in Verwesung über. Wollten wir uns da auf die Wirkung eines Himbeerblätterabsudes verlassen, wie uns das Vertreter der «natürlichen Methode» empfehlen, so gefährden wir das Leben der Hündin in hohem Masse! Eine Injektion wehenanregender Medikamente führt sofort zu einer Gebärmutterkontraktion und damit zum Ausstossen der Fruchthautreste.

Die Reinigungsperiode der Hündin dauert von Fall zu Fall ungleich lang. In den ersten Tagen nach der Geburt verliert sie viel grünlichschwarze Flüssigkeit, hellfarbige Hündinnen werden davon zeitweise hinten ganz grün. Wir waschen unseren Hündinnen in den ersten Tagen, das heisst solange der grüne Ausfluss andauert, täglich einmal mit einer schwachen Desogenlösung die Hinterschenkel sauber.

Viele Hündinnen reagieren nach dem Fressen der Nachgeburten mit starkem, schwarzem Durchfall. Ich bin deshalb gar nicht so sehr darauf erpicht, sie jeweils sämtliche Nachgeburten verschlingen zu lassen. Meistens kann man sie jedoch nicht daran hindern. So müssen wir eben dann den Durchfall in Kauf nehmen. Ein Grund mehr, die Hündin täglich mindestens viermal auszuführen und sie richtig zu bewegen; dabei gehört sie unbedingt an die Leine. Viele Hündinnen kehren nämlich, wenn nicht angeleint, sofort wieder um, ohne ihre Sache richtig und gründlich erledigt zu haben. Andere, selbst die gutartigsten unter ihnen, können in den ersten Tagen nach einer Geburt manchmal recht unberechenbar sein und in Hausnähe fremde Menschen angreifen, etwas, das sie vorher nie taten und auch später nicht mehr tun werden. Vorsicht ist jedenfalls diesbezüglich immer am Platz!

Nach zwei Tagen sollte der Durchfall aufhören; wenn nicht, so geben wir der Hündin jedenfalls vorerst zwei Tage lang keine Milch mehr. Ein Fasttag wird ihr nicht schaden und etwas «Arobon» ins Futter gestreut, hilft in der Regel auch.

Viele Hündinnen nehmen sich in den ersten Tagen nach der Geburt ihrer Welpen nicht richtig Zeit, Futter und Flüssigkeit aufzunehmen. Sie fasten zu lassen, wäre falsch, sie haben nämlich später, bei gesteigerter Milchproduktion, ihre Körperreserven ohnehin sehr nötig. Also servieren wir halt der Dame während einiger Tage das Essen ins Bett. Sie ist uns dafür dankbar, und wir sind sicher, dass sie regelmässig und ausreichend isst und trinkt, was im Hinblick auf eine geregelte Verdauung wichtig ist. Es ist Unsinn zu glauben, auch wenn man es sogar in Büchern zu lesen bekommt, man müsse mit dem Futter in den ersten Tagen Zurückhaltung üben, weil die Hündin sonst zuviel Milch produziere. Sie passt die Produktion vielmehr sehr genau dem Bedarf der Welpen an und ein Zuviel davon erhalten die Welpen wohl kaum. Es wäre nun aber auch Unsinn, die Hündin mästen zu wollen. Vorab braucht diese jetzt zur Hauptsache genügend Flüssigkeit: Frisches Wasser muss ihr stets zur Verfügung stehen, zudem reichen wir ihr nach jeder Mahlzeit reichlich Milch. Wer sich darüber hinaus unbedingt noch in Kosten stürzen will, der kann der Hündin natürlich Honigwasser reichen; der Bernhardinerzüchter wird jedoch bei den heutigen Honigpreisen bald einmal damit aufhören! Ich finde überhaupt diese «Apotheker-Wirtschaft», wie sie uns da in vielen Büchern empfohlen wird, bei einer gesunden Hündin einfach lächerlich. Klar, die Hündin säugt jetzt einen Wurf. Wenn wir annehmen, dass ihre sechs Welpen täglich insgesamt etwa 400 g an Körpergewicht zunehmen, dann hat die Hündin vermutlich ungefähr die doppelte Menge Milch zu produzieren.

Thelve (zitert in Knorr und Seupel) stellte bei einer Pointer-Hündin während einer 41tägigen Säugeperiode eine Milchleistung von 33,065 kg fest; sie produzierte demnach doppelt so viel Milch, wie sie selber wog. Wenn wir, wie oben angenommen, bei Welpen ein g Gewichtszuwachs zwei g Milch gegenübersetzen, so kommen bei einer Schnauzer-Hündin (20 kg) auf eine ungefähr gleich hohe Milchleistung (*Abbildung 42*).

Die Hündin braucht jetzt vor allem Eiweiss und nochmals Eiweiss, und zwar hauptsächlich tierisches Eiweiss, dazu in vermehrtem Masse Kalksalze.

Tierisches Eiweiss erhält sie im Fleisch; der geeignete Ersatz dafür ist Milcheiweiss; sowohl Fleisch als auch Milch enthalten Mineralsalze.

Abbildung 42
Drei Generationen Möpse. Oft beteiligen sich ältere Hündinnen, die nicht mehr zur Zucht verwendet werden, sehr intensiv an der Kinderpflege ihrer Töchter und Grosstöchter. Es kann sogar vorkommen, dass eine solche Hündin nach Tagen geringe Mengen Milch zu produzieren beginnt. Foto: Ch.A. Veldhuis

Abfallfleisch, das hauptsächlich aus Fettresten, Sehnen und Knorpeln besteht, taugt freilich nichts; ebensowenig ist Lunge ein wertvolles Futter. Immerhin ist Lunge immer noch besser als gar kein Fleisch. Freilich gibt es heute gute Protein-Vitamin-Gemische, die alles enthalten, was Mensch und Tier benötigen; aber bereits bei mittelgrossen Hunden erwachsen daraus Futterkosten, die kaum tragbar sind. Wir geben der Hündin während der Säugeperiode ungefähr das gleiche Futter wie vorher auch schon, nämlich rohes Fleisch, Matzinger-Aufzuchtflocken (es kann auch eine andere Marke sein), gute Kuhmilch, etwas geraffelte Karotten oder feingehackte Petersilie, ab und zu auch Schnittlauch und als zusätzlichen Vitaminträger Medizinal-Lebertran sowie zur Verhinderung eines Kalziummangels täglich eine Tablette Kalzium-D-Redoxon.

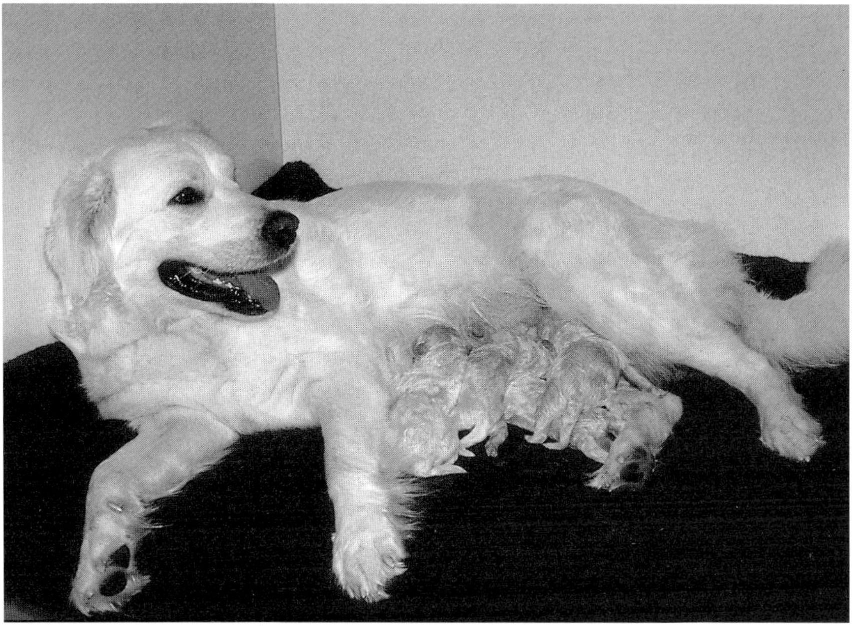

Abbildung 43
Die Geburt ist vorbei. Die Welpen saugen, und die Mutter erholt sich von den Strapazen der Geburt. Viele Hündinnen haben nach der Geburt noch während zwei bis drei Tagen leicht erhöhte Temperatur und hecheln viel. Das ist durchaus normal und kein Grund zur Beunruhigung. Foto: E.-M. Krämer

Nur die Zusammensetzung des «Speisezettels» ändert sich etwas, da sowohl die Fleisch- wie auch die Milchrationen stark erhöht werden müssen. Bei dieser Kost säugen unsere Hündinnen gut, die Welpen gedeihen ausgezeichnet, und nach dem Absäugen sind die Muttertiere in bester Kondition.

Warum sollten sie auch nach dem Absäugen, wie etwa empfohlen wird, als magere Gerippe herumlaufen? Weil das etwa natürlich sein soll? Soll mir doch niemand weismachen, einer Fuchsfähe oder einer Wölfin, die brandmager und mit knurrendem Magen auf Raub ausgeht, sei es besonders wohl!

Nein danke, ich will mich nicht mit einem mageren Knochengestell auf der Strasse schämen! Meine Hündinnen sind sicher auch glücklicher, wenn sie während der Säugeperiode ausreichend ernährt werden!

Ich muss freilich hier auf eine gewisse Gefahr beim Verfüttern von Milch hinweisen. Einmal steht fest, dass Hunde, die nicht seit ihrer Jugend täglich Milch bekommen haben, Milch nicht mehr verdauen können, weil in ihren Verdauungssäften das Lab fehlt; der Überschuss an Milchzucker kann dann zu Durchfällen führen (Milchzucker kann bei Carnivoren direkt als Abführmittel angewendet werden). Aber ausgerechnet jetzt, da die Hündin viel Flüssigkeit zur Milchproduktion benötigt, darf ihrem Körper nicht noch durch Durchfall Flüssigkeit entzogen werden. Hündinnen, die jedoch an Milch gewöhnt sind, vertragen diese gut, und Milch verhindert andererseits eine Verstopfung, die mangels Bewegung in der ersten Zeit nach der Geburt bei manchen Hündinnen auftreten kann.

Ändern tun sich auch die Fütterungszeiten. Ein erwachsener Hund erhält bei uns täglich eine Hauptmahlzeit. Säugende Hündinnen jedoch füttern wir dreimal täglich in ungefähr gleich grossen Mengen. Der Verdauungsapparat wird so nicht überlastet, auch entstehen nach dem Absäugen keine hässlichen Hängebäuche.

Viele Hündinnen zeigen unmittelbar nach dem Werfen eine leicht erhöhte Temperatur, auch hecheln sie viel (*Abbildung 43*). Dagegen kann man nicht viel tun, zudem klingt diese leichte Temperaturerhöhung bald einmal ab.

Bereits nach Ablauf einer Woche schätzt es die Mutter, wenn sie nicht mehr dauernd das Lager mit den Welpen teilen muss. Vorerst nur für kurze Zeit, bald einmal jedoch für Stunden, möchte sie das Lager verlassen, dabei aber trotzdem ihre Kinder im Auge behalten können. Das darf man ihr ruhig gestatten. Die bei der Geburt noch ungenügend funktionierende Temperaturregulation der Welpen ist jetzt eingespielt, und sie benötigen den mütterlichen Wärmeofen nicht mehr. Wir stellen deshalb ein zweites Lager neben die Wurfkiste. Die Hündin wird nun diesen Beobachtungsposten gerne für kürzere oder längere Zeit beziehen.

Die Arbeit des Züchters während der ersten drei Lebenswochen der Welpen ist damit bereits umrissen. Gesäubert und genährt werden die Welpen von der Mutter, dem Züchter obliegt lediglich das tägliche Wägen der Welpen sowie das tägliche Auswechseln und Waschen der Überzüge, wobei letzteres ja die Waschmaschine besorgt.

Entwöhnen der Welpen

Die Muttermilch ist die beste Nahrung, die der Welpe erhalten kann. Schon der bereits einmal zitierte C. Gesner schrieb: «Die milch der Hunden ist dicker dann anderer thieren milch.» Je länger er davon geniesst, desto besser für ihn.

Kuhmilch ist, wie die untenstehende Tabelle zeigt, kein vollwertiger Ersatz für Hündinnenmilch.

Der Zeitpunkt, von dem an wir zufüttern müssen, wird uns unmissverständlich von der Waage, mitunter auch von der Mutterhündin selbst angezeigt. Sobald die Gewichtszunahme der Welpen drei Tage lang unter das sonst übliche Mittel fällt, ist es soweit. Dies kann in der dritten Lebenswoche der Fall sein, kann aber auch erst in der siebten/achten Woche eintreten.

Unsere Hündin Aga war in jungen Jahren eine wahre «Milchkuh», die ihre Welpen bis zur achten Woche und darüber hinaus vollständig mit Muttermilch ernährte. Meistens aber müssen wir bereits von der vierten/fünften Woche an mit dem Zufüttern der Welpen beginnen. Ohne zwingende Notwendigkeit sollte man jedoch auf keinen Fall zu früh damit anfangen. Im Gespräch mit vielen Züchtern mancher Rassen habe ich immer wieder gehört, dass es viele unter ihnen gibt, die jeweils einfach gedankenlos schematisch nach der dritten Woche mit dem Zufüttern beginnen, und zwar unbekümmert darum, ob dafür tatsächlich eine Notwendigkeit bestehe oder nicht.

Die Folge davon ist selbstverständlich eine sofortige Reduktion der Milchleistung seitens der Mutterhündin, und das ist sehr schade. Wir

Tier	*Eiweiss in %*	*Fett in %*	*Zucker in %*	*Mineralien*
Kuh	3,6	3,5	4,7	0,70
Ziege	4,2	4,4	4,5	0,80
Schaf	5,5	6,0	4,5	0,90
Hund	11,7	9,8	3,0	1,35

(Nach G. Theloe)

Abbildung 44

Sobald die Hündin ihre Welpen im Stehen säugt, müssen den Welpen die Krallenspitzen mit einer Schere etwas gekürzt werden. Sie zerkratzen sonst beim Milchtritt das Gesäuge der Mutter, und viele Hündinnen weigern sich dann bald einmal, ihre Kinder weiterhin mit Muttermilch zu versorgen. Foto: E.-M. Krämer

sollten vielmehr danach trachten, deren Milchleistung so lange wie möglich voll zu erhalten.

Jeder Tag, an dem die Hündin ihre Welpen noch selber zu ernähren vermag, bedeutet für den Züchter eine wesentliche Arbeitsersparnis und für die Welpen einen Tag ungestörter Entwicklung mehr. Wir versuchen deshalb zu unserem und der Welpen Vorteil, den Zeitpunkt der Entwöhnung so weit wie möglich hinauszuschieben. Häufig sind wir jedoch selber daran schuld, wenn eine gut säugende Hündin in der vierten Woche plötzlich streikt und ihre Welpen nur noch mit sichtbarem Widerwillen und unter Zwang säugt (*Abbildung 44*).

Mit drei Wochen ist nämlich der Milchtritt der Welpen recht kräftig geworden. Zudem hatten sie bisher keine Gelegenheit gehabt, ihre

Krallen abzuwetzen, so dass diese deshalb spitz und scharf wie Katzenkrallen geworden sind. Die Verletzungen, die sie der Hündin damit am Gesäuge beibringen, sind oft ganz erheblich. Als erschwerender Umstand kommt dazu, dass die Hündin nun beginnt, die Welpen im Stehen zu säugen. Die Welpen sitzen dazu auf die Hinterkeulen und bearbeiten mit den Vorderpfoten das Gesäuge der Hündin (Milchtritt). Immer und immer wieder gleitet dabei einer ab und schon hat die Mutter wieder ein halbes Dutzend scharfe Kratzer am Gesäuge, dergestalt, dass es innerhalb kurzer Zeit völlig zerkratzt sein kann. dass dann empfindliche Hündinnen die Welpen abbeissen und sie nicht mehr säugen wollen, dürfte in Anbetracht dieser Tatsache verständlich sein. Physiologische (mangelnde Entleerung der Milchdrüsen) und psychologische Gründe (Angst vor den säugenden Welpen) führen jetzt zu einem raschen und totalen Zusammenbruch der Milchleistung.

Dies kann verhindert werden, wenn wir den Welpen im Laufe der dritten Lebenswoche mit einer scharfen Schere die Krallenspitzen wegschneiden. Mit diesem einfachen, für die Welpen absolut schmerzlosen Eingriff kann die Säugezeit oft um acht bis zehn Tage verlängert werden. Wird die Milchleistung der Hündin jedoch schon sehr frühzeitig, zum Beispiel bereits nach der zweiten Woche, ungenügend, so helfen in vielen Fällen Medikamente, die auf die Milchdrüsen einwirken. Man wende sich in einem solchen Fall an den Tierarzt. Ist aber der Milchstrom einmal versiegt, dann helfen auch Medikamente nichts mehr; man muss deshalb rechtzeitig handeln. Oft zeigen uns auch die Hündinnen selbst unmissverständlich an, wann sie den Zeitpunkt, da die Welpen nun feste Nahrung zu sich nehmen sollen, für gegeben halten. Instinktsichere Hündinnen werden eines Tages vom soeben geleerten Futternapf weglaufen und den Mageninhalt vor den Welpen erbrechen (*Abbildung 45*).

Stürzen sich diese nun gierig darauf, so ist der Zeitpunkt der Entwöhnung gekommen.

Die erste Nahrung, die die Welpen bei uns erhalten, ist «Pelargon» mit einem zerquirlten Ei. Später ersetzen wir Pelargon durch Kuhmilch.

Es besteht wirklich kein Grund, die Kuhmilch mit Wasser oder Kamillentee zu verdünnen, wie dies viele Züchter immer wieder aus Furcht vor Durchfall tun. Wasser nährt die Welpen nicht, aufgrund obiger Tabelle bezüglich Milchzusammensetzung wirkt das Argument, reine Kuh-

Abbildung 45
Der Junghund stösst mit der Schnauze gegen den Mundwinkel der Mutter und fordert sie so zum Erbrechen ihres Mageninhalts auf. Foto: E.-M. Krämer

milch sei zu fett, einfach lächerlich. Im Gegenteil ist es vielmehr notwendig, die gegenüber der Hündinnenmilch weit nährstoffärmere Kuhmilch etwas anzureichern. Der grösste mengenmässige Unterschied besteht hinsichtlich des Eiweissgehaltes, und Eiweiss ist, nebst den Kalksalzen, der wichtigste Aufbaustoff des Körpers.

In erster Linie müssen wir deshalb wohl den Eiweissgehalt der Kuhmilch etwas anreichern, und das tun wir wohl am besten mit einem Hühnerei, welches an tierischem Eiweiss und an Mineralstoffen überaus reich ist. Eine Anreicherung der Milch mit Honig, wie oft empfohlen wird, entspricht nicht den Bedürfnissen des wachsenden Körpers. Honig ist fast reines Kohlehydrat, also Brennstoff, und enthält sozusagen kein Eiweiss. Honig ist eigentlich vor allem nur dann geeignet, wenn es darum geht, kranken Welpen die lebensnotwendigen Brennstoffe in möglichst leicht verdaulicher Form zuführen zu müssen; aber hier ist ja von gesunden und nicht von kranken Welpen die Rede.

Zwei bis drei Tage lang füttern wir nun vorläufig nur abends, es sei denn, die Milchleistung der Hündin gehe ganz rapid zurück. Trotz dieser behutsamen Umstellung in der Ernährung besteht dauernd die Gefahr mehr oder weniger starker Darmstörungen. Dem beugen wir vor, indem wir während der ersten Zeit dem Welpenfutter etwas «Arobon» (Nestlé) – ein Produkt aus Johannisbrotfrüchten – beifügen. Arobon wirkt vorbeugend gegen Durchfall.

Am dritten Tag geben wir anstelle des zerquirlten Eies bereits feingehacktes, rohes Muskelfleisch (Rind, Pferd oder Kalb) und gehen jetzt auf zwei Fütterungen pro Tag, jeweils morgens und abends, über.

Nach weiteren zwei Tagen kommen zum Fleisch und zur Milch (immer noch handwarm gereicht) noch Matzinger-Aufzuchtflocken sowie einige Tropfen Lebertran dazu.

Da die Mutterhündin nun ihre Milchproduktion rasch abbaut – sie leckt auch den Kot und den Urin der Welpen nicht mehr auf* –, müssen wir die Welpen nach einer Woche täglich dreimal, nachher, wenn die Hündin gar nicht mehr säugt, gar vier- bis sechsmal füttern.

Zum oben beschriebenen Futter, aus dem wir jetzt das Arobon weglassen, es aber bei Anzeichen von Durchfall sofort wieder beifügen müssen, kommen nun feingeriebene Karotten hinzu und die Dosis Lebertran wird erhöht (*Abbildung 46*).

Irgendwelche Futtermengen anzugeben, ist kaum möglich. Das hängt nämlich einerseits von der Menge der noch zur Verfügung stehenden Muttermilch und andererseits vor allem von der betreffenden Rasse ab. Wir rechnen bei Mittelschnauzern für einen etwa acht Wochen alten Junghund 100 g rohes Fleisch pro Tag. Der aufmerksame Züchter wird bald einmal selber herausfinden, wieviel er füttern muss; nämlich immer gerade soviel, als die Welpen innert fünf Minuten vertilgen und sich nachher gesättigt zeigen.

* Wieweit Harn und Kot der Welpen milchtreibende Wirkstoffe enthalten, ist meines Wissens bis jetzt noch nie untersucht worden. Sobald die Welpen Fremdnahrung erhalten, so verschmähen die Hündinnen deren Kot und unmittelbar darauf geht meistens auch ihre Milchproduktion zurück.

Abbildung 46
Das Laufgitter als erster Auslauf und der glasierte Blumentopfuntersatz als erste Futterschüssel haben sich sehr gut bewährt. Eine Schicht Zeitungspapier ist hier der beste Bodenbelag. Foto: H. Räber

Nach der siebten/achten Woche sind die Welpen nun vollständig entwöhnt und zu Junghunden geworden. Auch wenn sie zuweilen noch bei der Mutter saugen, wird die Menge Muttermilch, die sie noch erhalten, minim sein.

Wir gehen jetzt zur eigentlichen Junghundefütterung über. Die Milch wird nun morgens und abends separat in einer Schüssel gereicht, wobei jeweils, je nach der Anzahl Hunde, ein Kaffeelöffel bis ein Esslöffel voll Medizinal-Lebertran direkt über die handwarme Milch gegossen wird. Jeder Junghund erhält zudem jeden Tag eine Tablette Kalzium-D-Redoxon, und zwar aus der Hand gereicht, damit wir sicher sind, dass ein jeder seine Ration wirklich erhalten und verschluckt hat. Nebst der Morgen- und Abendmilch gibt es im Laufe des Vormittags ein Gemisch aus Flocken, Fleisch und feingeraffelten Karotten; im Sommer ab und zu statt Karotten abwechslungsweise etwas Petersilie oder Schnittlauch und zur Anregung der Darmtätigkeit feinzerdrückte, gekochte Kartoffel. Am Mittag erhalten sie rohes, in Würfel geschnittenes Muskelfleisch, am Nachmittag wiederum die Fleisch-Flocken-Mischung und am Abend, vor der Milch, nochmals etwas Fleisch. Bei Winterwürfen achten wir darauf, dass zusammen mit dem Fleisch reichlich Fett gefüttert wird, da der Bedarf an Brennstoffen jetzt bedeutend grösser ist als im Sommer.

Mit zehn Wochen kriegen sie weiche Kalbsknochen zum Benagen. Die Theorie, «Knochenbenagen gibt dicke Köpfe», ist leider ebenso verbreitet wie dumm. Wer einen dicken Kopf geerbt hat, kriegt auch ohne das Benagen von Knochen einen dicken Kopf, wer aber von seinen Ahnen her einen schmalen Kopf hat, dem wird die Knochen-Nagerei die Kopfform sicher nicht verderben. Hingegen erhalten die Welpen dadurch Knochensalze in natürlicher Form, sie kräftigen ihr Gebiss und reinigen zugleich durch intensives Benagen der Knochen die Zähne.

Als beliebt, nicht nur zum Fressen, sondern auch zum Spielen, gelten Stengel und Blätter des Topinamburs (ein Knollengewächs, das überall leicht und üppig gedeiht) oder des Federkohls. Beide werden mit Begeisterung zerkaut, zerrissen und verschlungen. Sicher ist der Nährwert dieser Grünpflanzen für die Hunde nicht gross, aber ohne Zweifel liefern sie ihnen wertvolle Vitamine sowie Spurenelemente und regen die Darmtätigkeit an.

Auch für den Hund gilt «Was der Bauer nicht kennt, das frisst er nicht».

Solange wir unsere Welpen mit Frischfleisch und einem Flockengemisch aufzogen, verweigerten sie, wenn sie ihren neuen Besitzern übergeben worden waren, oft am neuen Platz während Tagen das ihnen vorgesetzte Futter.

Wir geben freilich jedem Junghund eine «Gebrauchsanweisung» mit, auf der genau aufgeführt ist, wie er bisher ernährt worden ist und empfehlen, ihn mindestens für die ersten Wochen genau gleich zu füttern, wie er es «von Haus aus» gewohnt ist. Aber heute ist das Angebot an Fertigfutter als Feuchtfutter in Dosen oder als Trockenfutter in Würfeln so reichhaltig, dass die Hundebesitzer von dieser bequemen Fütte-

Abbildung 47
Im Alter von fünf Wochen ist ein Mittelschnauzer schon ein recht strammer und unternehmungslustiger Bursche. Foto: U. Ochsenbein

rungsweise Gebrauch machen möchten. Deshalb gingen wir dazu über, unseren Welpen allmählich zum Frischfleisch etwas Fertigfutter aus Dosen oder aufgeweichtes Trockenfutter beizumischen. So gewöhnten sie sich an den Geschmack verschiedener Futterarten und verweigerten nachher am neuen Platz das ihnen vorgesetzte Futter nicht mehr.

Für den Züchter hat mit der Entwöhnung der Welpen die arbeitsreiche Zeit begonnen. Nebst der täglichen Futterzubereitung, dem Füttern und Überwachen der Futteraufnahme (unbedingt erforderlich), Bürsten und Kämmen der Junghunde kommt nun die Reinigung des Auslaufes. Wer den mehrmals täglich anfallenden Kot nicht einsammelt, muss sich dann nicht wundern, wenn die Nachbarn des «Saustalles» wegen bald einmal die Nase rümpfen.

Wo aber die Häuflein mindestens dreimal täglich regelmässig entfernt werden und das Kies des Auslaufes ab und zu mit einer Lösung Kaliumpermanganat überspritzt wird, da haben auch empfindliche Nasen keinen Grund, sich kraus zu ziehen.

Meine Fütterungsanweisung ist recht einfach, zeitsparend, praktisch und erprobt. Der Apotheker verdient dabei nicht viel, um so höher sind die Fleisch- und Milchrechnungen.

Unsere Junghunde wiegen mit 12 bis 14 Wochen acht und mehr Kilo, sie haben glänzende Felle, keine Hängebäuche, dafür aber starke Knochen und kräftige Gebisse. Sie sind überaus temperamentvoll und widerstandskräftig gegen jegliche Witterungseinflüsse. Besser kann die zweckmässige Fütterung wohl kaum bewiesen werden (*Abbildung 47*).

Freilich, es führen viele Wege nach Rom. Gerade und krumme, teure und billigere. Hauptsache ist, man komme wohlbehalten nach Rom. Wir wollen nicht behaupten, unser Weg sei der beste, aber er ist einer unter anderen und jedenfalls einer, der sicher und ohne unnötige Kosten geradewegs zum Ziele führt.

Wer es sich leisten kann, der darf im Zusammenhang mit der Entwöhnung der Welpen sehr gut die im Handel erhältlichen Säuglingsnährmittel und Trockenmilch-Produkte, wie zum Beispiel Pelargon, verfüttern. Neuerdings bewährt sich das speziell auf den Bedarf des jungen Hundes eingestellte «Welpi» ausgezeichnet. Diese Nährmittel enthalten alles, was der heranwachsende Körper notwendig hat und erweisen sich als zeitsparend und praktisch. Sie haben nur den einzigen Nachteil, dass sie, vor allem wenn sie an grössere Rassen verfüttert werden, teuer zu stehen kommen. Wollte man einen Bernhardiner-Welpen damit grossziehen, es würden dabei Aufzuchtkosten entstehen, die in der Folge bestimmt kein Käufer zu bezahlen gewillt wäre.

Die Milch kann auch, statt mit Eiern, mit Ovomaltine oder ähnlichen Stärkungsmitteln angereichert werden. Ovomaltine vermag aber später niemals das Fleisch zu ersetzen, und kriegen die Junghunde genügend gutes Fleisch, so erübrigt es sich bestimmt, ihnen zum teuren Fleisch hinzu auch noch teure Zusatznahrung zu geben.

Sind wir einmal zur fertigen Junghundfütterung übergegangen, so können ab und zu Reis anstelle der Flocken und geraffelte Äpfel, Birnen, Bananen anstelle der Karotten gereicht werden. Reis ist jedoch in seiner Zusammensetzung viel einseitiger als das Flockengemisch (meistens Fünfkornflocken) und muss zudem gekocht werden. Wenn Fleisch ab und zu nicht in ausreichenden Mengen erhältlich ist, so tun Hühnereier (im Frühling auch Enten- und Gänseeier) als Eiweiss-, Vitamin- und Mineralienspender gute Dienste. Eier enthalten zudem Fett in ausreichender Menge. Leider gibt es aber Hunde, die auf Hühnereier allergisch sind. Anzeichen einer solchen Hühnerei-Allergie sind eine Art Nesselfieber, Schwellungen im Gesicht und in den Gelenken. Wer solche Anzeichen feststellt, muss sofort mit dem Verfüttern von Eiern aufhören.

Bis zum Alter von acht bis neun Wochen füttern wir die Welpen in flachen, aus rotem Ton gebrannten, innen glasierten Blumentopfuntersätzen von etwa 20 bis 25 cm Durchmesser (je nach der Anzahl Welpen). Diese flachen Schalen mit fast senkrecht stehendem, niedrigem Rand können nicht umgeworfen werden, auch hält der gebrannte Ton das Futter relativ lange warm. Später, wenn die Welpen zu Junghunden geworden sind, werden sie an die üblichen, konisch geformten Aluminiumschüsseln gewöhnt (*Abbildung 48*).

Die oft gehörte Meinung, die Welpen müssten die Futteraufnahme erst erlernen, während ihnen das Saugen angeboren sei, ist natürlich Unsinn.

Die Instinkthandlungen, die zum Aufnehmen von festem Futter und von Flüssigkeit notwendig sind, sind angeboren; aber sie (nämlich die

Abbildung 48
Damit wir sicher sind, dass kein Welpe beim Füttern zu kurz kommt, bekommt jeder ab der vierten/fünften Lebenswoche seine eigene Futterschüssel. Foto: E.-M. Krämer

Instinkthandlungen) machen einen Reifungsprozess durch. Drei Wochen alte Welpen stehen zum Beispiel noch mitten in diesem Reifungsprozess drin.

Müssen nun, aus zwingenden Gründen, solche Welpen bereits gefüttert werden, zu einem Zeitpunkt also, der von der Natur so früh nicht vorgesehen ist, so benehmen sie sich dementsprechend noch sehr ungeschickt, und es sieht dann tatsächlich so aus, als ob sie das Fressen erst lernen müssten.

Kommen aber sechs oder sieben Wochen alte Welpen zum ersten Mal ans Futter, so macht ihnen diese erste Futtereinnahme gar keine Schwierigkeiten, weil der Reifungsprozess der notwendigen Instinkthandlungen jetzt völlig abgeschlossen ist.

Und nun müssen wir nochmals kurz von der Mutterhündin reden, denn auch sie muss jetzt ihrerseits «entwöhnt» werden. Solange sie säugte, erhielt sie ihre drei guten Mahlzeiten pro Tag. Daran ist sie nun gewöhnt und würde wohl recht gerne noch einige Zeit so weiterfahren, und zwar mit dem Erfolg, dass sie, da sie nun ja keine Milch mehr produziert, innert kurzer Zeit dick werden würde. In der Tat gehen unsere Hündinnen in dieser Übergangsperiode, oft schon nach wenigen Tagen, wie frische Brote im Ofen auf. Damit, dass wir tatenlos zuschauen, wie sie sich innert weniger Tage einen Schmerbauch zulegen, erweisen wir ihnen wahrhaftig keinen Dienst.

Sobald wir also mit der Welpenfütterung beginnen, reduzieren wir die Anzahl der täglichen Mahlzeiten der Mutterhündin von drei auf zwei, wobei wir darüber hinaus auch noch gleichzeitig die Einzelmahlzeit in mengenmässiger Hinsicht (Quantum) verringern. Kurze Zeit später lassen wir dann auch die zweite Mahlzeit weg und füttern die Hündin wiederum solchermassen, dass ihr Körpergewicht konstant bleibt.

Es gilt nämlich bei den Hündinnen das gleiche wie bei uns Menschen: An Körpergewicht zuzunehmen ist viel leichter und angenehmer als überflüssige Fettpolster wieder abzubauen.

Wenn die Hündin keine Milch hat

Wenn die Hündin keine Milch hat, dann ist guter Rat im wörtlichen Sinne teuer. Ein Wurf Welpen mit der Flasche aufzuziehen, ist kostspielig und vor allem zeitraubend. Wenn in der Hundezucht schon unter normalen Bedingungen nicht «kaufmännisch» gerechnet werden darf, so hier erst recht nicht.

Künstliche Welpenaufzucht ist nicht so einfach, wie sich das mancher vorstellt. Um die zu beachtenden Schwierigkeiten aufzuzeigen, müssen wir etwas weiter ausholen, als nur gerade von den zu verabreichenden Nährmitteln zu reden.

Gemäss dem Geburtszustand unterscheidet der Biologe *Nesthocker* und *Nestflüchter.*

Bei den extremen Nesthockern werden die Jungen unbehaart, blind und taub in ein, von der Mutter sorglich vorbereitetes Nest hineingeboren. Sie sind in den nächsten Tagen und Wochen vollkommen von der

Mutter abhängig. Die Nachkommenzahl dieser Arten ist meist sehr hoch, und die Geburten folgen sich nach kurzen Tragzeiten relativ rasch, denn entsprechend der Hilflosigkeit und Unbeweglichkeit der Jungtiere ist die Verlustrate sehr hoch und muss also durch eine entsprechend starke Vermehrung wieder wettgemacht werden.

Das Gehirn eines Nesthockers ist im Moment der Geburt noch wenig entwickelt, das gleiche gilt auch für das Nervensystem; die Leistungen des Zentralnervensystems entsprechen deshalb noch lange nicht denjenigen eines erwachsenen Tieres. So fehlt diesen Jungtieren beispielsweise noch die Möglichkeit, ihre Körpertemperatur selber zu regulieren. Sie sind noch völlig von einer äusseren Wärmequelle abhängig.

Nach Portmann beträgt das Hirngewicht eines neugeborenen Kaninchens 1,18 g, bei einem erwachsenen Tier 10,5 g, was für die Hirnmasse eine Vermehrungszahl von 8,9 ergibt.

Nestflüchter wie Ferkel, Kälber, Fohlen, Hühnervögel und andere mehr werden nach einer langen Tragzeit beziehungsweise Bebrütung in einem bereits sehr weit entwickelten, dem Erwachsenen schon sehr ähnlichen Zustand geboren. Sie benötigen kein Nest und sind bereits nach einigen Stunden schon sehr mobil. Die Nachkommenzahl ist (Haustiere dürfen nicht als Norm genommen werden) in der Regel sehr klein, und die Geburten erfolgen in grösseren Abständen (ein bis mehrere Jahre). Nestflüchter sind von allem Anfang an befähigt, ihre Körpertemperatur konstant zu halten, und ihre Sinnesorgane sowie das Nervensystem funktionieren schon bei der Geburt gleich wie beim erwachsenen Tier. Das Gehirn ist dementsprechend bereits sehr weit entwickelt. Für das Hausschwein gibt Portmann ein Hirngewicht von 33 g bei der Geburt und 90,94 g im erwachsenen Zustand an. Die Vermehrungszahl der Hirnmasse beträgt bei diesem Nestflüchter nur 2,7 (Kaninchen 8,9). Hund und Katze stehen zwischen diesen beiden extremen Stufen. Die Jungen werden wohl dicht behaart, aber mit verschlossenen Augen und Ohren geboren, die Vermehrungszahl der Gehirnmasse beträgt bei ihnen 4,7. Die Welpen sind wohl zu einer unvollkommenen Eigentemperatur-Regulierung befähigt, sich selbst überlassen, sinkt jedoch ihre Körpertemperatur bald einmal auf einen gefährlichen Tiefstand hinunter, Atem- und Herzfrequenz verlangsamen stark und die Bewegungen des Welpen erfolgen nur noch im Zeitlupentempo.

Damit ist bereits gesagt, dass mutterlose Welpen auf eine Wärmequelle angewiesen sind. Am besten eignet sich daher ein elektrisches Wärmekissen, das auf verschiedene Stufen geschaltet werden kann; ebenfalls geeignet sind künstliche Glucken, zum Beispiel Lükon-Glukken. Zu hohe Temperaturen können eher tödliche Folgen haben als Untertemperaturen. Junge Nesthocker ertragen massive Unterkühlungen über längere Zeit ohne Schaden, Übertemperaturen sind jedoch ihr Tod.

Gegen die in der Schweinezucht heute üblichen Infrarot-Lampen habe ich Bedenken. Die Welpen sind dabei ununterbrochen im Licht, der Tag/Nacht-Rhythmus fällt aus, und anscheinend gibt es bei den unter der Infrarotlampe aufgezogenen Schweinen einen relativ hohen Prozentsatz an blinden Tieren. Das spielt bei Mastschweinen eine geringe Rolle, werden diese doch bereits im Alter von sieben bis acht Monaten geschlachtet. Bei Hunden jedoch möchte ich dieses Risiko nicht eingehen. Ähnlich wie die Wärmeregulation, so funktionieren bei neugeborenen Welpen auch Darm- und Blasentätigkeit nur unvollständig. Es gehen mehr künstlichernährte Jungtiere an Harn- und Kotverhalten ein als an Unterernährung. Jeder Hundezüchter weiss, dass die Welpen schon einige Minuten nach der Geburt aufgrund der mütterlichen Zungenmassage ein schwarzes Häufchen Darmpech und Harn absetzen. Diese Massage ist auch in den nächsten Tagen für eine geregelte Stuhl- und Harnentleerung unbedingt nötig. Wer also Welpen mit der Flasche aufzieht, muss ihnen nach jeder Mahlzeit Bäuchlein und After mit einem warmen, feuchten Wattebausch so lange massieren, bis sie sich entleeren.

Als Aufzuchtfutter bediene man sich am einfachsten eines der käuflichen, in seiner Zusammensetzung genau auf die Bedürfnisse eines Hundesäuglings angepassten Säuglingsnährmittels, zum Beispiel «Welplac» (Hoechst). Derartiges Aufzuchtfutter ist nicht eben billig, aber zeitsparend und vor allem mengenmässig richtig zusammengesetzt. Die benötigte Menge entspricht rund einem Drittel des Körpergewichtes eines Welpen. Diese Menge wird auf zehn bis zwölf Mahlzeiten pro Tag verteilt. Mehr als vier Stunden darf anfänglich die nächtliche Ruhepause nicht betragen. Damit ist wohl schon deutlich dargetan, welche Arbeit man sich mit der künstlichen Aufzucht eines Wurfes aufbürdet. Bei einem Sechserwurf zum Beispiel ist die ihn betreuende Person den ganzen Tag vollauf beschäftigt.

Verweigern die Welpen die Nahrung, so liegt das sehr häufig nicht an deren Geschmack, sondern an der *Temperatur*. Welpen reagieren darauf oft sehr empfindlich. Die Milch darf nicht zu heiss und vor allem nicht zu kalt sein. Richtig ist körperwarm, also zwischen 36°C und 38°C.

Die ersten Mahlzeiten geben wir, wie wir es bei der Frühentwurmung mit der Piperazin-Lösung getan haben, mittels einer Tropfenpipette ein. Am zweiten/dritten Tag versuchen wir es schon mit der Flasche; die kleinen Puppen-Säuglingsflaschen sind dazu sehr gut geeignet.

Wenig beachtet, doch von grösster Wichtigkeit für die künstliche Aufzucht ist die Rolle der *Kolostralmilch*; also der ersten Milch, die die Hündin produziert. Diese enthält, wie im Kapitel «Welpensterben» dargetan wurde, die für die neugeborenen Welpen unbedingt nötigen Schutzstoffe gegen Infektionskrankheiten. Die «allererste» Milch ist am wirksamsten, nachher nimmt deren Schutzstoff-Konzentration sehr schnell ab.

Wir wissen heute auch, dass diese Schutzstoffe offenbar nur während der ersten Lebenstage die Darmwand der Welpen durchdringen und in deren Blutkreislauf übertreten können. Die Welpen müssen sich deshalb unbedingt schon im Lauf der ersten Lebensstunden einen Vorrat davon aneignen, der bis zum Zeitpunkt ausreicht, da ihr Körper selbständig Immunstoffe zu bilden vermag.

Besteht für die Welpen keine Möglichkeit, von einer Hündin Kolostralmilch zu erhalten, so ist eine Injektion von Gammaglobulin (zum Beispiel Gamathyne, Welcome) für ihr Fortkommen absolut erforderlich; andernfalls sind sie sichere Todeskandidaten.

Wenn irgend möglich, sollte man deshalb so rasch wie möglich nach einer Amme Umschau halten, denn unter ihrer Pflege werden die Welpen mindestens ebenso gut, wahrscheinlich sogar bedeutend besser gedeihen als bei künstlicher Aufzucht. Zur Not tut es bei Zwergrassen auch eine Katze, nur hat man zumeist am Anfang Schwierigkeiten, die Katze an ihre Adoptivkinder zu gewöhnen.

Künstliche Welpenaufzucht mit der Flasche ist heute kein unmögliches Unterfangen mehr, aber es ist eine zeitraubende Arbeit und das Ergebnis ist vielfach trotz viel guten Willens und grosser Mühe leider nicht immer befriedigend. Man muss sich die Sache im gegebenen Fall jedenfalls sehr gut überlegen.

Vor allem würde ich aus einem mutterlosen Wurf nur die allerkräftigsten Welpen für die Aufzucht auslesen. Es ist sicher besser, nur drei, dafür aber einigermassen kräftige Hunde grosszuziehen, als am Schluss mit sechs ungefreuten Schwächlingen dazustehen, für die man dann Plätze suchen muss.

Wichtig für die Entwicklung eines mit der Flasche aufgezogenen Welpen ist der rechtzeitige Kontakt mit anderen Hunden. Haben wir das Pech, einen einzigen Welpen mit der Flasche aufziehen zu müssen, so sorgen wir in jedem Fall dafür, dass er im Alter von drei Wochen einen ungefähr gleichaltrigen und gleich grossen Kameraden erhält. Ohne diesen wichtigen Kontakt sind Fehlentwicklungen im Sozialverhalten fast die Regel.

Der Welpe

Der passionierte Züchter wird sich nicht mit der Feststellung der täglichen Gewichtszunahme der Welpen begnügen, sondern er wird immer wieder mit wachem Interesse deren gesamte körperliche und seelische Entwicklung verfolgen. Entwicklungsmässig werden Hundewelpen, wie bereits dargetan, auf einer relativ tiefen Stufe geboren; nämlich blind und was weniger beachtet wird, taub. Ihre ersten Umwelteindrükke vermitteln ihnen Geruch-, Tast- und Wärmesinn. Die Mutter stellt vorerst für den Welpen ein warmes, stark riechendes Etwas dar. Versuche haben eindeutig ergeben, dass sich der Welpe schon beim ersten Saugen den Individualgeruch der Mutter einzuprägen vermag, er lernt also bereits in den ersten Lebensstunden durch Erfahrung. Geruchsreize leiten ihn unmittelbar nach der Geburt zum mütterlichen Körper hin. Wir haben oft beobachtet, wie Welpen, die kaum aus den Eihüllen befreit waren, die Nachgeburt an der Nabelschnur hinter sich herschleppend, sich auf den Weg zur mütterlichen Milchquelle machten (*Abbildung 49*).

Sie gehen dabei so zielstrebig vor, dass leitende Reize angenommen werden müssen, und als solche können vorerst nur von der Mutter ausgehende Geruchs- oder auch Wärmereize in Frage kommen. Bei der Mutter angelangt, schiebt sich der Welpe mit pendelnden Kopfbewe-

Abbildung 49
Trinken und Schlafen sind die wichtigsten Beschäftigungen in der ersten Lebenswoche.
Foto: E. Mächler

gungen dem mütterlichen Körper entlang. Zwangsläufig stösst er dabei auf eine Zitze, die er sofort fasst und zu saugen beginnt. Hier wirken taktile Reize, sicher nicht Geruchsreize, denn sehr oft saugen Welpen auch intensiv an der mütterlichen Vulva. Doch auch jetzt setzt sofort ein Lernprozess ein. Wenn einer einmal an einer Zitze gesaugt hat, der saugt nachher nicht mehr anderswo; zum taktilen Reiz der Zitze kommt nun der Geruchs- und Geschmacksreiz der Milch hinzu.

Saugen und Schlucken sind dem Welpen angeboren. Gesättigt sucht nun der Welpe, dessen Wärmeregulation noch nicht vollständig funktioniert, nach Wärme. Mit Vorliebe kriecht er in den Winkel, der bei der seitlich eingerollt liegenden Hündin zwischen Knie und Flanke gebildet wird. Hier legt er sich Kopf nach oben ausgestreckt hin, um eine möglichst grosse Kontaktfläche mit der Mutter zu haben.

Die Bewegung zur Mutter hin übernehmen die Vorderbeinchen. Die Hinterbeine sind noch kaum funktionstüchtig und werden nachgeschleppt. Wir waren anfänglich oft erschrocken, als wir sahen, wie Welpen ihre Fersengelenke jeweils nach rückwärts durchbogen. Die Furcht war aber jedesmal unbegründet; nie hatten wir einen Welpen mit einem defekten Fersengelenk.

Auch diese robbenartige Fortbewegungsart der Welpen ist ein typisches Merkmal der Nesthocker. Das Nerven- und Muskelsystem ist im kopfnahen Teil des Körpers bei der Geburt weit besser entwickelt als im Hinterteil des Körpers. Die Ausbildung der Armnerven ist demnach weiter fortgeschritten als diejenige der Hinterbeine.

Es ist müssig, nach der Erklärung suchen zu wollen, warum wohl die Nesthocker mit verschlossenen Augen und Ohren geboren werden. In einer neueren Publikation las ich, das sei zum Schutze dieser empfindlichen Organe vor eindringendem Fruchtwasser. Das Gegenteil ist wohl eher der Fall. Die bei den sehr frühen Geburtsstadien der Nesthocker noch nicht völlig entwickelten Sinnesorgane bedürfen zur völligen Ausreifung einer feuchten Umgebung. Der Augen- und Ohrenverschluss würde also, postnatal, die Funktion des Amnions (Fruchthüllen) übernehmen, bis diese Organe sich so weit entwickelt hätten, dass sie der trockenen Luft ausgesetzt werden dürften.

Die Ohren beginnen sich vom vierten Tag, die Augen vom achten Tag an zu öffnen. Individuelle Unterschiede sind innerhalb eines Wurfes immer zu beobachten; es ist kein Grund zum Besorgtsein vorhanden, wenn ein Welpe am zwölften Tag seine Augen immer noch verschlossen hält, während ein Teil seiner Geschwister bereits früher in die Welt blickt.

Das Öffnen der Ohren erkennen wir an den weissen Schuppen, die sich um den zukünftigen äusseren Gehörgang herum bilden, das Öffnen der Augen erfolgt vom inneren Augenwinkel aus und ist etwa am 14. Lebenstag abgeschlossen (*Abbildung 50*).

Es ist sehr fraglich, ob die Welpen nun tatsächlich auch sehen. Sie blicken vorerst noch mit ihren trübblauen Augen ziemlich stumpf und interesselos in die Welt hinaus, und sie reagieren auch noch nicht auf bewegte Gegenstände. Vermutlich vermögen sie vorerst bloss hell und dunkel zu unterscheiden, aber noch keine klaren Umrisse zu erkennen.

Abbildung 50

Der 13 Tage alte Welpe hat die Augen geöffnet, aber sie sind noch blau-trübe, und es ist fraglich, ob der Welpe mehr als nur Hell und Dunkel wahrnehmen kann; jedenfalls reagiert er noch nicht auf bewegte Gegenstände. Foto: U. Ochsenbein

Nach drei Wochen jedoch sind ihre Augen klar, und wir können die Pupillenreflexe deutlich erkennen. Der Welpe reagiert jetzt auch visuell auf Bewegungen (*Abbildung 51*). Dies alles hängt letztlich auch damit zusammen, dass das Gehirn im Moment der Geburt noch völlig unfertig angelegt ist und sich die entscheidende Endphase seiner Entwicklung in den drei ersten Lebenswochen abspielt.

In den ersten zwei Lebenswochen ist die ganze Tätigkeit des Welpen auf die Befriedigung seiner organischen Bedürfnisse ausgerichtet. Hunger, Durst, Kälte und Hitze aktivieren ihn. Bei Hunger und Durst sucht

Abbildung 51
Der knapp drei Wochen alte Junghund reagiert noch sehr unsicher auf bewegte Gegenstände. Foto: R. Trainin

er die mütterliche Milchquelle; bei Kälte kriecht er winselnd im Kreise herum, bis er auf eine Wärmequelle stösst. Dies ist entweder die Mutter oder aber die Geschwister.

Es kommt dann zum bekannten «Am-Haufen-Liegen» der Welpen, das in diesem Stadium keineswegs als Ausdruck sozialer Beziehungen zwischen den Welpen zu deuten ist, sondern lediglich durch deren Wärmebedürfnis zustandekommt (*Abbildung 52*).

Bei grosser Wärme streben die Welpen auseinander, wir finden dann in jeder Ecke des Lagers einen «Einzelgänger» (*Abbildungen 52a und*

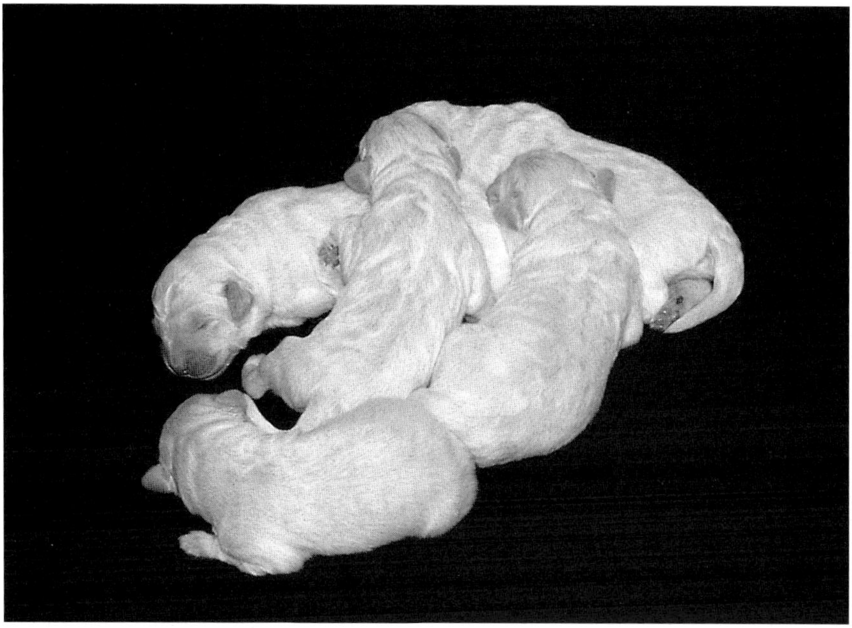

Abbildung 52
Neugeborene Welpen können ihre Körpertemperatur nicht über längere Zeit konstant halten. Verlässt die Mutter das Wurflager, so bilden sie einen Haufen und verringern so die wärmeabgebende Oberfläche. Foto: E.-M. Krämer

53). Das Kreiskriechen, verbunden mit Pendelbewegungen des Kopfes, ist eine typische Suchbewegung.

Die stimmlichen Äusserungen des neugeborenen Welpen sind schon recht vielfältig. Er winselt, wenn er hungrig ist oder kalt hat, er quäkt laut und durchdringlich, wenn die Mutter ihn tritt oder wenn Stuhl- und Harndrang ihn quälen und er sich nicht lösen kann. Auf einen heftigen Schmerz hin schreit er laut auf.

Die einzelnen Lautäusserungen der Welpen lösen bei instinktsicheren Hündinnen die entsprechenden mütterlichen Leistungen aus. Auf das Hungergewinsel hin legt sich die Mutter seitwärts und räkelt sich derart zurecht, dass die Welpen gut zu den Zitzen gelangen können. Quäkt einer laut, so wird die Mutter unruhig. Befindet sich der quäkende

Abbildung 52a
Wird es im Wurflager zu warm, streben die Welpen auseinander. Ein Wärmestau kann ihnen gefährlicher werden als eine kurze Unterkühlung. Foto: E.-M. Krämer

Welpe noch im Wurflager, so wird sie ihn durch Zungenmassage von seinem körperlichen Drang befreien; quäkt er, weil er aus dem Nest gefallen ist und nun kalt hat, so holt sie ihn wieder zu sich herein. Hündinnen fassen, wie alle Raubtiere, dabei ihre Sprösslinge am Genick oder auch um die Brust, was beim Welpen einen entsprechenden Reflex auslöst. Er legt den Kopf gegen die Brust und zieht die Hinterbeinchen und den Schwanz gegen den Bauch hinauf. Leider getrauen sich viele Hündinnen nicht mehr, diesen Nackengriff anzuwenden; sie stehen dann hilflos vor dem schreienden Welpen, wüssten aber anscheinend recht wohl was tun, wagen es jedoch nicht (*Abbildung 54*).

Auf einen Schmerzschrei hin erhebt sich eine instinktsichere Hündin sofort. Damit ist eigentlich der betreffende Zweck bereits erreicht, denn die Ursache dieses Geschreis ist meistens die Hündin selbst.

Abbildung 53
Selbst vier Wochen alte Junghunde liegen bei kühlem Wetter noch gerne an einem Haufen. Dieses Zusammenliegen spielt im Sozialisierungsprozess eine wichtige Rolle.
Foto: H. Räber

Bei grossen Rassen, wo das Grössenverhältnis Mutter/Kind sehr zuungunsten des Kindes verschoben ist, erfolgt dieses Aufstehen dann vielfach schon zu spät. Eine 80 kg schwere Bernhardiner-Hündin kann einen 500 g schweren Welpen leicht zertreten oder «verliegen»; bei einer nur 18 kg schweren Mittelschnauzer-Hündin besteht diese Gefahr hinsichtlich ihrer 350 g schweren Welpen schon viel weniger, und eine nur fünf bis sieben kg schwere Zwerg-Hündin kann ruhig für kurze Zeit auf ihrem 200 g schweren Welpen liegen, ohne diesen dabei zu erdrükken. Schon zwei Tage alte Welpen knurren bisweilen im Schlaf und manchmal kann man sogar eine Art Bellen hören. Wir haben auch schon bei ganz jungen Welpen das bekannte Zucken in den Füssen und mit den Ohren, verbunden mit Knurren und Jaulen, beobachtet, das bei erwachsenen Hunden gewöhnlich als Ausdruck eines Traumerlebnis-

Abbildung 54
Instinktsichere Hündinnen, wie zum Beispiel dieser Siberian Husky, tragen ihre Welpen ins Nest zurück, wenn sie sich zu weit davon entfernt haben. Sie fassen sie dabei im Genick, mitunter auch um den Brustkorb. Foto: R. Trainin

ses gedeutet wird.

Mit dem Öffnen der Augen und Ohren weitet sich die Umwelt der Welpen aus. Sie nehmen nun bewusst Kontakt mit Mutter, Geschwistern und dem Betreuer auf.

Das Interesse der Welpen wendet sich nun Dingen zu, die ausserhalb der Befriedigung organischer Bedürfnisse liegen. Schon von der dritten Lebenswoche an kommt es zu kurzen, tolpatschigen Kämpfen, die als erste Ansätze späterer Rangordnungskämpfe aufzufassen sind (*Abbildung 55*).

Mit noch zahnlosen Mäulchen «beissen» sich die Welpen gegenseitig in die Ohren, in die Halsseiten und in die kurzen Schnauzen.

Abbildung 55

Schon in der vierten Lebenswoche beginnen kleine Rangordnungskämpfe. Die Welpen knurren einander an und packen sich an den Ohren. Diese Spiele werden mit zunehmendem Alter immer heftiger ausgetragen, sie gehören jedoch zur normalen Entwicklung eines Junghundes. Foto: U. Ochsenbein

In der vierten Lebenswoche erweitern sie ihren Aktionsraum; jetzt steigen sie aus der Wurfkiste heraus und nehmen den Kontakt mit der näheren Umgebung auf. Ihr Gang ist freilich immer noch recht unbeholfen. Die späteren Zehengänger treten hinten noch mit der ganzen Fusssohle (vom Fersengelenk bis zu den Zehenspitzen hin) auf. Das verhilft den Welpen zu ihrem bezeichnenden bärenhaft-tolpatischen Gang.

Auf Geräusche reagieren die Welpen jetzt mit Aufhorchen, oft auch schon mit Knurren und Bellen. Ihre Beweglichkeit nimmt nun von Tag zu Tag zu und dementsprechend vergrössert sich ihr Tatendrang und erweitert sich ihr Aktionsradius.

Ungefähr von der fünften/sechsten Lebenswoche an steigen unsere Welpen von sich aus die kleine Treppe hinunter in den Auslauf. Sie

Abbildung 56
Im Spiel mit den Geschwistern lernt der Junghund den richtigen Umgang mit anderen Hunden. Es ist falsch, Junghunde schon mit sechs oder sieben Wochen aus dem Wurfverband zu nehmen. Foto: E.-M. Krämer

nehmen jetzt intensiven sozialen Kontakt mit ihren Geschwistern und der Mutter auf. Wir beobachten das erste Schwanzwedeln, die typische Spielaufforderung (Vorprellen und Senken des Vorderkörpers), Lauerstellung und Überfall auf Bruder und Schwester, sie drohen gegeneinander mit entblössten Zähnen, knurren sich heftig an, und es kommt zu hitzigen Verfolgungsjagden und Raufereien. Die Mutter ist nun nicht mehr nur Wärme- und Futterquelle, sie wird jetzt zum Sozialpartner, den die Welpen in ihre Spiele und Kämpfe einbeziehen (*Abbildung 56* Spiel mit Geschwistern, *Abbildung 57* Spiel mit der Mutter). Eine typische Spielform der Hündin, die nur im Spiel zwischen erwachsenem Hund und Welpen beobachtet werden kann, ist das Beissen des erwachsenen Hundes in die Hinterläufe der Welpen. Die Welpen werden von der

Abbildung 57
Die Mutter ist jetzt nicht mehr die Futterquelle, sondern Spielkamerad; aber sie bleibt der «Boss», und der Junghund lernt hier den richtigen Umgang mit erwachsenen Hunden.
Foto: E.-M. Krämer

Mutter oft recht grob herumgezerrt, bis sie dann die typische Stellung der Unterwerfung einnehmen.

Mit der siebten Lebenswoche werden die Welpen zu Junghunden. Ist kein umzäunter Auslauf da, so rücken sie jetzt einzeln, zu zweit und zu dritt oder als ganzer Verband, die Mutter voran, zu Entdeckungsfahrten aus, sie scharren Löcher und nichts ist mehr vor ihnen sicher (*Abbildung 58*). Das ist jetzt die Entwicklungsphase, in der der wilde Canide von seiner Mutter auf die ersten Beutezüge mitgenommen wird.

Die Rangordnungskämpfe werden jetzt recht erbittert ausgefochten; das Sammeln persönlicher Erfahrungen erlangt jetzt grösste Bedeutung für die spätere Entwicklung zum fertigen Hund. Der aufmerksame Züchter, der seine Junghunde beobachtet und deren Ausdrucksweise zu

Abbildung 58
Die Junghunde sind jetzt sieben Wochen alt geworden und gemeinsam mit der Mutter begeben sie sich auf Entdeckungsreisen. Foto: E.-M. Krämer

deuten weiss, kann jetzt schon sehr viel über die Charakteranlagen des einzelnen aussagen.

Er erkennt den künftigen Draufgänger, der später gerne zum Raufer ausartet, den Vorsichtigen, den Ruhigen und den Temperamentvollen, den Unternehmungslustigen sowie das Phlegma.

Ausgedehnte Versuche im Institut für Verhaltensforschung im Mount Desert Island, Maine USA, haben gezeigt, wie wichtig die sozialen Beziehungen des Hundes im Welpenalter für seine spätere Entwicklung sind. Wir müssen hier kurz darauf eintreten.

Eine wesentliche Erkenntnis ist, dass die Welpen bis zum 21. Lebenstag nur so weit Kontakt mit der Umwelt nehmen, als dies ihre organischen Bedürfnisse erfordern. Man kann den Welpen in diesem Alter noch nichts beibringen, sie sind neurologisch und psychologisch noch

Abbildung 59
Im Spiel mit den Geschwistern und mit dem Menschen entwickeln sich die körperlichen und psychischen Fähigkeiten des jungen Hundes. Ein gut aufgezogener Junghund ist frech, neugierig und spielfreudig. Nichts soll vor seinen Zähnchen sicher sein. Ängstliche Welpen entwickeln sich zu scheuen Hunden, und ein scheuer Hund ist eine Belastung für seine Besitzer. Foto: M. Bärtschi

weitgehend auf ihre engste Umwelt eingestellt. Dann aber setzt fast schlagartig eine Phase vielseitiger Kontaktnahme mit der Umwelt ein. Die Welpen lernen jeden Tag viel Neues. Wird in diesem Alter ein Welpe von Mutter und Geschwistern abgesondert und isoliert aufgezogen, so wird er sich später nicht mehr für andere Hunde interessieren, auch wird er sich kaum mehr richtig einem Menschen anschliessen, sondern sein ganzes Leben ein asozialer Sonderling bleiben.

Hunde aus Würfen, die wohl im Meuteverband, jedoch ohne Kontakt mit dem Menschen aufwachsen, scheuen im Alter von vier Monaten den Menschen. Alle Liebe und alles erzieherische Geschick wird diesen Kontaktmangel gegenüber dem Menschen nie mehr ganz ausgleichen können. Diese Hunde lassen sich wohl noch zu passablen Hausgenossen erziehen, aber in ein intimes Verhältnis zum Menschen werden sie kaum mehr je treten können (*Abbildung 59*).

Mit sieben Wochen hat der Welpe die angestammten Fähigkeiten eines erwachsenen Hundes erreicht, aber er besitzt noch nicht dessen Erfahrungen. Er lernt jetzt sehr schnell und leicht und passt sein Verhalten zweckmässig dem Erlernten an. In diesem Alter ist es am günstigsten, ihn zum Beispiel stubenrein und leinenführig zu machen.

Für den Züchter ergeben sich hieraus sehr wichtige praktische Forderungen, die wir kurz zusammenfassen wollen:

1. Soll sich der erwachsene Hund normal zu anderen Hunden verhalten, so muss er als Welpe mindestens bis zur zehnten Lebenswoche bei seinen Geschwistern und seiner Mutter bleiben. Hier lernt er den Umgang mit anderen Hunden (*Abbildung 60*).

2. Mindestens von der fünften Lebenswoche weg muss er täglich intensiven Kontakt mit dem Menschen pflegen. Jetzt ist für den Züchter der Augenblick gekommen, wo er ihn anfassen, streicheln und zu ihm sprechen muss. Eine halbe Stunde pro Tag (auf verschiedene Bewegungen verteilt) genügt. Je früher der Welpe Erfahrungen mit dem Menschen sammelt, desto einprägsamer sind diese.

3. Zwischen der siebten und zwölften Woche bildet sich beim Junghund die definitive Beziehung zum Menschen. Es entscheidet sich jetzt, ob er zum Beispiel später anhänglich oder gleichgültig sein wird.

Ein Hund, der bis zur 16. Alterswoche keinen Kontakt mit dem Menchen hatte, hat kaum Aussicht, einmal je der Hund zu werden, den wir uns wünschen.

Mit Recht haben die Menzels gesagt: «Je länger nachher (nach der siebten Woche) die Tiere ereignisarm gehalten werden, desto grössere Schädigungen sind zu befürchten.»

Dem Züchter erwachsen aus diesen wissenschaftlich fundierten Erkenntnissen Pflichten, denen er sich nicht entziehen darf. Aber es sind schöne Pflichten (*Abbildung 61*)!

Abbildung 60

Der Kontakt mit fremden Hunden ist für den heranwachsenden Junghund wichtig. Man soll ihn nicht aus Angst vor allfälligen Ansteckungen mit Parasiten davon abhalten.
Foto: E.-M. Krämer

Ein ganzer Wurf gesunde, kraftstrotzende Junghunde, die keine Scheu vor dem Menschen haben, ihren Pfleger jeweils stürmisch begrüssen, mit ihm spielen möchten und ihm ihr volles Vertrauen entgegenbringen, das ist der schönste Lohn für die vielen Mühen und die grosse Arbeit. Ein besseres «Befähigungszeugnis» als Züchter kann man sich nicht wünschen (*Abbildung 62*).

Entwicklungsphasen

Es ist üblich geworden, die Jugendentwicklung der Welpen in klar voneinander getrennte Abschnitte, in sogenannte «Entwicklungsphasen» einzuteilen. Dabei werden folgende Phasen unterschieden:

Abbildung 61
Der Papa ist eine Respektsperson. Als Junghund tut man gut daran, sich ihm unterwürfig zu nähern. Foto: E.-M. Krämer

1. Neugeborenenphase 1. und 2. Lebenswoche;
2. Übergangsphase 3. Woche;
3. Prägungsphase 4. bis 7. Woche;
4. Sozialisierungsphase 8. bis 12. Woche;
5. Rangordnungsphase 12. bis 16. Woche;
6. Rudelordnungsphase 5. bis 6. Lebensmonat;
7. Pubertätsphase 7. bis 12. Monat.

Mit solchen schematischen Einteilungen wird der Eindruck erweckt, dass es sich dabei um für alle Hunderassen gültige Normen handelt. Ich bestreite keineswegs, dass ein Hund von der Geburt bis zum Tod verschiedene Entwicklungsphasen durchläuft – das tun ja auch wir Menschen.

Abbildung 62

Ein Junghund, der beizeiten mit fremden Tieren Kontakt aufnehmen kann und lernen muss, sich auch mit anderen Tieren im und ums Haus zu vertragen, erspart seinem Besitzer später viel Ärger. Foto: E.-M. Krämer

Aber ich bin äusserst skeptisch gegenüber einer derartigen Schematisierung, bei der die individuellen und die rassentypischen Verhaltensentwicklungen in unzulässiger Art und Weise genormt und verallgemeinert werden. Welpen sind nicht, wie Walter Poduschka es einmal formuliert hat, «genormte Sinneswahrnehmungs- oder Verdauungsmaschinen, die sich so verhalten müssen, wie es der neueste Stand der Wissenschaft oder der Pseudowissenschaft soeben erarbeitet zu haben glaubt». Es sind Lebewesen mit unterschiedlichen Anlagen und keine «Arbeitsobjekte».

Aber es ist hier wie in vielen Dingen der Kynologie: Der eine schreibt's dem andern ab, doch auch nach dutzendfacher Wiederholung wird eine Hypothese nicht zur unumstösslichen Wahrheit.

Über die physischen und psychischen Unterschiede in der Welpenentwicklung der verschiedenen Rassen wissen wir heute noch sehr wenig; meines Wissens liegen darüber bis jetzt nur zwei ernstzunehmende Arbeiten vor, eine über den Siberian Husky und die andere über den Bullterrier. Die heute gebräuchliche und bald in jedem Buch zu findende Einteilung der Entwicklungsphasen geht jedoch davon aus, dass bei allen Rassen die Entwicklung der Sinne und der Motorik synchron verlaufe, und das stimmt eben nicht. So bestehen beträchtliche Unterschiede zwischen frühreifen Zwerghunden und spätreifen Riesen. Rangordnungskämpfe kann man bei kleinen und mittelgrossen Rassen schon bei vier Wochen alten Welpen beobachten, wobei diese bei den agilen Zwergen bereits in eine echte Rauferei ausarten können, weil bei ihnen die Zähne schon durchgebrochen sind, während bei den tolpatschigen Riesen man noch kaum von einer Rauferei sprechen kann; eine Sozialisierung beginnt nicht erst in der achten Woche, sondern schon unmittelbar nach der Geburt bei der bekannten «Haufenbildung» der Welpen. Sie nehmen dabei bereits Kontakt mit den Geschwistern auf, ebenso wird das Welpenrudel bei einigen Rassen bereits in der fünften oder sechsten Lebenswoche deutlich strukturiert.

Ohne Zweifel entwickelt der Welpe im Laufe seiner ersten Lebenswochen und -monaten Verhaltensweisen, die seine Bedürfnisse abdekken und ihnen immer wieder erneut angepasst werden müssen, aber in alle diese Verhaltensweisen ist die Mutter einbezogen. Mütterliches und kindliches Verhalten müssen eine Einheit bilden, doch nicht alle Hundemütter sind gleich, und schon deshalb kann man nicht die sich ändernden Verhaltensweisen der Welpen alle über den gleichen Leisten schlagen. Je selbständiger der Welpe dank zunehmender Leistungsfähigkeit seiner Sensorik und seiner Motorik wird, desto mehr wird auch die mütterliche Fürsorge einer Veränderung unterzogen.

Die Verhaltensentwicklung der Welpen ist ein kontinuierlicher Prozess, Verhaltensformen werden langsam aufgebaut, andere langsam abgebaut, einige bleiben lebenslänglich, andere verschwinden, Ab- und Aufbau überschneiden sich; diese Prozesse auf bestimmte Tage zu beschränken, ist reine Willkür und entspricht nicht der Wirklichkeit. Die Reifungsprozesse sind zudem mindestens zum Teil abhängig von Umwelteinflüssen, und diese sind von Wurf zu Wurf verschieden.

Der Züchter sei also nicht beunruhigt, wenn «seine» Welpen zum Beispiel in der dritten Lebenswoche nicht genau das tun, was in den Büchern steht. Die Phaseneinteilungen sind gleichsam als «Richtwerte» zu verstehen, aber nicht als unumstössliche Tatsachen zu betrachten.

Erster Ausgang und Erziehung zur Sauberheit

Wie soeben dargelegt, werden die Welpen in der vierten Lebenswoche recht aktiv. Die Wurfkiste wird ihnen zu eng, sie möchten ihren Horizont im wahrsten Sinne des Wortes erweitern, etwas erleben und etwas Neues sehen. Deshalb beginnen sie vorerst einmal die Umrandung zu überklettern, und wir staunen immer wieder, welche Höhen sie bereits im Alter von vier Wochen zu erklettern imstande sind. Meistens ist ihnen aber der Rückweg verwehrt. Damit es nicht zu Schäden kommt, muss der Züchter rechtzeitig vorbeugen. Wer einen abgeschlossenen Wurfraum hat, ein sogenanntes «Hundezimmer», der konstruiere die Wurfkiste dergestalt, dass deren Vorderwand als Ausstieg- beziehungsweise Einstiegrampe heruntergeklappt werden kann. Den Boden des Zimmers decken wir für diese ersten Ausgänge (bei kleinen Rassen auch später noch) mit einer Lage Zeitungspapier ab. Diese Papierlage lässt sich täglich mehrmals erneuern und wir ersparen uns damit viele unnötige Reinigungsarbeiten.

Die Mutterhündin schätzt es nun jetzt nicht mehr sonderlich, den ganzen Tag dauernd von ihren Kindern bedrängt zu werden. Sie möchte einerseits wohl zeitweilig ihre Ruhe haben, andererseits dennoch ein wachsames Auge auf ihren Nachwuchs werfen können. Ihr stellen wir nun, je nach Rasse, ein bis auf 70 cm erhöhtes, vierbeiniges Lager im betreffenden Raum zur Verfügung, auf das sie sich, für die Welpen nicht erreichbar, zurückziehen kann. Fast ausnahmslos alle Hündinnen schätzen diesen erhöhten Thron überaus.

Wir haben nun freilich kein spezielles Hundezimmer, darum zügeln bei uns Mutter und Kinder nach drei, spätestens nach vier Wochen in die «Hundevilla» hinaus. Es ist freilich eine etwas teure Anlage, besonders weil sie heute zu einem «Altersheim» geworden ist.

Die drei Innenräume messen 2 m x 2,5 m. Jeder hat ein grosses, doppelt verglastes Fenster, das reichlich Tageslicht hereinlässt. Die Böden bestehen aus gebrannten Tonplatten (Klinker), die auf einer 10 cm dicken Isolationsschicht aus Blähbeton verlegt worden sind. Der Ausgang zu den Ausläufen kann durch einen Schieber (Falltüre) von ausserhalb des Zwingerraumes geöffnet und geschlossen werden.

Das «Mobiliar» besteht aus der Wurfkiste und dem erhöhten Liegeraum der Hündin. Der Wurfkiste, nun zur Schlafkiste der Welpen umfunktioniert, kann die Vorderwand heruntergeklappt werden, sie dient jetzt als Einstieg- und Ausstiegrampe für die Welpen; denn jetzt ist die Zeit gekommen, da die Welpen beginnen, «stubenrein» zu werden, das heisst sie laufen jetzt von ihrem Schlafplatz weg und verrichten ihr Geschäft möglichst weit davon entfernt.

Die ganze Anlage ist zwar der Zentralheizung des Hauses angeschlossen, aber bei sehr kaltem Winterwetter genügt sie nicht, um das Wurflager genügend zu erwärmen. Deshalb hängt über jeder Wurfkiste eine lichtlose Heizlampe, die ihre Wärme direkt auf das Lager strahlt und dieses bei kaltem Wetter auf etwa 16°C erwärmt. Mittels einer Aufhängekette kann die Lampe, je nach der Aussentemperatur, höher- oder tiefergehängt werden, so dass die Temperatur auf dem Lager ungefähr konstant bleibt.

Wer pro Jahr nur einen Wurf züchtet, für den lohnt sich eine solche Anlage nicht. Es gibt billigere und ebenso zweckdienliche Einrichtungen. Bedingungen sind:

Wurfkiste und Aufenthaltsraum müssen gut gegen Bodenkälte und Nässe isoliert sein; für Winterwürfe muss das Wurflager auf mindestens 16°C erwärmt werden können, und für die Mutterhündin muss ein erhöhtes Lager vorhanden sein, auf das sie sich zurückziehen kann, wenn die Welpen allzu zudringlich werden. Wie ich bereits gesagt habe, sollen die Welpen, sobald sie das Wurflager verlassen können, nun «stubenrein» werden.

Nun gibt es in jedem Wurf sehr «saubere» Welpen, die schon im Alter von drei Wochen zwecks Entleerung aus dem «Bett» steigen, dann aber auch Schmutzfinken, die einfach in die nächste Ecke des Lagers laufen, um dort Kot und Harn auf den Überzug abzusetzen. Einerseits um uns Arbeit zu ersparen, andererseits auch um die Welpen möglichst frühzeitig zur Sauberkeit zu erziehen, habe ich bald einmal damit begonnen, mit Hilfe von Einschiebbrettchen das Lager der Welpen zu verkleinern und den dadurch erhaltenen freien Raum mit Sägemehl zu füllen. Auf diese Weise ist nun jeder Welpe gezwungen, das Lager zu verlassen und zumindest das Sägemehl aufzusuchen. Schon kurze Zeit später kann das Sperrbrettchen wieder entfernt und das Lager wieder vergrössert werden, weil die Welpen jetzt gelernt haben, dass man sich ausserhalb des eigenen «Bettes» zu versäubern hat.

Im Aufenthaltsraum decken wir den Boden mit Zeitungspapier ab. Sobald die Welpen jedoch tagsüber in den Auslauf gehen, was stets von der fünften Woche an der Fall ist, dann ist das Abdecken nur noch nachts erforderlich. Anstelle von Zeitungspapier kann man für die Nacht eine Schicht Sägemehl auf den Boden streuen.

Trockenes Sägemehl hat grosse Saugkraft und gibt trotzdem nicht viel Staub. Schluckt ein Junghund gelegentlich ein Maulvoll hinunter, was am Anfang, wenn die Sache noch neu ist, sehr häufig vorkommt, so schadet ihm das weiter nicht, nur ist dabei darauf zu achten, dass das Sägemehl keine Splitter enthalte, was sich dadurch leicht verhindern lässt, wenn es vor dem Streuen durch ein grobes Sieb gerüttelt wird.

Am anderen Morgen kann das Sägemehl einfach wieder zusammengewischt werden und der Boden bleibt sauber. Bei Kunststoffbelägen oder Klinker ist das Fegen nicht alle Tage erforderlich.

Die Zwerghundewelpen können sich auf ihren ersten Ausgängen im relativ grossen Zwingerraum bisweilen «verlaufen». Sie sitzen dann «weinend» in einer entfernten Ecke und finden offenbar den Rückweg zum Wurflager nicht mehr. Für sie habe ich eine Art Kinderlaufgitter mit den Massen 1,2 m x 1,2 m konstruiert. Als Lager dient ihnen eine flache Eternitschale von 50 cm x 50 cm (es gibt auch grössere und kleinere), in der ein flaches Spreuerkissen mit einem auswechselbaren Überzug liegt.

Aus Platzgründen kann das Lager der Hündin nicht ins Laufgitter gestellt werden. Wir rücken es dicht ans Gitter heran, so kann die Hündin nach Belieben zu den Welpen ins Gitter und wieder hinaus auf ihr Lager springen. In diesem Gitter verbringen die Zwerge ihre ersten vier Lebenswochen. Wird das Gitter nicht mehr gebraucht, so kann es zusammengeklappt werden und nimmt nun nur noch wenig Raum ein.

Für die Aufzucht von Zwerghunden ist ein solches Laufgitter ideal, zumal es ja auch für einige Zeit in der Wohnung aufgestellt werden kann. Doch es ersetzt niemals den Auslauf. Mit spätestens sechs Wochen gehören auch Zwerghunde täglich hinaus in den Auslauf, wo sie sich an der frischen Luft und an der Sonne tummeln und bewegen können. Wird ihnen dies verwehrt, so bleiben sie Zeit ihres Lebens verzärtelte Schosshündchen. Zwerghunde, die in Ausläufen im Freien aufgezogen werden, sind niemals bedauernswerte Krüppelchen, wie uns das zuweilen gewisse Leute weismachen wollen, die selbst noch nie einen Zwerghund gehalten haben. Sie sind vielmehr äusserst robuste und langlebige Kerlchen, die sich ihres Lebens ebenso gut erfreuen können wie ihre grossen Brüder (*Abbildung 63*).

Der Auslauf

Seine Grösse richtet sich sowohl nach der Rasse als auch nach den Verhältnissen des Züchters. Wir Hundezüchter sollten da unbedingt von den Tiergärtnern lernen. Diese sagen uns heute, dass zum Wohlbefinden des Tieres die *Raumqualität* den Vorrang vor der Raumquantität habe. Es kommt somit – und das gilt auch für Junghunde – der Ausstattung des Auslaufes, also gleichsam dem Mobiliar, grössere Bedeutung zu als dessen Fläche (*Abbildung 64*).

Meine diesbezüglichen Angaben sind als Richtlinien, nicht als absolutes Rezept aufzufassen.

Ich bin der Meinung, dass das Hundehaus mit dem darin befindlichen Lager höher zu liegen habe als der Auslauf. So wird ganz sicher das Einschleppen von allfälliger Nässe und Schmutz ganz gehörig erschwert. Eine flache Treppe in Form eines dicken Brettes mit aufgeschraubten Querleisten führt vom Haus in den Auslauf. Das ist bereits Turngerät Nummer 1.

Treppauf- und treppabsteigen muss heute ein jeder Hund können; hier lernt's schon der Welpe und zudem verhilft ihm das zu einer gesunden und recht vielseitigen Bewegung. Der Raum, in dem der Hund schläft und der Raum, in welchem er Harn und Kot absetzt, sind nun bereits deutlich in «Drinnen» und «Draussen» getrennt und erleichtern die spätere Erziehung zur Stubenreinheit ganz erheblich.

Abbildung 63
Auch Zwerghunde gehören mindestens täglich einmal ins Freie. Wird ihnen dies verwehrt, so bleiben sie zeit ihres Lebens verzärtelte Stubenhündchen. Richtig aufgezogen, sind sie robuste und langlebige Hunde. Foto: E.-M. Krämer

Im Auslauf ist ein genügend grosses, erhöhtes Liegebrett anzubringen, und der Boden unter diesem Brett soll ebenfalls aus Holz sein und nicht direkt auf der blossen Erde aufliegen. So haben die Hunde die Möglichkeit, auf dem oberen Brett die Sonne und auf dem unteren Brett den Schatten geniessen zu können. Diese Liegevorrichtung ist zudem ein wundervoller Spielplatz. Da gibt es Zweikämpfe und Gruppenkämpfe der «oberen Partei» gegen die «untere Partei» und umgekehrt, man kann sich unten in Lauerstellung begeben, um plötzlich Bruder und Schwester zu überfallen, man springt auf das Brett und wieder hinunter, inszeniert Hindernisläufe treppab, unter das Brett, auf das Brett und wieder treppauf; wie die wilde Jagd geht es zu, wenn die Schar abends zwischen fünf und sechs Uhr «Kinderstunde» hat.

In den Auslauf gehört zudem allerhand Spielzeug aus Holz oder Leder, nicht aber aus Gummi oder Plastik.

Ein wichtiges Problem ist der Bodenbelag des Auslaufes. Zu verpönen sind auf jeden Fall reine Zementböden. Sie kälten, sind hart und in biologischer Sicht für einen Hund völlig ungeeignet. Das Gegenstück dazu sind die reinen Naturböden. Naturboden empfiehlt sich nur bei ganz grossen Ausläufen, für Ausläufe, die so gross sind, dass die Grasnarbe nicht zu Grunde gehen kann, andernfalls ist Naturboden nicht zu empfehlen. Bei feuchtem Wetter verwandelt er sich sofort in einen Morast und die Hunde sehen dann wie Wildschweine aus, die sich soeben in einer Suhle gewälzt haben. Solche Böden sind auch bald einmal völlig mit Parasiteneiern durchsetzt und können kaum gereinigt werden. Zudem wetzen die Hunde auf weichen Naturböden ihre Krallen nur ungenügend ab.

Anstelle der altmodischen Zementböden gibt es heute eine grosse Auswahl anderer, Feuchtigkeit und Kälte relativ gut isolierende Bodenbeläge aus Tonplatten, Asphaltplatten, Asphaltbelag usw. Solche sind sicher praktisch zu reinigen, besitzen aber ebenfalls ihre Nachteile. Der Urin bildet, weil er nicht versickern kann, Lachen und die Junghunde wälzen sich beim Spielen darin; Kot wird verschleppt und ist, einmal angetrocknet, nur noch mit der Fegbürste zu entfernen.

Zudem bieten alle diese unbiologischen Böden den Welpen nicht jene Raumqualität, auf die, meiner Meinung nach, ein vorwiegend im Zwinger gehaltener Junghund Anspruch erheben darf.

Zu diesen Ansprüchen gehört das Buddeln von Löchern wie auch die Möglichkeit, einen Knochen vergraben zu können; Tätigkeiten, die dem Hund angeboren sind und deren Ausübung ihm Freude und Lust bereitet. Gerade dieses Freudebereiten darf man bei der Welpenaufzucht nicht zu gering einschätzen.

Nach langem Hin und Her, etlichem Für und Wider, sind wir schlussendlich zu folgender Lösung gelangt:

Wir haben den Naturboden in den Ausläufen etwa 40 bis 50 cm tief ausgehoben. Auf den Grund der Grube kam nun ein Steinbett aus grossen Rundkieseln, darauf eine Lage sauberes, grobes Flusskies (sogenannte Fäustlinge) und auf dieses eine 25 bis 30 cm dicke Schicht gewaschenes sogenanntes Gartenkies (etwa 0,5- bis 1,5-cm-Körnung,

Abbildung 64
Das Aufwachsen in einer möglichst vielgestaltigen Umwelt bietet dem Junghund viele Erlebnisse. Hunde, die so aufwachsen, werden später sich in vielen Situationen problemlos zurechtfinden. Foto: E.-M. Krämer

je nach Hunderasse gröber oder feiner). Diese Böden haben gegenüber den Natur- und Kunststeinböden mannigfache Vorteile: Urin versickert sofort, und auch bei anhaltendem Regen bildet sich nie ein Morast. Schon nach einer Stunde Sonnenschein sind diese Kiesböden wieder trocken. Den Kot kann man mit einem Kratzer und einer Kehrichtschaufel leicht einsammeln, auch ist die Geruchsbildung minim, zumal wir die Ausläufe von Zeit zu Zeit mit einer Lösung Kaliumpermanganat abspritzen. In diesen Böden hinein lassen sich Löcher buddeln und Knochen vergraben, sie sind nicht hart und wetzen die Krallen dennoch stark ab.

Bei sehr undurchlässigem Untergrund (Lehmböden) empfiehlt sich das Einlegen von Sickerröhren, die den Dachwasserabläufen angeschlossen werden.

Der Nachteil dieser Kiesböden besteht lediglich darin, dass beim Entfernen des Kotes immer ein wenig Kies mitkommt. Man muss den Abraum deshalb in einem gedeckten Kübel sammeln und Gelegenheit haben, ihn in einer Kehrichtablage zu deponieren. Die ganze Oberschicht muss zudem, je nach Besetzung der Ausläufe, nach kürzerer oder längerer Zeit (es kann Jahre dauern) vollständig erneuert werden, wobei mit Vorteil auch die untere Kiesschicht mit dem Gartenschlauch gründlich abgespritzt, bei starker Verschmutzung sogar aufgenommen und neu gesetzt werden muss.

Das ist freilich keine leichte Arbeit, aber im Interesse einer gesunden Welpenhaltung auf relativ kleinem Raum dennoch lohnend.

Es ist aber darauf zu achten, dass die oberste Kiesschicht keinen Sand enthält, sonst bildet sich davon bald einmal über dem groben Schotterbett eine harte Schicht, die das Versickern des Wassers stark behindert. Vor den Eingang legt man mit Vorteil einige grosse Zement-, Gneis- oder Tonplatten, wie auch als Unterlage für das Wassergeschirr. Wir füttern stets im Haus, und während die Welpen mit dem Futter beschäftigt sind, reinigen wir den Auslauf.

So hat sich im Laufe der Jahre die Arbeit eingespielt, und wir haben mit dieser Art Ausläufe gute Erfahrungen gemacht, wissen aber wohl, dass sicher manches noch besser gemacht werden könnte, doch man muss auch hier lernen, sich nach der Decke zu strecken, das heisst, sich den vorhandenen räumlichen und finanziellen Möglichkeiten anzupassen.

Abschiednehmen

Die Verhaltensforscher vom «Mount Desert Island» erklärten uns, das Alter von sieben Wochen sei jeweils am besten geeignet, um einen Welpen in eine neue Umgebung zu verpflanzen, da ein Welpe seine Bindungen zur Umwelt bereits in diesem Alter weitgehend festlegt. Ich halte das jedoch als reichlich verfrüht. Vor zehn bis zwölf Wochen verlässt uns kein Junghund, die meisten behalten wir, bis sie 14 bis 16 Wochen alt sind. Das hat verschiedene Gründe. Einmal kann man in diesem Alter schon recht viel über den Hund aussagen, und bei uns richtet sich der Kaufpreis eines Junghundes nach dessen Qualität.

Abbildung 65
Wichtig für den heranwachsenden Hund ist der frühzeitige Kontakt mit Kindern. Das setzt jedoch voraus, dass das Kind weiss, wie man mit Junghunden umzugehen hat.
Foto: E.-M. Krämer

Unter dem Einfluss falsch verstandener Ergebnisse der Forschung und vor allem wohl auch deshalb, weil der finanzielle Gewinn bedeutend grösser ist, sind viele Züchter dazu übergegangen, ihre Welpen bereits im Alter von sechs bis sieben Wochen zu verkaufen. Die Folge: Hunde, die ein gestörtes Verhältnis zu ihren Artgenossen haben.

Man muss das richtig sehen: Der neue Besitzer hütet seinen Junghund wie den eigenen Augapfel. Er hat Angst, grosse fremde Hunde könnten ihm etwas antun und vermeidet es deshalb ängstlich, dass sein Liebling Kontakt mit fremden Hunden aufnehmen kann. Das ist völlig falsch. Die viel zitierte Sozialisierung bezieht sich nicht nur auf den Anschluss an den Menschen, sondern ebenso sehr auf den Anschluss an andere Hunde. Mit beiden muss der Hund in ein richtiges Verhältnis kommen, sonst wird er eben nie ein richtiger Hund (*Abbildung 65*).

Ich verkaufe deshalb keinen Junghund unter zehn bis elf Wochen. Er muss in seinen ersten drei Lebensmonaten sich nicht nur an den Menschen gewöhnen, er muss auch im Familienverband mit Mutter und Geschwistern und, sofern vorhanden, auch mit anderen Hunden die richtigen Beziehungen zu seinen Artgenossen aufbauen. Wichtig ist aber, das kann nicht genug betont werden, dass der junge Hund täglich in ausgiebigen Kontakt mit Menschen kommt, und zwar nicht nur mit einem, sondern mit mehreren Menschen. Und wenn es sich irgendwie tun lässt, so soll man bereits den zehn bis zwölf Wochen alten Welpen an die Leine nehmen und ihn auf die Strasse führen, denn er muss Eindrücke sammeln. Ein derart aufgezogener Welpe wird sofort den Anschluss an seinen neuen Herrn finden, und er wird auch später selten versagen.

Es muss hier jetzt noch einmal ein Wort über die Hodenfehler der Rüden gesagt werden. Wenn sich bei einem jungen Rüdchen im Alter von vier Monaten nicht beide Hoden ausserhalb der Bauchhöhle abtasten lassen, so ist auf jeden Fall mit einseitigem oder gar beidseitigem Kryptorchismus zu rechnen.

Hormonspritzen können zuweilen, aber längstens nicht immer, zu einer Korrektur führen. Es kommt aber, vor allem bei Zwerghunden, gar nicht selten vor, dass ein Jungrüdchen infolge eines starken Schockerlebnisses einen oder gar beide Hoden wieder in die Bauchhöhe aufzieht und sie nachher manchmal nicht mehr absteigen.

Weil der schönste Rüde mit einem Hodenfehler als Zucht- und als Ausstellungstier wertlos ist, soll der Käufer sich bei der Übernahme des Hundes unter allen Umständen selber davon überzeugen, dass sich beide Hoden im Scrotum befinden. Das erspart mitunter Prozesskosten.

Es ist andererseits für den Züchter sinnlos, dem Käufer einen Hodenmangel eines Hundes verheimlichen zu wollen, in der Hoffnung, die Sache käme dann schon noch gut. Da liegt der Grund zu vielen unerfreulichen Streitfällen, denn meistens kommt «es» eben doch nicht mehr gut.

Spätere Operationen führen dann meistens ebenfalls nicht zum Ziel, ganz abgesehen davon, dass dies züchterisch einem Betrug gleichkommt, denn der Fehler wird wohl am Hund selber korrigiert, genetisch gesehen ist der Rüde aber dennoch ein Kryptochid, der diesen Fehler rezessiv weitervererben wird.

Weniger tragisch ist bei einem Hund mit vorgeschriebenem Scherengebiss ein leichter Vorbiss beim Milchgebiss zu nehmen. Wenn es sich dabei um eine gutschliessende, wenn auch umgekehrte Schere handelt, so korrigiert sich das beim Zahnwechsel in den meisten Fällen von selbst. Stehen jedoch die unteren Schneidezähne mit deutlichem Abstand vor, so darf nicht mehr mit einer vollständigen Korrektur gerechnet werden. Unterbiss kann sich ebenfalls beim Zahnwechsel korrigieren, insofern er nicht zu krass ist. Ich habe einst eine Hündin mit relativ starkem Unterbiss zu einem «symbolischen» Preis verkauft. Im Alter von zwei Jahren hatte sie ein tadelloses Scherengebiss und hat es auch heute noch. Schwerer zu beurteilen sind in einem Alter von zehn bis zwölf Wochen Farbe und Haarstruktur.

Ebenso schwierig ist es, die endgültige Augenfarbe vorauszusagen. Diese kann sich mindestens bis zum zwölften Lebensmonat noch stark ändern; ja es kommt nicht selten vor, dass sogar Hündinnen nach ihrem ersten Wurf hellere Augen bekommen können. Nur der sehr erfahrene Züchter kann da zutreffende Prognosen stellen.

Selbstverständlich gibt der seriöse Züchter einen Junghund nur entwurmt, ungezieferfrei und gegen Staupe, Parvovirose und Hepatitis geimpft in fremde Hände ab. Nur ganz militante Naturheilapostel nehmen es heute noch auf sich, ihren sorgsam aufgezogenen Junghund einer Staupeinfektion auszusetzen; das heisst, sie nehmen eben die Verantwortung für den Hund nicht auf sich, sondern handeln verantwortungslos, denn es ist heute wirklich unverantwortlich, einen jungen Hund dieser Geissel auszusetzen, da es heutzutage gegen Staupe, Hepatitis und Parvovirose eine fast hundertprozentig wirkende Immunisierung gibt.

Die Impfung mit einem kombinierten Staupe/Hepatitis-Impfstoff (zum Beispiel Behring SH, Lederle Cabvac, Epivax usw.) erfolgt wohl am besten im Alter von zehn Wochen, also nach dem Abstillen der Hunde.

Man mimmt an, dass die Muttermilch Immunstoffe enthält (siehe Kapitel «Welpensterben»), die die Bildung von körpereigenen Immunstoffen beim geimpften Hund verhindern. Eine zu frühe Impfung würde sich also als zwecklos erweisen.

Wir lassen unsere Hunde in der Regel im Alter von acht bis zehn Wochen impfen, bis zum Abgabezeitpunkt hat sich dann ein genügend wirksamer Impfschutz gebildet. Man sollte jedenfalls die Hunde nicht unmittelbar nach dem Impfen in fremde Hände geben, sie infizieren sich sonst möglicherweise mit Staupe- oder Hepatitisviren, bevor der Impfschutz wirksam sein kann. Es ist auch nicht ratsam, wenn ein Käufer seinen Junghund gleich nach der Übernahme impfen lässt. Jeder Platzwechsel bedeutet für einen jungen Hund einen starken Einschnitt in seinen Lebensrhythmus, meistens nimmt er in den folgenden Tagen zu wenig Nahrung auf, auch schläft er wahrscheinlich weniger als vorher, und die ersten Ausgänge an der Leine ermüden ihn stark. Sein Körper muss sich auf die neuen Verhältnisse umstellen, und da sollte man ihn nicht zusätzlich mit einer Impfung belasten. Es sollte überhaupt in jedem Fall seitens des Käufers verlangt werden, dass die Impfung des Junghundes noch im Zwinger des Züchters geschieht und durch ein vom Tierarzt unterschriebenes Impfzeugnis belegt wird. Allen Beteuerungen seitens des Züchters ist kein Glaube zu schenken, wenn nicht der Impfschein mit der Abstammungsurkunde abgegeben werden kann.

Bei einem Wurf hatten wir vor Jahren einmal Impfreaktionen. Es ist aber nicht ausgeschlossen, dass die Welpen unmittelbar vor der Impfung mit Staupeviren infiziert worden waren, so dass Impfung und Infektion zeitlich fast zusammenfielen. Das eingeimpfte Hepatitisvirus verursacht manchmal bei einzelnen Junghunden eine Trübung der Hornhaut, die aber wohl stets nach etwa einer Woche wieder verschwindet.

Dem Käufer ist aber unbedingt einzuschärfen, dass trotz Impfung der Hund später dennoch an Staupe und Hepatitis erkranken kann, weil es solche gibt, die nach der Impfung nur ungenügend Immunkörper bilden. Zudem verändern die Viren ihren Charakter immer wieder. Nach acht bis zehn Monaten soll deshalb die Impfung wiederholt werden, wobei nun ein anderer Impfungsstoff zu verwenden ist, damit der Impfschutz möglichst vielseitig wird.

Ob man Junghunde gegen Leptospirose impfen lassen soll, ist fraglich. Einige Tierärzte bejahen dies, andere verneinen es. Der Impfschutz ist jedenfalls nur kurzfristig (etwa sechs Monate), zudem sind heute ein rundes Hundert verschiedener Leptospirenstämme bekannt, eine Infektion ist deshalb trotz Impfung jederzeit möglich.

Der Besitzer eines Junghundes hat jedenfalls bei Fieber, Erbrechen und Durchfall seines Hundes sofort den Tierarzt aufzusuchen. Es ist gescheiter, einmal vergeblich Serum gespritzt zu haben, als einen wertvollen Hund wegen Staupe zu verlieren.

Sind die Junghunde entwurmt und geimpft, können sie jetzt dem Käufer übergeben werden.

Wir geben stets eine «Gebrauchsanweisung» mit: Das ist ein Blatt, auf dem kurz die wichtigsten Hinweise über Fütterung, Haltung, Pflege und Erziehung des jungen Hundes festgehalten sind.

Irgendwelche besondere Abmachungen über Zuchtrechtabtretung, Ausstellungsverpflichtung usw. lege man jetzt, bei der Übergabe des Hundes, schriftlich fest; es ist eigentlich unnötig zu erwähnen, dass der Züchter mit dem Junghund auch die Abstammungsurkunde übergeben muss. Leider wird das immer wieder unterlassen, und daraus entstehen in der Folge oft vermeidbare Streitfälle.

Wenn immer möglich, soll sich der Züchter später einmal persönlich vom Wohlergehen des Hundes überzeugen. Wer überdies zielgerichtet züchtet, der wird ohnehin die Hunde, wenn sie einmal voll entwickelt sind, genau ansehen müssen, denn erst jetzt zeigt es sich, ob eine Paarung richtig oder falsch war. Ohne diese Nachkontrolle, die den grössten Teil der gezüchteten Hunde umfassen muss, ist eine planvolle Zucht nicht möglich.

Leider kommt es immer wieder vor, dass ein Junghund nicht den richtigen Platz erhält, und gerade das ist es, was dem ernsthaften Züchter, wie bereits eingangs erwähnt, schlussendlich diese schöne Beschäftigung vergällt und zum Verleiden bringt.

Wann und gegen was soll geimpft werden?

Schutzimpfungen sind viel älter, als wir denken. Schon zu einer Zeit, da man bei uns noch kaum klare Vorstellungen über Infektionskrankheiten hatte, hat man in China den Kindern ausgetrocknete und zerriebene Pockenkrusten in die Nasenlöcher gerieben, um sie so vor einer Infektion zu schützen; und die Indios in Südamerika benutzten Kuhpockenkrusten, um Menschen gegen Menschenpocken zu schützen.

In Europa impfte Eduard Jenner im Jahre 1796 den Inhalt einer «Kuhpoke» auf der Hand einer Melkerin einem Knaben ein und bewies damit, dass bei einer Infektion mit Menschenpocken der Knabe gesund blieb. Damit begann in Europa eine primitive aktive Schutzimpfung der Menschen gegen die gefürchtete Pockenkrankheit.

Von dieser ersten Impfung her stammt auch die Bezeichnung «Vakzine» für Impfstoff, heisst doch die Kuh auf lateinisch «vacca».

«Schutzimpfungen gegen Infektionskrankheiten gehören zu den ältesten und zugleich erfolgreichsten prophylaktischen Massnahmen, und die hierfür entwickelten Sera und Impfstoffe sind die wirksamsten Arzneimittel überhaupt. Mit Impfantigendosen von weniger als 1/1000 mg Protein werden im Impfling Immunreaktionen stimuliert, die über Jahre einen spezifischen Schutz gegenüber Infektionskrankheiten gewähren können» (Zitat von Prof. B. Mayr-Mayr-Bibrak in «Unsere Hunde»).

Mit einer aktiven Schutzimpfung werden dem Impfling abgetötete oder abgeschwächte Krankheitserreger eingeimpft. Sein Körper bildet nun die notwendigen Schutzstoffe (Antigene) gegen die Krankheit. Ihre Wirksamkeit kann über kürzere oder längere Zeit andauern. Mit einer Wiederholungsimpfung werden die körpereigenen Antigene erneut aktiviert.

Der Impfschutz wird aufgefrischt. Geimpfte Tiere können die erworbene Immunität auch auf ihre Nachkommen übertragen, deshalb ist es angezeigt, in einem gefährdeten Bestand die Mutterhündinnen gegen Parvovirose und Zwingerhusten zu impfen, sie übertragen ihre Immunität dann auf die Welpen. Als günstigster Zeitpunkt für eine solche Impfung gilt die Mitte der Trächtigkeit.

Wie, wann und gegen was sollen wir nun impfen? Die Verunsicherung scheint gross zu sein, zumal auch unter Tierärzten offenbar nicht eine einheitliche Meinung vertreten wird. Ich habe deshalb die Frage zwei Instanzen vorgelegt, die über etliche Erfahrung auf diesem Gebiet verfügen.

Vorerst frage ich beim Tierspital Bern an. Der Direktor der Klinik für kleine Haustiere, Herr Professor Dr. U. Freudiger, stellte mir hierauf einen Impfplan zu und schrieb in seinem Begleitschreiben: «Der Impfplan hat sich gegenüber früher geändert, indem zusätzlich noch gegen die Parvovirose zu impfen ist. Da die Staupe- und Hepatitis-Erkrankungen bei uns, infolge der guten Durchimpfung unserer Hundepopulation, sehr selten geworden sind, empfehlen wir vor der SHL-Impfung gegen Parvo zu impfen. In Ländern, wo die SHL-Erkrankungen noch häufiger vorkommen, wird es immer noch ratsam sein, zuerst gegen diese Krankheiten zu impfen.

Der beiliegende Impfplan enthält zwei Varianten: Die obere Variante ist vor allem für Zuchtbetriebe und Tierheime gedacht, die untere für einzeln gehaltene Hunde. Adulte Tiere sind, gleichgültig ob in Zuchtbetrieben oder als Einzelhund gehalten, jährlich gegen SHL und Parvo nachzuimpfen.

Zur Tollwutimpfung ist zu bemerken, dass diese, falls keine Auslandsreisen vorgesehen sind, erst um den sechsten Lebensmonat geimpft werden und dann zweijährlich (bei Auslandsreisen jährlich) nachgeimpft werden» (Impfplan nach Prof. Freudiger *S. 274*).

Als zweite Instanz befragte ich die Veterinaria, die mir einen Artikel von Professor Dr. A. Mayr von der Tiermedizinischen Fakultät München zustellte. Professor Mayr schreibt darin:

«Bei der zunehmenden Zahl der Impfstoffe, die in den letzten Jahren für den Hund entwickelt wurden, kann ein optimaler Impferfolg nur noch dann erzielt werden, wenn die einzelnen Vaccinen in einer sinnvoll aufeinander abgestimmten Reihenfolge verabreicht werden.

Die Aufstellung eines Impfkalenders erfordert einerseits gewisse Kompromisse, andererseits die Beachtung bestimmter Gegebenheiten, wie zum Beispiel die aktuelle Seuchensituation in der Impfpopulation oder die Persistenz von maternalen Antikörpern. Unter den gegebenen Verhältnissen – es stehen gegenwärtig sechs Impfstoffe zur Verfügung, wobei mit vier (Staupe, Hepatitis contagiosa canis, Leptospirose, Tollwut) schon längere Zeit geimpft wird – ist bei der *Grundimmunisierung* der Welpen eine Aufteilung der nötigen Impfungen in zwei Partien am zweckmässigsten.

Wegen der akuten Bedrohung und der in der Regel mässigen bis schlechten Immunität gegen Parvoviren sowie die Erreger des Zwingerhustens sollte in der achten Lebenswoche (in Notfällen gegebenenfalls ab der sechsten Woche) mit den Impfungen gegen diese beiden Infektionskrankheiten begonnen werden. Nach zwei Wochen wird gegen Staupe, Hepatitis contagiosa canis, Leptospirose und Tollwut geimpft.

Nach weiteren zwei, beziehungsweise vier Wochen werden die entsprechenden Revaccinationen vorgenommen. Auf diese Weise ergeben sich vier Impftermine im Abstand von zwei Wochen.

Auch wenn man mit einem anfänglichen Widerstand bei den Tierbesitzern rechnen muss, haben diese kurz aufeinander folgenden Impftermine den Vorteil, dass sie einerseits einprägsamer sind, vor allem aber, dass die Welpen regelmässig dem Impfarzt vorgestellt werden müssen und dabei entsprechend betreut werden können.

Auffrischimpfungen sind gegen Staupe und Hepatitis contagiosa canis nur alle zwei Jahre erforderlich. Da Hunde, deren Schutzimpfung gegen die Tollwut länger als ein Jahr zurück liegt, von vielen Ländern nicht über die Grenzen gelassen werden, empfiehlt es sich, jährlich Auffrischimpfungen, am besten kombiniert mit der Impfung gegen die Leptospirose, durchzuführen.

Auch gegen die Parvovirose und den Zwingerhusten sind Auffrischimpfungen im einjährigen Rhythmus nötig.

Um den neugeborenen Welpen einen guten mütterlichen Schutz zu vermitteln, sollten in besonders gefährdeten Beständen Muttertier-Schutzimpfungen gegen die Parvovirose und eventuell auch gegen den Zwingerhusten durchgeführt werden. Am günstigsten wird der Impftermin in die Mitte der Trächtigkeit gelegt» (Impfplan nach Prof. Mayr *S. 274*).

Zum Schluss

Dieses Büchlein habe ich für den Praktiker, namentlich für den Anfänger geschrieben. Es soll anleiten, wegweisen zu zielstrebiger und verantwortungsvoller Zucht und dem Leser die dafür unabdingbaren theoretischen und praktischen Kenntnisse vermitteln. Doch auch die peinlichste Befolgung der darin aufgeführten Ratschläge macht noch lange nicht den guten Züchter aus; die Liebe zum Tier, das Verantwortungsbewusstsein gegenüber der uns anvertrauten Kreatur kann nicht instruiert werden und ist demzufolge auch nicht erlernbar; man hat sie oder man hat sie nicht! Wer sie nicht hat, der suche sich ein anderes Hobby als Hundezucht, denn der wird ja doch nur stets ein Stümper bleiben!

Abbildung 66
Der Stolz des Züchters ist ein Wurf gesunder Welpen, die alle gleich gross und von einheitlichem Typ sind. Foto: R. Rothe

Allein auch die Liebe zum Tier macht noch keinen Züchter aus, es braucht dazu Kenntnisse, Erfahrungen und den Willen, stets immer neu dazulernen zu wollen. Hier soll das Büchlein helfend eingreifen. Darüber hinaus sollte es da und dort ein Türlein geöffnet haben, das einen Blick in die grösseren Zusammenhänge biologischen Geschehens gestattet; dies in der Meinung, dass wer Hunde züchtet, ein Tierfreund im weitesten Sinne sei. Und wenn nun auch alles bestens beieinander ist: Tierliebe, Können und Erfahrung, so muss dennoch auch der gewiegteste Züchter immer und immer wieder seinem guten Glück vertrauen. Züchterpech bleibt keinem auf die Dauer erspart und Züchterglück lässt sich nicht erzwingen! dass dieses jedoch dem Leser meines Büchleins reichlich zuteil werde, das wünsche ich ihm von ganzem Herzen.

Zu guter Letzt noch ein Wort zu den Abbildungen. Hunden die Ohren zu kupieren, ist heute in der Schweiz und in Deutschland verboten. Selbstverständlich hielten wir uns nach Inkrafttreten des Gesetzes strikte an das Verbot. Trotzdem enthält das Büchlein noch einige Bilder von kupierten Schnauzern. Diese Bilder sollen aber bestimmte Aussagen im

Text illustrieren. Es ist deshalb völlig belanglos, ob die dargestellten Hunde kupierte oder unkupierte Ohren haben. Es sollen aber damit keinesfalls falsche Rassenbilder verewigt werden (*Abbildung 66*).

Literatur

Burns, M./Fraser, M.N.: Die Vererbung des Hundes, Reutlingen 1968.
Daglish, E.F.: Hundezucht aufgrund der Vererbungslehre, Zürich 1953.
Fleig, D.: Die Technik der Hundezucht, Kynos, Mürlenbach 1987.
Frankling, E.: Practical Dog Breeding and Genetics, London 1973.
Horak, F.: Eine einfache Methode zur Berechnung des Inzuchtkoeffizienten, Schweizer Hundesport 11/1984.
Johannsen, I./Rendel, J.: Genetics and Animal Breeding, Edinburgh 1968.
Lettow, E.: Rassenprädispositionen für Erkrankungen beim Hund, 1985.
Lush, J.L.: Animal Breeding Plans, Iowa State Coll. Press.
Pfaffenberger, C.J.: The new Knowledge of dog behavior, Howell, New York 1963.
Räber, H.: Enzyklopädie der Rassehunde, Stuttgart: Kosmos-Verlag, 1993.
Schleger, W./Stur, I.: Hundezüchtung in Theorie und Praxis, Wien: Jugend und Volk, 1986.
Wegner, W.: Kleine Kynologie, Konstanz 1979.
Willis, M.B.: Züchtung des Hundes, Eugen Ulmer 1984.

Bildernachweis

Sonja Pletscher, Zürich, zeichnete die Tabellen 12, 13, 14, 15, 16, 17, 18, 19, 20, 37, 38, 39 und 40.
Die Abbildungen 24, 25, 26, 27, 28, 29, 30 und 31 stellte Prof. Dr. E. Seiferle vom Veterinär-anatomischen Institut der Universität Zürich zur Verfügung.

Die Angaben der Tabelle 32 wurden vom Waltham-Forschungszentrum zur Verfügung gestellt.

Margret Bärtschi / Hansjoachim Spengler

Hunde sehen – züchten – erleben

Das Buch vom Berner Sennenhund

2. Auflage,
776 Seiten, 26 farbige und 302 schwarzweisse Abbildungen, 56 Zeichnungen
gebunden Fr. 88.– / DM 98.– / öS 765.–
ISBN 3-258-04987-4

Stimmen zum Buch

«Dieses Buch hat mich begeistert. Es befasst sich mit allen Aspekten der Hundehaltung, -zucht und -aufzucht, mit denen ich in meiner Funktion als Präsidentin des Fachausschusses für Zuchtfragen konfrontiert werde. Es vermittelt dem interessierten Hundefreund auf leichtverständliche Art alles, was er wissen will. Die Verfasser haben in sämtlichen Punkten die zuständigen Fachleute und die einschlägige Literatur beigezogen und so das Buch auf den neusten Stand der wissenschaftlichen Erkenntnis gebracht. Es ist Standard- und Nachschlagewerk zugleich ...!
Das Buch wird auch viele Halter und Züchter verwandter Hunderassen ansprechen. Es vermittelt Einsichten und zeigt Zusammenhänge auf, die man sonst in der Hundeliteratur vergeblich sucht.»

Eva Walliser, Schweizerische Kynologische Gesellschaft (SKG)
Leiterin Hauptbereich Zuchtwesen

«Das Buch ist mehr als 'nur' eine Rassenmonographie. Es ist ein Werk, das weit über das Rassekundliche, -spezifische hinausgeht und Fragen nach den Grundlagen der Hundekunde, -haltung und -zucht beantwortet.»

Prof. Dr. Ulrich Freudiger,
Direktor der Klinik für kleine Haustiere der Universität Bern

Verlag Paul Haupt Bern · Stuttgart · Wien

Gino Pugnetti

Rassenhunde – 250 farbige Abbildungen

mit einem Ratgeber zur Aufzucht und Pflege der Hunde

272 Seiten,
kartoniert Fr. 19.80 / DM 19.80 / öS 155.–
ISBN 3-258-02474-X

Dem Hundeliebhaber, all denen, die einen Hund besitzen oder erst noch erwerben wollen, will dieses Buch helfen, vielerlei Fragen zu beantworten. Für jede Rasse werden die Ursprünge genannt, ihre Entwicklungs- und Züchtungsgeschichte, die ererbten Eigenschaften, die Verwendungsmöglichkeiten, natürlich auch Farbe und Grösse, kurz: all das, was für die Biographie, die Haltung und zum Erkennen der Rassen von Bedeutung ist. Darüber hinaus unterrichtet der ausführliche Anhang über Erziehung und Hygiene, Krankheiten, Lebensdauer und weitere wichtige Aspekte, die jeder Hundebesitzer wissen sollte. Vor allem aber gibt dieser Band mit 250 farbigen Abbildungen dem Amateur wie dem Fachmann ein anschauliches Bild von den bedeutendsten Hunderassen der ganzen Welt.

Verlag Paul Haupt Bern · Stuttgart · Wien

Trix Ebeling-Stiefelmeier

Hund und Recht

Ein Abriss häufiger Rechtsfragen im Zusammenhang mit dem Hund als Haustier und Begleiter

130 Seiten,
gebunden Fr. 38.– / DM 45.– / öS 351.–
ISBN 3-258-03581-4

Der Hund als Haustier und Gefährte ist meist ein recht problemloses Wesen. Allerdings nützt dies wenig, denn wir leben mit unseren Hunden nicht im luftleeren Raum, sondern mitten in einer manchmal recht problemträchtigen Umwelt. Schon bei der Anschaffung eines Vierbeiners kommen Rechtsfrage auf uns zu, welche – werden sie übersehen – nur zu leicht vor dem Richter enden können. Auch sind unsere Hunde bekanntlich auf die verschiedenste Art und Weise in der Lage, Schaden zu stiften. Wer hat dann dafür aufzukommen? Und wann bzw. wieweit haftet der Betreffende? Diese und viele weitere Fragen will das vorliegende Buch dem Hundepraktiker – also dem Hündeler und dem Züchter – beantworten. Es soll als Nachschlagehilfe dienen, wann immer ein praxisorientiertes Hunderechtsproblem auftaucht. Auch die rechtlichen Ausführungen sind dabei in Aufbau und Sprache so gehalten, dass jeder Hundehalter sie auch wirklich versteht – irgendwelche juristische Vorbildung ist für die Lektüre nicht erforderlich.

Andrea Engel

Agility

Zusammenspiel von Hund und Mensch

109 Seiten, 12 farbige und
12 schwarzweisse Abbildungen, 19 Zeichnungen
kartoniert Fr. 29.– / DM 35.– / öS 273.–
ISBN 3-258-04282-9

Was ist Agility?

- Agility bedeutet: Aktiver Sport für alle Hundehalter und für alle Hunde!
- Agility beruht auf der Grundlage von artgerechter Ausbildung ohne Aggressivität.
- Agility, das ist Freude, Begeisterung und Sportlichkeit.
- Agility stellt die Führer-Hund-Beziehung in den Vordergrund.
- Agility Ausbildungs- und Beurteilungskriterien sind für jedermann einfach und verständlich.
- Der praktische Ratgeber von Andrea Engel gibt Ihnen einen umfassenden Einblick in die faszinierende Welt von Agility.

Verlag Paul Haupt Bern · Stuttgart · Wien